"十三五"国家重点图书出版规划项目

华侨华人与中国梦研究　总主编◎贾益民

OVERSEAS CHINESE
AND
THEIR HOMETOWN
DEVELOPMENT

华侨华人与侨乡发展

侯志强
陈金华
方旭红
叶新才

等

／

著

社会科学文献出版社
SOCIAL SCIENCES ACADEMIC PRESS (CHINA)

总序（一）

华侨华人与中国梦[*]

国务院侨务办公室主任　裘援平

党的十八大以来，以习近平同志为总书记的新一届中央领导集体提出了实现中华民族伟大复兴的中国梦奋斗目标，开辟了中国特色社会主义发展的新境界。实现中国梦，成为当代中国高昂的主旋律和精神旗帜，是包括华侨华人在内的炎黄子孙共同的愿景与追求，需要海内外中华儿女勠力同心、共创辉煌。

一　华侨华人为开辟中华民族伟大复兴的光明前景作出了重大贡献

近代以来，一代又一代华侨华人，秉承中华民族优秀传统，发扬爱国爱乡的赤子情怀，支持中国革命、建设和改革伟大事业，在中华民族史册上写下了光辉篇章。

华侨华人是中国革命事业的无私奉献者。从 19 世纪中叶开始，中国陷入半殖民地半封建社会的深渊。以孙中山为代表的民主革命先行者为"亟拯斯民于水火，切扶大厦之将倾"，以海外华侨为依靠力量创立了兴中会、同盟会，开启了中国近代民族民主革命，在黑暗中点燃了振兴中华的希望。在辛亥革命运动中，海外侨胞不惜倾家荡产，不畏流血牺牲，在

---

[*]　此文发表于《求是》2014 年第 6 期，经作者允许，作为《华侨华人与中国梦研究》丛书总序（一）。

建立革命组织和传播革命舆论中，在援助革命事业和参与武装斗争中，都发挥了极为重要的作用，孙中山先生盛赞华侨为"革命之母"。中国共产党的诞生，标志着中国革命进入新民主主义阶段。海外侨胞声援五四反帝爱国运动，参与北伐和抗日战争，投身国内解放战争，融入救国救民的统一战线，或捐款献物，或舆论宣传，或参军参战，甚至献出宝贵生命，其德其情感人至深。毛泽东同志为陈嘉庚先生题写的"华侨旗帜，民族光辉"，是对爱国华侨重大贡献的高度评价。历史证明，华侨华人是反帝反封建、争取民族独立解放的重要力量，为中华民族从屈辱走向复兴立下了不朽功勋。

华侨华人是中国建设和改革事业的积极参与者。新中国成立后，面对祖国百废待兴、百业待举，以李四光、严济慈、华罗庚、周培源、钱三强、钱学森、邓稼先等为代表的一大批海外华侨科学家毅然回国，在极其艰苦的条件下呕心沥血，创造出举世瞩目的科学成就。为帮助国家摆脱外汇严重短缺困境，海外侨胞投资兴业、捐款汇款，侨汇成为当时国家非贸易外汇收入的重要来源。改革开放初期，外界怀疑排斥，外资观望徘徊，是海外华侨华人和港澳同胞率先回国投资兴业，带来资金、技术、人才和先进的管理经验，有力推动了中国改革开放进程。时至今日，侨资仍然是我国引进外资的主体，侨港澳企业约占我国外资企业总数的70%，投资占我国实际利用外资总额的60%以上。华侨华人专业人士始终是我国引进高端人才的主体，我国"千人计划"引进的人才中，94%以上是华侨华人。近几年来，华侨华人捐赠兴办公益事业和扶贫济困的善款达800多亿元人民币，惠及教育、医疗卫生、交通、文化体育、社会福利等多个领域。凡遇国家遭受大的自然灾害，他们也总是首先站出来慷慨解囊。历史证明，我国改革开放和现代化建设事业取得伟大成就，海外华侨华人功不可没。

华侨华人是中国和平统一大业的坚定支持者。长期以来，广大华侨华人以民族大义为重，在涉及国家主权、尊严和领土完整等重大问题面前，旗帜鲜明地支持中国政府的立场和主张。他们通过各种渠道，向住在国政要和主流媒体等宣传介绍我方针政策，争取国际社会理解和支持，积极营造有利于维护和促进祖国统一的国际环境。他们在80多个国家和地区成立了170多个"反独促统"组织，在全球范围持续开展多层次"反独促统"运动，通过各种途径与台湾岛内民众联系，推动两岸各领域交流合作，促进巩固两岸关系的感情基础、民意基础和社会基础，为推动两岸关系和平发展作出了积极努力。他们以特有方式支持中国申办奥运会、世博会，全力维护中国主权和民族尊严。历史证明，促进祖国统一、维护领土完整，是华侨华人的光荣传统。

二 华侨华人中蕴藏着实现中华民族伟大复兴的强大力量

习近平总书记指出，实现中国梦必须走中国道路，弘扬中国精神，凝聚中国力量。遍布世界各地的数千万华侨华人，具有赤忱的爱国情怀、雄厚的经济实力、丰富的智力资源、深厚的人脉资源，是实现中华民族伟大复兴的一支重要力量。

华侨华人是走好中国道路的重要支撑。走好中国道路，必须高举和平、发展、合作、共赢的旗帜，抓住和用好我国发展的重要战略机遇期。当前，经济全球化面临结构性调整，新一轮科技和产业革命孕育兴起，人才和科技作为第一生产力的作用愈发凸显。海外华侨华人中有数百万专业人才，涵盖当今世界大多数高新科技领域。海外华商总资产逾数万亿美元。随着经济全球化的发展和我国改革开放的深入，海外侨胞跨国流动发展事业的趋势日益增强，参与中国现代化建设的意愿十分强烈，与国内的联系、交流、合作更加紧密。按照互利共赢的原则，加强对侨资投向引导，吸引华侨华人高层次创新创业人才为国服务，对于我国加快转变经济发展方式、实施创新驱动发展战略、全面建成小康社会有着重要意义。

华侨华人是弘扬中国精神的重要载体。以爱国主义为核心的民族精神和以改革创新为核心的时代精神，是全体中华儿女的强大精神支柱。海外华侨华人是中华文明和民族精神的重要继承者、传播者和展示者。随着中国综合国力和国际地位的提升，华侨华人与祖（籍）国联系更加紧密，民族认同和文化认同显著增强，对展示中华文化魅力愿望强烈。遍布世界各地的2万所中文学校，数万个华侨华人社团，数百家华文媒体，独具特色的唐人街、中餐馆和中医诊所，红红火火的"春节"等民族节庆活动，都直观地向世界传递着中国文化气息，成为展示中华文化和中国形象的重要平台和窗口。鼓励海外华侨华人传承中华文化，积极支持他们开展人文交流，弘扬自强不息、厚德载物、诚实守信、吃苦耐劳的伟大民族精神，对增强中华文化的亲和力、感召力和影响力，具有十分重要的意义。

华侨华人是凝聚中国力量的重要源泉。中华民族是具有强大凝聚力的大家庭，炎黄子孙是血脉相连的命运共同体，团结海内外中华儿女同圆共享中国梦，能最大限度地引起广大侨胞的强烈共鸣，最大限度地调动广大侨胞的爱国热情，最大限度地汇集民族复兴的巨大能量。华侨华人不仅是中华民族的组成部分，也是沟通中国与世界的桥梁与纽带，是凝聚中国力量不可或缺的重要成员。他们既通晓中外语言文化，又熟悉中外政治社会环境，期盼各国与中国保持友好关系，并愿意为此不懈努力。通过他们向各国政府和民众介绍中国国情，宣传中国理念，讲述中国故事，对增进外部世界对华认知，积累实现中国梦的正能量有重要意义。

三　以实现中国梦为历史使命努力开创侨务工作新局面

党的十八大和十八届三中全会的召开，为侨务工作全面协调可持续发展提供了新的历史机遇。新时期侨务工作要以凝聚侨心侨力、同圆共享中国梦为主题，以推动国家侨务事业科学发展为主线，着力构建大侨务发展格局，着力健全大侨务工作体系，着力加强战略谋划、整体布局和统筹协调，努力培育好、保护好、调动好侨务资源，为实现中华民族伟大复兴作出应有的贡献。

以中国梦引领侨务工作，必须促进中国梦与侨胞梦有机结合。中国梦承载着海内外中华儿女的共同福祉和共同追求，是最能激起华侨华人强烈共鸣的精神旗帜。要把华侨华人振兴中华的强烈意愿与实现中国梦更好地对接起来，以中华民族波澜壮阔的奋斗史为主线，深入阐释中国梦丰富的时代内涵，最大限度地唤起华侨华人的爱国爱乡热忱，最大限度地增强华侨华人的文化自信和民族自豪感，最大限度地激励华侨华人为实现民族复兴贡献智慧和力量。要把华侨华人过上美好生活的个人愿望与实现中国梦更好地对接起来。积极引导华侨华人深刻认识中国梦与个人梦、国家梦、民族梦的内在关联。始终做到密切联系侨、真心对待侨、紧紧依靠侨、有效服务侨，为他们创造更多发展机遇与合作机会，帮助他们积极提升整体素质和社会地位，让他们共享祖（籍）国经济社会发展成果，实现自身事业的更大发展，培育永续绵延的侨务资源。要把华侨华人长期生存发展需要与实现中国梦更好地对接起来。中国坚持走和平发展道路，愿意同世界各国友好交流合作，与国际社会共同推动建设持久和平、共同繁荣的和谐世界，这是中国梦的应有之义，与世界各国人民的美好梦想是相通的。应当鼓励华侨华人积极融入各国主流社会，树立良好形象，积极开展中外友好交流活动，推动不同族群和睦相处、不同文明交融互鉴。

以中国梦引领侨务工作，必须努力促进海内外中华儿女大团结。要坚持联谊、服务、引导相结合，以共同的事业、共同的文化、共同的情感为纽带，促进海内外中华儿女大团结，促进华侨华人长期生存发展，促进我国同世界各国友好合作关系，促进我国现代化建设和祖国统一。要以华侨华人代表人士为重点，以骨干社团为依托，培育政治上有影响、社会上有地位、经济上有实力、专业上有造诣，能在各领域发挥积极作用的对华友好力量，鼓励他们促进中外友好合作，传扬中华优秀文化。

以中国梦引领侨务工作，必须加强和谐侨社建设。推动建设和睦相融、合作共赢、团结友好、充满活力的和谐侨社，是促进侨胞长期生存发展的需要，也是展示海外华侨华人和中国文明形象的需要。要围绕促进华侨华人与住在国民众和睦相融、实现华侨华人社会团结友爱两大主线，以多种形式增进与华侨华人和海外侨社的联系，加强和谐侨社理念的宣传，教育引导华侨华人自觉遵守住在国法律，尊重当地民族宗教习俗，坚持守法文明经商，参与当地公益事业，充分展现华侨华人"守法诚信、举止文明、关爱社会、团结和谐"新形象。鼓励和引导侨社加强团结协作，发挥骨干侨团和侨领带动作用，增强服务侨社功能，努力提升海外侨社的凝聚力和影响力。

以中国梦引领侨务工作，必须切实维护侨胞合法权益。要适应侨情发展变化，倾听华侨华人合理诉求，关心侨胞生存发展状况，研究广大华侨华人最关心最直接最现实的利益问题，着力解决涉侨突出问题，不断完善涉侨政策法规，维护侨胞正当合法权益，实现好发展好广大侨胞的根本利益，让广大华侨华人感受到日益强大的祖（籍）国给予的关爱。

总序（二）

华侨华人：实现中华民族伟大复兴的重要力量

贾益民

2010 年 7 月 25 日，时任中共中央政治局常委、国家副主席的习近平在北京人民大会堂出席海外华裔及港澳台地区青少年"中国寻根之旅"夏令营开营仪式并发表重要讲话，指出：团结统一的中华民族是海内外中华儿女共同的"根"，博大精深的中华文化是海内外中华儿女共同的"魂"，实现中华民族伟大复兴是海内外中华儿女共同的"梦"。2012 年 11 月 29 日，中共中央总书记、中国国家主席习近平在国家博物馆参观"复兴之路"展览时，首次提出并阐释了"中国梦"的内涵。他指出，实现中华民族伟大复兴，就是中华民族近代以来最伟大的梦想。到中国共产党成立 100 年时全面建成小康社会的目标一定能实现，到新中国成立 100 年时建成富强民主文明和谐的社会主义现代化国家的目标一定能实现，中华民族伟大复兴的梦想一定能实现。2014 年 6 月 6 日，中共中央总书记、国家主席习近平在北京会见第七届世界华侨华人社团联谊大会代表并发表重要讲话，再次强调："团结统一的中华民族是海内外中华儿女共同的根，博大精深的中华文化是海内外中华儿女共同的魂，实现中华民族伟大复兴是海内外中华儿女共同的梦。共同的根让我们情深意长，共同的魂让我们心心相印，共同的梦让我们同心同德，我们一定能够共同书写中华民族发展的时代新篇章。"习近平总书记的讲话充分说明，华侨华人是实现中华民族伟大复兴的不可缺少的重要力量。

同祖同根，血浓于水。华侨华人的命运与中华民族的兴衰息息相关。自鸦片战争之后一百多年里，追求中华民族的独立、富强、民主、文明，追赶和实现现代化，实现中华民族的伟大复兴，就成为中国人，以至全球华侨华人梦寐以求的理想，也是全球华侨华人情之所牵、魂之所系的乡愁与历史心结。在近现代以来追求与实现"中国梦"的历史进程中，华侨华人与中国人民从来就是齐心协力、同舟共济的命运共同体，做出了巨大的历史贡献。"中国梦"作为实现国家繁荣富强、民族团结和谐、人民幸福安康的民族复兴伟业，是一项艰巨复杂的历史任务，需要全中国人民、全世界华侨华人的共同努力。"中国梦"不仅是中国人的梦，也是全球华侨华人的梦。自习近平总书记提出"中国梦"以来，全球华侨华人反应强烈，兴奋不已。习近平总书记指出：我们不仅致力于中国自身发展，也强调对世界的责任和贡献；不仅造福中国人民，而且造福世界人民。"中国梦"的实现过程为世界华侨华人社会发展创造了历史性机遇，必将带动世界各国华侨华人社会的大发展，同时也必将为世界各国经济社会发展注入动力。正因为这样，所以在实现"中国梦"的历史进程中，世界各国华侨华人的力量与积极参与是显著、独特和不可替代的。同时，这也给我们提出了一系列新的重大研究课题。显而易见，研究华侨华人与"中国梦"的关系，揭示并阐释华侨华人在中华民族伟大复兴进程中的地位与作用，充分发挥华侨华人在实现"中国梦"的新的伟大历史进程中的作用，无疑是具有多重意义与重大学术价值的。有鉴于此，我们在国家有关部门的支持下，组织有关学术力量，开展"华侨华人与中国梦"专题研究，以此形成了这套丛书，并被评选列入"十三五"国家重点图书出版规划项目。

本套丛书包含 10 个专题，每个专题形成一本专著，聚合一体形成了关于"华侨华人与中国梦"的系统研究成果。这些研究专题及专著如下。

1. 《华侨华人与中国现代化进程》

中国现代化建设进程中，华侨华人作为中国的独特优势和重要资源，是推进中国现代化建设的独有而不可替代的力量。本专题及专著主要研究华侨华人、中国人民与中国现代化建设进程是一个积极互动的整体，论述了鸦片战争后一个多世纪以来华侨华人在中国现代化进程中所做出的重大历史贡献及其非凡历程，研究其助推中国现代化建设的原因、目的、特点与条件。首先，回顾了鸦片战争后为了救亡图存，拯救黎民于水火之中，华侨华人中出现的远渡重洋寻求强国之理的先驱。从戊戌六君子到康有为梁启超到辛亥革命前东渡日本的中国知识分子乃至辛亥革命后赴西方寻求救国之方的华侨华人，他们不惜倾家荡产积极投身于祖国革故鼎新、兴利除弊的伟大革命洪流。辛亥革命与新民主主义革命的历史事实印证了孙中山先生"华侨是革命之母"的赞叹与评价。其次，分析并阐释了华侨华人在此革命进程中彰显的功能与价值。新中国成立后，华侨华人积极回国支援、参与祖国建设，从大批华侨华人知识分子到研制"两弹一星"科学家，从改革开放以来华侨华人投资大陆参与经济建设到捐资祖国教育事业造福桑梓培育新人，从为祖国树立积极正面形象、为中国改革开放发展营造良好的国际环境到在其他各领域的积极参与和广泛助力，全方位论述了华侨华人对中国现代化建设的支持与贡献。再次，论述了改革开放之后华侨华人进一步推动中国现代化进程、实现中华民族伟大复兴之巨大贡献。立足中国改革开放，看华侨华人在现代化进程中的价值功能，他们是建设与改革事业的积极参与者。其一，华侨华人为中国建设和改革事业播撒新的思想观念。其二，华侨华人为中国建设和改革事业提供先进技术。其三，华侨华人为中国建设和改革事业给予资金支持。其四，华侨华人为中国建设和改革事业赢得了新的良好的国际环境。其五，华侨华人不仅是爱国统一战线构建的重要力量，更是促进祖国和平统一大业的坚定支持者。其六，华侨华人是走好中国道路的重要支撑之一，为开辟中国道路做出了巨大贡献。其七，从弘扬中国精神传播中华文化的向度看，华侨华人是弘扬中国精神的重要载体，是传播中国文化的重要载体，是联结中国与世界各国友谊的坚强纽带，是维护和发展中国与世界各国友好关系的重要力量。复次，阐释了国兴侨兴的现代化互动进程中，华侨华人助力"中国梦"之基本特质，其中包括华侨华人与祖籍国国民的同根同宗同魂的血肉联系，身在海外心系中华的历史情结，国兴侨兴、国强侨强的命运共同体特质，华侨华人参与"中国梦"的路径嬗变与多样化态势等内容。最后，论述了华侨华人作为推进中国现代化建设的重要力量，也是现代化成果独特的获益主体，已经并将持续受惠于现实与未来的中国现代化成就。中国政府对华侨华人参与现代化的多重优惠待遇与保护政策，反映了中国改革开放的成果多层面惠及了华侨华人终极价值关怀。总之，本专题形成的专著彰显了华侨华人在"中国梦"实现过程中的独特价值。他们推动中国现代化建设的原因、目的，以及在此进程中彰显的功能价值对当今社会进一步加强中国与华侨华人的双向互动，推动中国现代化进程，实现中华民族的伟大复兴具有重大意义。

2.《海外华商与中国经济发展》

海外华商是指拥有华人背景，同时由个人股份掌握工商企业的海外工商企业经营者。他们除了涉及传统的金融、商贸与制造业外，也积极开拓博彩、娱乐等新兴市场，他们在世界经济中占有举足轻重的地位，甚至有人将海外华商与阿拉伯人和犹太人并称为世界移民族群的三大金融力量。本专题及专著从华商的起源、发展、成熟，到融入中国经济发展，系统地展示了一幅恢宏庞大的海外华商发展历史画卷。首先铺开了一幅海外华商产生及发展的历史蓝图，并对发展过程中形成的商帮与商会组织进行了较细致的综述；其次论述了海外华商对促进中国民族工商业成长及推动近现代中国经济发展发挥的巨大作用；再次全面展示了海外华商在"一带一路"倡议背景下的社会地位，体现其在"一带一路"建设中创造的价值。海外华商已经是中国经济发展的重要组成部分，"中国梦"的构筑与"世界华商"相辅相成，不可分割。海外华商以其自强不息的精神、融会东西方文化的魄力、进行企业管理理念变革创新的决心，同中国改革开放后经济发展及"一带一路"建设一同跨步向前，成为中国经济发展的有力推动者和见证者。《海外华商与中国经济发展》的研究范围包括了人们通常所说的"海外华商"和在大陆地区创办或者从事"三资企业"经营的港澳台以及海外地区的华侨华人，收集数据资料的范围囊括了北宋时期到现代的华人华侨，涉及面广，行文逻辑明确，具有一定的深度和广度，其目的是打造一部"华商世界"的百科全书。

3.《华侨华人与中华民族精神》

本专题及专著以中华民族精神在华侨华人生活过程与中华民族实现"中国梦"的现代化进程中之传承与嬗变、整合与传播、创新与重构为基本线索，论述了中华民族精神的实质、内核、特质、价值与现代性展开。

第一，反思了华侨华人在现实生活实践中对中华民族精神的依赖与守持、承接与再造的创新历程。第二，分析阐述了实现"中国梦"必须走中国道路、弘扬中国精神、凝聚中国力量的历史必然性。遍布世界各地的数千万华侨华人，其赤忱的爱国情怀、坚韧的民族精神沉淀在雄厚的经济实力、丰富的智力资源、深厚的人脉资源之中，从而成为实现中华民族伟大复兴的一支重要力量。第三，论述了华侨华人是弘扬中国精神的重要载体。以爱国主义为核心的民族精神和以改革创新为核心的时代精神，是全体中华儿女的强大精神支柱。第四，阐释了海外华侨华人是中华文明和民族精神的重要继承者、传播者和展示者。随着中国综合国力和国际地位的提升，华侨华人与祖（籍）国联系更加紧密，民族认同和文化认同显著增强，展示中华文化魅力愿望强烈。第五，阐释了在华侨华人现代化全球性生存实践中通过现实与精神的跨文化对话，凸显出中华民族精神的融通、变迁与创构。第六，以"精神反观"的思维方式，审视了华侨华人对中华民族精神的认同与反思和批判性扬弃，以及对中华民族精神的丰富与拓展。第七，论述了鼓励海外华侨华人传承中华文化，积极支持他们开展人文交流，弘扬自强不息、厚德载物、诚实守信、吃苦耐劳的伟大民族精神，对增强中华文化的亲和力、感召力和影响力，具有十分重要的意义；揭示了以华侨华人为人格化载体的中华民族精神，在实现"中国梦"伟大历史进程中的文化价值。

4.《华人社团与中华文化传播》

本专题及专著基于华侨华人在中华文化传播中的多重角色和双重定位，从宏观与微观、历史与现实结合的角度，对作为海外华人社会三大支柱之一的华人社团与中华文化传播的关联性和互动性进行了系统研究，探索了发挥海外华侨华人在扩大中华文化国际影响力、增强中国软实力、助力"中国梦"中的特殊作用的机制问题。第一，揭示了本专题的研究旨趣，凝炼问题意识，回顾学术史背景，对研究对象、方法与关键概念进行界定。第二，系统梳理华人社团历史发展脉络与学界的现实分类，指出迄今为止华人社团的历史发展脉络经历了华人社团的草创、本土化、再华化的三阶段，并在融会贯通所有研究成果的基础上提出自己对于华人社团的分类系统。第三，在运用传播学的方法理论，对地缘性华人社团、血缘性华人社团、业缘性华人社团、宗教慈善类华人社团、文化类华人社团、华人新移民社团六类华人社团传播中华文化的具体机制进行实证研究的基础上，揭示各类华人社团传播中华文化的特点及其"和而不同"的整体风格。第四，在对各类华人社团传播中华文化机制研究的基础上，进一步探讨各类华人社团传播中华文化的共同旨趣，指出在 20 世纪 50 年代海外华人本土化的历史过程中，海外华人认同产生了重大转变。海外华人在建立起对居留国的国籍认同的同时，依然保留并传承了对中华文化的认同，尤其建构起各国"华族"认同。因此，从海外华人跨国主义的角度审视海外华人各类社团传播中华文化活动的社会功能，可以说，建构跨国华族，是其共同旨趣。在此基础上，第五，深入讨论具有上述共同目的性的海外华人社会传播中华文化活动，对于助力"中国梦"的价值意义。海外华人社团通过传播中华文化的方式建构跨国华族，实际也就是中华文化价值观共建与共享的世界性文化工程，而根据中华文化价值观的"差序格局"，我们可以推演出中华文化价值观的同心圆推展模式。换言之，中华文化传播的核心目标在于中华文化价值观推展与中华文化软实力的提升，而中华文化软实力的提升将有助于中华民族伟大复兴的"中国梦"的实现。因此，华人社团传播中华文化的社会活动，对开展侨务公共外交、实现中华民族伟大复兴，具有不容忽视的助力作用。

5.《华文教育与中华文化传承》

本专题及专著主要研究海外华文教育与中华文化的传承关系，主要立足于海外华文教育自身理论建设和海外华文教育实践的需要，运用教育学、历史学、语言学和文化学等学科理论，并结合实证分析方法，对海外华文教育诸环节过程与中华文化传承之间的内在联系与运行机制进行深入探讨，并揭示不同时空下中华文化传承的形态和发展趋向。在学科知识建构层面，厘清华文教育的性质、内容、功能与目标，探索中华文化的学理内涵和基本精神，初步确立了中华文化传承框架下的华文教育学基础。在理论层面，概括华文教育中华文化传承实践的内在规律，凸显华文教育的中华性、文化性和教化性，提炼了华文教师培育、华文教育组织机构建设、华语教学和体验性培训等领域的理论问题，为华文教育的文化传承提供理论借鉴。在华文教育史及华文教育思想层面，梳理华文教育与中华文化传承传播之间的历史脉络，着重分析不同时空背景下华文教育与中华文化传承传播之间的逻辑与历史关系，揭示把握华文教育之中华文化传承传播的现代性、当下性与创新性。在实践操作层面，探讨华文教育传承中华文化的方法和途径，深入剖析华文教育组织机构、教师、教材、学生在文化传承过程中所发挥的功能和作用，总结华文教育中华文化传承传播实践的历史经验。本专题及专著的显著特色是采用"动态和静态结合、历史与现实兼顾"的方法，全方位、多角度地探析了海外华文教育与中华文化传承传播的关系，在理论上厘清了基本内涵，并做出新的价值阐释，同时结合汉语国际传播与华文教育的历史与现实，着力探索和总结海外华文教育与中华文化传承传播方面的经验，以作为海外华文教育文化传承传播建设的参考。

6.《华文教育与华侨华人发展》

本专题及专著从教育的继承与传播功能对族群形成与发展的作用出发，围绕海外华文教育与华侨华人生存发展之间的互动伴生关系，探讨华文教育在助力华侨华人实现"中国梦"过程中的核心功能；概括了华文教育中语言教学的时代性特征与地域性特征，分析了华文教学对华侨华人民族气质养成与民族意识培养的核心作用；以共同文化特征为切入点，描写了华文教育文化教学的内容变迁，分析了华侨华人的文化共性、共同文化特征的建构特性，以及在不同地域的文化教学中华侨华人形象的共通性与差异性；探讨了海外华侨华人的从业特征，分析了华文教育中职业技能教学的内容、特点和趋势，以及从古代到现代，职业技能教学助力华侨华人在所在国就业与生存所起的重要作用；以各国华文教育政策的变迁与动态发展为视点，分析了在争取华文教育这一公民权利的努力与抗争中，华侨华人身份不断强化，华侨华人族群意识在一定程度上日益加强的现象；以"中国寻根之旅""中华文化大赛""中华文化大乐园"等已经成为华文教育重要平台的品牌活动为对象，分析了此类活动对华侨华人形成共同心理素质、提升民族身份认同的特殊作用。华文学校是华文教育的核心载体。本专题及专著从华文学校创办及管理、华文师资队伍建设、华裔子弟培养的角度，分析了华侨华人对海外华文学校薪火相传、生生不息的重大贡献和不懈努力。在此基础上，同时分析了华文教育对促进华侨华人社会与主流社会和谐相处的特殊作用，并提出基于"中国梦"的海外华文教育新使命，全面分析华文教育对华侨华人共同实现"中国梦"的不可替代的功能，对全面实现"中国梦"这一中华民族的宏伟事业具有的重要意义。

7.《全球化视野下的侨务公共外交——构建情感共同体，实践"中国梦"》

作为一项立足于中国侨务资源、依托于侨务工作的国家公共外交工程，我国侨务公共外交尚处于探索期。本专题及专著以全球化为切入视角，探索中国侨务公共外交的实践路径：侨务公共外交虽然是"中国特色"的公共外交路径，却置身全球化的大背景之下，需要融合中国特色与世界趋势两者，否则难以真正践行和实现公共外交的沟通交流目的。在此基础上，本专题及专著以情感共同体的营造出发，从宗教、地方政府、海上丝绸之路三个层面探索了中国侨务公共外交在今后实践过程中可以切入的具体领域。首先，从全球化的视角切入研究主题，认为在全球化的大浪潮中实现"中国梦"是中华民族的奋斗目标，也是中国发展侨务公共外交的前提基础和必要逻辑。其次，对侨务公共外交问题的缘起和基本概念及其内涵进行了探讨，对现有的研究成果进行了回顾和分析。再次，分别从文化全球化、人口全球化和情感全球化三个层面对公共外交和侨务公共外交的深层影响进行论述：文化全球化是公共外交得以全面兴起的世界现象，是公共外交所代表的"软力量"愈发重要的现实基础；人口全球化（国际移民）则是侨务公共外交得以发挥力量的世界趋势，是侨务公共外交可以实践的基本；情感全球化是本专题研究所提出的新观点和新视角，要解决的是侨务公共外交实践的切入路径。"情感共同体"概念的提出，不仅仅是为侨务公共外交的实践在全球化大趋势下寻找一个可行的切入点，也不单单是把海外华侨华人纳入大中华的"情感共同体"，而且是要借助侨务公共外交，以海外华侨华人为辐射圈，营造"亲"中国的全球情感共同体。最后，分别从宗教情感、地方"乡情"和21世纪海上丝绸之路来论述侨务公共外交的情感运用策略。实际上，这三个层次之间没有明显的逻辑联系，但在侨务公共外交实践中形成了独特的互助逻辑。宗教认同与国家认同之间的张力是海外华侨华人所面临的一大身份冲突

（或互融），对具象化的故乡的情怀与思念是对虚拟的国家意境的真实呈现。因此地方政府在侨务公共外交实践中无疑具备了发挥能动性的基础。"一带一路"是中国政府在 21 世纪提出的国家发展大战略的重要内容，这条"走出去"的道路的先驱和实践主体往往就是广大的海外华侨华人群体，他们在经济利益上的追求很明确，在情感上与中国的认同需要我们的经营，而研究以海外华侨华人主要聚集地即 21 世纪海上丝绸之路沿线国家为主要讨论对象，对侨务公共外交可以在实现"一路"倡议上做出的贡献做出初步探讨，也为今后更为全面地思考侨务公共外交在"一带一路"整体战略中的实践意义奠定基础。

8.《华侨华人：中国与周边国家的桥梁》

党的十八大以来，党中央积极运筹外交全局，突出周边在我国发展大局和外交全局中的重要作用，开展了一系列重大外交活动。2013 年 10 月，国家主席习近平在周边外交工作座谈会上强调：要更加奋发有为地推进周边外交，为我国发展争取良好的周边环境，使我国发展更多惠及周边国家，实现共同发展，让命运共同体意识在周边国家落地生根。周边地区是华侨华人的主要聚居地，仅东南亚地区的华侨华人就占全球华侨华人总数七成左右，华侨华人在当地经营日久，根基稳固，拥有丰富的政治、经济、文化资源，是我国开展周边外交、推进周边合作的重要战略依托。在政治交往领域，华侨华人是中国改善同周边国家关系的重要管道和动力；在经贸合作领域，周边国家的华商是中国外商投资的先驱，也是住在国开展对华贸易的主要力量；在文化与人员往来领域，华侨华人具有融通中外的优势，是两国人文交流的重要实践者、促进者、资助者。当前，"一带一路"倡议正处在建设的关键期，周边国家是"一带一路"建设的重要方向，当地华侨华人具有与中国合作的历史经验和主观意愿，必将在推动中国与周边国家政策沟通、贸易畅通、设施联通、资金融通、民心相通方面发挥独特作用。本专题及专著以中国和平崛起时代下周边国家华侨华人与中国联系不断增强为背景，基于当前我国致力于周边外交和公共外交的基本判断，综合应用多学科理论与方法，在详细评估周边国家华侨华人生存环境、资源及文化认同的基础上，深入论证和分析华侨华人在中国同东盟、日本、韩国、俄罗斯、中亚关系中的角色，探讨其独特优势及行为作用，总结华侨华人在中国与周边国家关系中的重要地位与重大意义。

9.《多元视角下的海外华侨华人社会发展》

作为生活在海外的中国人及其后裔，华侨华人与祖（籍）国血脉、心灵乃至利益相通，是我国的一种独特资源。近代以来，华侨华人为我国的社会发展和建设做出了重要贡献。新中国成立以后，华侨华人为我国的社会主义建设贡献良多；尤其是改革开放以来，海外华侨华人成为我国经济成长的重要推动力量；除助力我国的经济腾飞之外，海外华侨华人同样也在政治上给予我们积极的呼应，目前已成为支持祖（籍）国和平统一、反分裂的一支独特力量，是实现中华民族伟大复兴的"中国梦"的重要助力。本专题及专著在对海外华侨华人社会发展与祖（籍）国实现"中国梦"之间的逻辑关系进行分析的基础上，围绕近些年有关华侨华人较受关注的重点或热点问题展开了较为系统的专题研究，分别涉及政治参与、族群关系、认同、新移民、华裔新生代、跨国网络、和谐侨社等问题，论述了海外华侨华人社会发展与"中国梦"的关系。一是对海外华侨华人社会发展历史进行了简单梳理，概述了各个历史时期我国对外交往、移民的特点以及海外华侨华人社会形成的基本情况；二是对近代以来华侨华人对祖（籍）国"中国梦"的参与实践展开了分析，探讨了华侨华人与"中国梦"之间的逻辑关系，从"1840~1949年"、"1949年至20世纪末"以及"新世纪以来"三个时期展开探讨，认为近代以来中国从"半殖民地"走向民族解放、从积贫积弱走向自立自强、从领土分离走向和平回归，百余年"中国梦"的变迁集中体现为三个主题：独立、富强和统一，而在各个时期，华侨华人也以各种方式积极投入祖（籍）国"中国梦"的实践。目前，在21世纪追求"统一"和"自信"的中国梦的过程中，华侨华人仍将发挥积极而独特的作用。本专题及专著的突出特色在于将历史研究与现实考察相结合，理论探讨与实证分析相结合。无论是对华侨华人与"中国梦"逻辑关系的分析，还是分专题问题的探讨，都注重将历史背景与现实发展、理论探讨与实证分析相结合，文中不少资料依托田野调查而来，如对华人认同现状、新移民现状、华裔新生代现状的分析等内容都包含许多依靠实地调研得到的新的资料，一方面极大地充实了研究内容，另一方面也突出了研究的实践性意义。尤其除理论探讨之外，还有涉侨问题的思考及对策建议，如如何做新移民工作、争取华裔新生代、构建和谐侨社等，相关内容对政府涉侨部门决策有一定参考意义。

10.《华侨华人与侨乡发展》

中华民族有着热爱祖国、眷恋故土的文化传统，一代又一代的华侨华人在海外奋斗的同时也不忘回报乡梓、建设家乡。"中国梦"以一种精神动力和凝聚力，将推动海内外中华儿女为实现中华民族的复兴、国家强盛而不断奋斗。"中国梦"将华侨华人的恋乡之情升华成为更为纯粹的爱国主义精神，将华侨华人的爱国主义与侨乡的发展建设相结合。本专题及专著秉持实证研究与思辨研究相结合的原则，采取实地研究、文献研究、调查研究等研究方式，通过探究华侨华人与侨乡经济、社会、文化等各项事业发展的内在关联，归纳华侨华人对侨乡发展的作用，进一步分析在华侨华人影响下侨乡发展的地域差异和重点侨乡发展模式的异同，探讨华侨华人在侨乡实现"中国梦"的途径，并就侨乡发展的政策保障提出具体的建议。第一是对华侨华人引导侨乡发展的多元分析。其一，华侨华人与侨乡经济发展。在梳理华侨华人海外移民历程及其与侨乡的形成和演变关系、回顾华侨华人与侨乡历史关联的基础上，重点考察新中国成立后，特别是改革开放以来，华侨华人通过资本、技术对侨乡经济建设、管理水平和技术进步、消费经济的形成和壮大、产业结构的演变和优化所做出的巨大贡献。其二，华侨华人与侨乡社会发展。探究华侨华人在侨乡社会结构的演化，诸如人口结构、家庭结构、社会组织结构等方面演化所起的影响，华侨华人在侨乡社会管理的变革，侨乡教育、慈善，以及医疗、基础设施建设等社会公共事务方面所发挥的作用。其三，华侨华人与侨乡文化发展。探究华侨华人对侨乡建筑风貌、民俗、艺术、语言、社会心理等方面产生的影响，华侨华人对侨乡旅游业发展、侨乡独具特色旅游资源的形成，以及侨乡旅游消费、旅游形象推广的助益等问题，考察华侨华人对侨乡文化资源保护所做出的贡献。第二是对华侨华人影响下的侨乡引领发展的地域差异分析。主要是建构侨乡发展差异性评价指标体系，比较分析在华侨华人影响下，侨乡发展的地域差异的特征及其原因，考察这种地域发展差异与华侨华人的相关性。第三是对典型侨乡发展模式的比较。通过文献阅读和侨乡访谈调研，结合所选择 12 个侨乡的发展实践，将重点侨乡发展模式归结为晋江模式（沿海老侨乡的转型模式）、开平模式（旅游转向发展模式）、青田模式（沿海发达地区山区侨乡发展模式）、瑞丽模式（边境侨乡发展模式）和容县模式（资源向产业联动转型发展模式）。第四是分析"中国梦"背景下侨乡差异性发展模式，主要是"一带一路"国家发展战略视角下侨乡发展的机遇与挑战分析，即如何借"中国梦"之势发挥侨乡先导作用，借华侨华人之力拓侨乡振兴之路，借社会转型机遇促侨乡繁荣发展，借侨乡乐土共筑华侨华人"中国梦"，并提出传统侨乡和新侨乡发展的新思路。第五是研究并提出"中国梦"背景下侨乡发展的保障措施，主要从政治、经济、文化方面等探究华侨华人在侨乡实现"中国梦"的途径及保障措施，并就如何发挥华侨华人优势，实现侨乡可持续发展提出具体建议。

以上专题研究还只是初步的，其中难免存在某些理论缺陷和不足，还有许多重大理论与实践问题需要做更深入的研究和探讨。我们期待大家一起参与研究和讨论，助推华侨华人积极参与"中国梦"的伟大实践，为实现中华民族伟大复兴的"中国梦"做出积极贡献！

本课题的完成及丛书的出版得到了国务院侨务办公室裘援平主任的大力支持与指导，并应允将她发表在2014年《求是》杂志第6期上的《华侨华人与中国梦》一文作为本丛书的总序言。在此，我谨代表课题组所有成员并以我本人的名义向裘援平主任表示衷心感谢！同时，衷心感谢为本课题的完成及丛书的出版给予支持和帮助的所有专家学者、各级领导和我的同事们，尤其特别感谢社会科学文献出版社谢寿光社长和他的同事们给予的具体指导和帮助！

是为序。

2017 年 6 月 9 日于华侨大学

摘　要

中华民族有着热爱祖国、眷恋故土的文化传统，一代又一代的华侨华人在海外奋斗的同时也不忘回报乡梓、建设家乡。中国梦以一种精神动力和凝聚力，将推动海内外中华儿女为实现中华民族的复兴、国家强盛而不断奋斗。中国梦将升华华侨华人的恋乡之情，将他们的发展与侨乡的发展建设紧密结合。本研究秉持实证研究与思辨研究相结合的原则，采取实地研究、文献研究、调查研究等研究方式，通过探究华侨华人与侨乡经济、社会、文化等各项事业发展的内在关联，归纳华侨华人对侨乡发展的作用，进一步分析在华侨华人影响下侨乡发展的地域差异和重点侨乡发展模式的异同，探讨华侨华人在侨乡实现"中国梦"的途径，并就侨乡发展的政策保障提出具体的建议。

本研究的主要内容如下：

（1）绪论部分。主要包括研究背景、概念界定、研究综述、研究内容和方法。

（2）华侨华人引导侨乡发展的多元分析。主要从三个方面阐述：第一，华侨华人与侨乡经济发展。首先在梳理华侨华人海外移民历程及其与侨乡的形成和演变关系、回顾华侨华人与侨乡历史关联的基础上，重点考察中华人民共和国成立后，特别是改革开放以来，华侨华人通过他们的资本、技术，对侨乡经济建设、经济管理水平和技术进步、消费经济的形成和壮大、产业结构的演变和优化所做出的贡献。第二，华侨华人与侨乡社会发展。探究华侨华人在侨乡社会结构的演化，诸如人口结构、家庭结构、社会组织结构等方面演化所起的影响，华侨华人在侨乡社会管理的变革、侨乡教育、慈善，以及医疗、基础设施建设等社会公共事务方面所发挥的作用。第三，华侨华人与侨乡文化发展。探究华侨华人对侨乡建筑风貌、民俗、艺术、语言、社会心理等方面产生的影响，华侨华人对侨乡旅游业发展、侨乡独具特色旅游资源的形成，以及侨乡旅游消费、旅游形象推广的助益等问题；考察华侨华人对侨乡文化资源保护所做出的贡献。

（3）侨乡发展的地域差异性分析。主要是建构侨乡发展差异性评价指标体系，比较分析在华侨华人影响下，侨乡发展的地域分异的特征及其原因，考察这种地域发展差异与华侨华人的相关性。

（4）典型侨乡发展模式比较。通过文献阅读和侨乡访谈调研，结合所选择 12 个侨乡的发展实践，将重点侨乡发展模式归结为晋江模式（沿海老侨乡的转型模式）、开平模式（旅游转向发展模式）、青田模式（沿海发达地区山区侨乡发展模式）、瑞丽模式（边境侨乡发展模式）和容县模式（资源向产业联动转型发展模式）。

（5）"中国梦"背景下侨乡差异性发展模式。主要是"一带一路"国家倡议视角下侨乡发展的机遇与挑战分析，即如何借"中国梦"之势，发挥侨乡先导作用；借华侨华人之力，拓侨乡振兴之路；借社会转型机遇，促侨乡繁荣发展；借侨乡乐土，共筑华侨华人"中国梦"。并提出传统侨乡和新侨乡的发展思路。

（6）"中国梦"背景下侨乡发展的保障措施。主要从政治、经济、文化方面等探究华侨华人在侨乡实现"中国梦"的途径及保障措施，并就如何发挥华侨华人优势，实现侨乡可持续发展提出具体的建议。

关键词：华侨华人　侨乡　发展

Abstract

The Chinese nation has the cultural tradition of loving the motherland and homeland, and generations of overseas Chinese have not forgotten to repay their motherland and build their hometown while striving overseas. The "Chinese dream", with a spiritual impetus and cohesion, will promote the Chinese people both at home and abroad to strive for the rejuvenation of the Chinese nation and the prosperity of the country. The "Chinese dream" sublimates the love of the overseas Chinese into a more pure patriotic spirit, and combines the patriotism of the overseas Chinese with the development and construction of the overseas Chinese hometown. This study adheres the principle of combining empirical research with theoretical research, carries on such as field research, literature research, investigation. Through investigating the internal connection between overseas Chinese and economic, social and cultural development of overseas Chinese hometown, this study summarizes the role of overseas Chinese to their hometown development, further analyzes the regional differences of the overseas Chinese hometown development and the similarities and differences of key overseas Chinese hometown development modes under the influence of overseas Chinese, to explore the ways to achieve "Chinese dream" in the hometown of overseas Chinese, and puts forward the specific suggestions on policy guarantee of the overseas Chinese hometown development.

The main contents of this study are as follows:

(1) Introduction. It includes the research background, concept definition, research summary, research content and methodology.

(2) Multivariate analysis of the development of overseas Chinese hometown driving by overseas Chinese. It mainly includes three aspects. First, overseas Chinese and overseas Chinese economic development. On the basis of the collection of the relationship between the overseas immigration history and the formation and evolution of overseas Chinese hometown, and the review of the relation between overseas Chinese and their hometown, it mainly investigates the contribution of overseas Chinese to the economic development, economic management level, technical progress, the formation and expansion of the consumption economy, the evolution and optimization of industrial structure through their capital, technology. Second, overseas Chinese and overseas Chinese social development. It explores the impact of overseas Chinese on the social structure evolution of overseas Chinese hometown, such as population structure, family structure, social organization structure, and the role of overseas Chinese for the social management change of overseas Chinese hometown, such as the overseas education, charity, medicine, infrastructure construction and other aspects of the social public affairs. Third, overseas Chinese and cultural development of overseas Chinese hometown. It explores the impact of overseas Chinese on architecture style, folk‐custom, art, language, social psychology, the benefit of overseas Chinese forthe tourism industry development, the unique tourism resource formation, as well as the tourism consumption, tourism image promotion. In addition, it investigates the contribution of overseas Chinese to the cultural resource protection.

(3) Regional differences analysis of overseas Chinese hometown under the influence of overseas Chinese. It mainly constructs the evaluation index system of overseas Chinese hometown development, analyzing the characteristics and causes of regional differences under the influence of overseas Chinese, and investigating the correlation between the regional differences and overseas Chinese.

(4) Comparison of development modes of typical overseas Chinese hometowns. By reading literature and the interview investigation, in combination

with the development practice of 12 overseas Chinese hometown, it summarizes the key development modes as: Jinjiang mode (transformation road of the old coastal overseas Chinese hometown), Kaiping mode (tourism - oriented development mode), Qingtian mode (mountainous overseas Chinese hometown development mode in coastal areas), Ruili mode (border overseas Chinese hometown development mode) and Rongxian mode (transformation from resource to industrial linkage).

(5) Difference development modes of overseas Chinese hometowns under the background of "Chinese dream". It mainly includes the opportunity and challenge analysis of the overseas Chinese hometown development from the perspective of national development strategy "the Belt and Road Initiatives", and puts forward the development paths of traditional overseas Chinese hometown and new overseas Chinese hometown, namely how to use "Chinese dream" trend, playing a leading role of the overseas Chinese hometown; how to use the force of overseas Chinese, extending the revitalization road of the overseas Chinese hometown; how to use the social transformation opportunities, promoting the prosperity and development of overseas Chinese hometown; how to use the land of overseas Chinese hometown, building the "Chinese dream" of overseas Chinese.

(6) Guarantee measures for the development of overseas Chinese hometown under the background of "Chinese dream". It mainly explores the way and guarantee measure from the political, economic, cultural aspects, and points out the specific suggestions on how to play the advantage of overseas Chinese, realize the sustainable development of overseas Chinese hometown.

Keywords: Overseas Chinese; Overseas Chinese Hometown; Development

目　录

Contents

第一章　绪论

第一节　研究背景

一　"中国梦"战略机遇

中国梦，于国家在于实现国家的富强昌盛，于民族在于实现中华民族的伟大复兴，于政党在于领导和建设国家、实现中国特色社会主义的伟大目标，于人民在于过上幸福安定的生活。中国梦是全面建成小康社会，建成富强、民主、文明、和谐、美丽的社会主义现代化国家的目标和实现中华民族的伟大复兴。中国梦是一种国家层面的精神意识形态目标，民族复兴中国梦，是以习近平同志为核心的新一届中央领导集体提出的重大战略思想，是党和国家未来发展的政治宣言，是全党全国各族人民共同的奋斗目标，是团结凝聚海内外中华儿女的一面旗帜，释放出强大的号召力和感染力[1]。中国梦把不同阶层、不同群体大大小小五彩缤纷的梦想汇聚为一个共同的追求、共同的愿景[2]。

华侨华人在海外努力拼搏、创造财富，不断书写着一部气势磅礴的奋斗史和创业史。中华民族有着热爱祖国、眷恋故土的文化传统，一代又一代的华侨华人在海外奋斗的同时也不忘回报乡梓、建设家乡。中国梦以一种精神动力和凝聚力，将推动海内外中华儿女为实现中华民族的复兴、国家强盛而不断奋斗。中国梦将华侨华人的恋乡之情升华成为更为纯粹的爱

---

[1] 刘奇葆：《为实现中国梦提供有力理论支持》，《求是》2013年第11期。
[2] 《"中国梦"蕴含丰富的政治智慧》，《领导决策信息》2013年第13期。

国主义精神，将华侨华人的爱国主义与侨乡的发展建设相结合。在共同建设侨乡的过程中，统一民族复兴和国家强盛的思想认识，明确侨乡发展的目标，为共同建设富强、民主、文明、和谐、美丽的中国而奋斗。

二 侨乡城市转型压力

中国改革开放 30 多年来，侨乡的发展深受华侨华人的影响。华侨华人热心于家乡的经济、文化、教育、医疗、慈善等事业，在侨乡的经济社会发展中扮演重要角色。随着经济全球化和区域一体化的发展，华侨华人与侨乡的经济社会发展更加密不可分。

我国城市经过 30 多年的高速发展，其形势发生深刻的变化。工业化、城镇化等一系列变化给城市带来巨大影响。产业结构不合理、经济结构层次低、城市空间结构集聚效应弱、城市创新带动不足、城市发展供需失衡、资源环境压力增大等问题，使侨乡城市转型日益迫切。侨乡多位于南方等沿海发达地区和西南部部分三四线城市，城市发展在人口、土地、资源和环境等方面也面临一些问题。在经济方面，产业结构不合理，服务业发展薄弱；投资结构不合理，过于依赖外资投入带动产业发展；企业生产管理粗放，生产效率不高；资源利用不合理。在城市建设上，城市发展差异较大，空间结构布局不合理，比如中心城市发展较快，周边城镇发展不够充分，城镇化率较低；部分地区环境恶化趋势明显。在社会发展方面，文化建设无法满足人们日益增长的精神文化需求；城市公共服务建设未能充分满足城市发展需求；华侨农场在政策、体制、用地问题、社会保障、产业结构等方面也存在诸多问题。近年来，国内形势发展日新月异，以及中国经济实力快速增长，华侨资本对国内经济的带动作用逐渐减弱。地方政府对侨引资积极性下降，很多有意回国投资的侨商无法洞悉国内优惠的引资政策。另一方面，一些地方政府部门在引导侨资过程中缺乏经验，对项目可行性风险评估不足，导致侨资侨企引入后对当地社会融入性不够以及社会资源利用不足，投资项目往往夭折。

城市转型的目的是为了摆脱发展中的衰落趋势或已经出现的困境，或者抢抓发展的重大机遇，通过转型主动迎接产业的升级，培植新兴主导产业，使城市保持平衡持续的增长，最终使人类实现对更高生活质量的追求①。华侨华人在侨乡城市转型的过程中，对产业结构调整、资本技术、企业经营管理、社会影响、文化发展等诸方面产生重要影响。侨乡是华侨华人实现"中国梦"的桥梁和纽带，通过侨乡城市转型的契机，让侨乡走出困境，抢抓"中国梦"的重大发展机遇，利用华侨华人、侨汇、资金、技术和管理方式引进，主动迎接产业的更替和升级，使侨乡保持平衡持续的增长。

三　华侨华人蕴藏力量

改革开放以来，华侨华人的资本、技术对侨乡的经济建设、经济管理水平和技术进步、消费经济的形成和壮大、产业结构的演变和优化做出了巨大贡献；华侨华人的生活方式、价值观念对侨乡社会结构的演化、社会管理的变革产生了积极影响；华侨华人的捐献、投资对侨乡教育、慈善、医疗、基础设施改善具有较大助益；华侨华人对侨乡独特的文化景观的形成和侨乡文化资源的保护发挥了重要作用；华侨华人是侨乡旅游业发展的重要载体；在华侨华人影响下，侨乡发展呈现地域差异，重点侨乡的发展模式也各有特色；侨乡是华侨华人实现"中国梦"的重要纽带和桥梁，为此，需要制定相应的政策措施，促进侨乡发展，保障华侨华人在侨乡实现"中国梦"。

在全球化的背景下，侨乡一方面要利用华侨华人在经济、语言、文化等方面与中国内地城市联系紧密的优势，创造良好的投资环境和发展环境，与海外资源进行有效整合。另一方面，要利用华侨华人在居住国的资源优势，实施走出去战略，拓展侨乡经济产业的海外市场和对外投资，扩大侨乡的对外影响力。创造侨乡与华侨华人的新型协作关系，实现共赢。

第二节　侨乡的概念、类型与分布

一　侨乡的概念界定

"华侨"这一术语最早出现于 1883 年郑观应呈交李鸿章的禀告北洋

---

① 李彦军：《产业长波、城市生命周期与城市转型》，《发展研究》2009 第 11 期。

通商大臣李傅相为招商局与怡和、太吉订立合同的呈文中。华侨一词成为海外中国人的统称。中华人民共和国成立后，不再承认双重国籍，由此出现"华侨"与"华人"的区分。1990 年由第七届全国人民代表大会通过并施行的《中华人民共和国归侨侨眷权益保护法》明确规定，华侨是指定居在国外的中国公民，即居住在国外持有中华人民共和国护照的中国人。另外，虽未取得所在国长期或永久居留权，但已取得居住国连续 5 年以上（含 5 年）合法居留资格，并在国外居住的中国公民，视为"定居"。华人是指加入外国国籍的种族为"中华民族"的人士①。

表层意义上的侨乡是指华侨华人的家乡或者故乡，与海外乡亲联系紧密，受海外影响明显的中国移民的重要移出地。侨乡是华侨华人建立在同族、同乡、同学、同业等一定的社会关系网络基础之上，进行投资实业、捐赠和慈善事业、教育、文化辐射的祖籍地。华侨农场是中华人民共和国成立之后，国家为安置马来西亚、越南、印度尼西亚、缅甸和印度等归难侨而设立的。全国共有 84 个，其中广东 23 个，广西 22 个，福建 17 个，云南 13 个，海南 5 个，江西 3 个，吉林 1 个。在此居住和发展的绝大多数归侨是被迫离开异国，在原居留地还有亲戚、朋友，他们与海外有着密切的联系。虽然华侨农场与"侨乡"传统意义上的"祖籍地"内涵不符，但是因其具有与海外千丝万缕的联系，故而，本研究将华侨农场纳入侨乡范畴考察并研究。侨乡的发展主要受华侨华人的经济实力、心理文化认同和祖籍地政策导向、社会接纳程度的影响。

二　侨乡的类型划分

侨乡的特征主要表现在三个方面：华侨华人数量或占侨乡人口的比重；华侨华人与侨乡的联系紧密度；华侨华人对侨乡的影响。方雄普认为，侨乡是具有一定含义的特殊社区。其特点主要包括：第一，华侨华人归侨侨眷人数众多；第二，与海外的亲友，在经济、文化、思想诸方面具有千丝万缕的联系；第三，尽管本地人多地少，资源缺乏，但由于侨汇侨资多，因而商品经济比较发达；第四，受华侨捐资办学的影响，那里的文

---

① 丘进：《华侨华人蓝皮书（2011）》，社会科学文献出版社，2011。

化、教育水平比较高①。也有学者认为侨乡是华侨华人与当地居民共同构建的多重网络关系集合体②。

中山大学的周大鸣教授认为，侨乡按城市化程度来分可以分为三类③：第一类，华侨华人数量占当地人口比例较高，受华侨外来文化影响较大，在经济、社会、风俗等多方面都形成了独特的社会风貌，城市化程度最高，如广东的五邑、福建的晋江；第二类，华侨华人数量占当地人口比例一般，侨乡呈现多元文化的融合，正处于乡村城市化转型的关键时期；第三类，华侨华人数量占当地人口比例较低，正处于乡村城市化的萌芽时期。中国华侨华人历史研究所黄静认为，可以将中国传统侨乡分为三个类型：中兴型、衰落型、稳定型④。"中兴型"侨乡，其移民链保持和持续良好，新移民不断涌现，华侨华人与侨乡关系密切，如江门五邑、福州、青田；"衰落型"侨乡其移民链保持和持续较弱，华侨华人与侨乡关系开始出现弱化，如潮汕地区；"稳定型"侨乡其移民链保持和持续，华侨华人与侨乡关系开始密切且较为稳定，如梅州地区。

《福建省志·华侨志》按照华侨华人数量分，将侨乡分为重点侨乡、一般侨乡。重点侨乡，华侨华人总人口在 10 万以上，或相当于该县（市、区）总人口的 20% 以上，侨汇较多，与海外联系比较密切。一般侨乡，华侨华人在 10 万以下 1 万以上，或相当于该县（市、区）总人口的 20% 以下 5% 以上。

三　侨乡的地理分布

相关调研统计显示⑤，目前有海外华侨华人 6000 多万，分布在世界 198 个国家和地区。其中 90% 为华人、10% 为华侨。

---

① 方雄普：《中国侨乡的形成和发展》，《中国侨乡研究》，厦门大学出版社，2005。
② 郑一省：《多重网络的渗透与扩张——华侨华人与闽粤侨乡互动关系的理论分析》，《华侨华人历史研究》2004 年第 1 期。
③ 周大鸣：《乡村都市化进程中的侨乡变迁——凤凰村和唐家村为例》，周大鸣、柯群英编《侨乡移民与地方社会》，2003。
④ 黄静：《潮汕与中国传统侨乡：一个关于移民经验的类型学分析》，《华侨华人历史研究》2003 年第 1 期。
⑤ 中国网，海外华人华侨已超 6000 万分布于 198 个国家和地区，http://news.china.com.cn/2014lianghui/2014-03/05/content_31685623.htm。

其中广东籍占 54%，福建籍占 25%，海南籍占 6%，其他省、市、自治区共占 15%（其中以台湾、广西、山东、新疆、云南为主）（见图 1-1）。传统的侨乡主要分布在广东、福建、广西、海南、云南、浙江等地。随着改革开放的逐步推进，区域一体化和经济全球化进程加快，传统侨乡移民人数持续增长，内陆城市移民增加，北上广等发达城市出于留学、商务、文化交流等目的的移民和出国人数不断增加，新型移民、新兴侨乡分布呈现遍及全国的趋势。

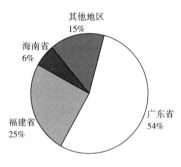

图 1-1   侨乡地理分布

广东是著名的侨乡，华侨华人众多。祖籍广东的华侨华人、港澳台同胞近 3000 万人，其中，华侨华人 2000 万人，港澳同胞约 600 万人，台胞约 400 万人，遍及世界 100 多个国家和地区，主要分布在东南亚的印尼、泰国、马来西亚、新加坡、菲律宾、越南、柬埔寨等国，欧美的美国、加拿大、法国、英国等国，南美洲的秘鲁、巴拿马、巴西、委内瑞拉等国，大洋洲的澳大利亚、新西兰，非洲的毛里求斯、马达加斯加、南非、留尼汪岛等国家和地区。省内约有 10.3 万归侨、2000 多万侨眷，主要集中在珠江三角洲、潮汕平原和梅州地区、五邑。

福建省是我国著名侨乡，华侨华人 1264.62 万人，分布于世界 176 个国家和地区，全省共有归侨侨眷 600 多万人。福建华侨华人出国历史最早上溯到汉朝，随着历史的演进，福建华侨华人数量不断增多，90% 以上分布在东南亚地区，少数分布于东北亚、欧美及大洋洲。20 世纪 70 年代末期，出国人数增加，80 年代末的出国潮，其主要流向因循历史上的移民方向，多往东南亚及美、澳各国。其中，泉州人主要去菲律宾、印度尼西亚、新加坡、马来西亚等东南亚国家，福州人主要前往印度尼西亚、美国、加拿大、澳大利亚、日本等国。福清传统华侨主要分布在日本、印度尼西亚、英国，新侨在爱尔兰、南非、阿根廷、澳大利亚等。现在，新华侨华人较多以留学、工作、旅游、探亲等途径出国，使得闽籍海外华侨华人的人数大增，海外华侨华人居住的国家数量增加。20世纪七八十年代，越南、老挝、柬埔寨政局动荡，排华事件爆发，华侨华人沦为难民后一部分归国被安置在华侨农场，一部分进入欧洲、美洲及澳洲等地。随着港台地区移民潮的出现，祖籍福建的华侨华人也主要进入欧洲、美洲及澳洲等地。

广西也是中国主要侨乡之一，有海外华侨华人数百万，分布在90多个国家和地区，自治区内有归侨侨眷约220万人。

云南省的侨乡主要分布在保山腾冲、德宏瑞丽等边境城市和华侨农场。如芒市华侨农场位于德宏州芒市，建于1965年4月，当时主要是为了接待缅甸、越南回国的华侨，至2005年底，总面积16.9平方千米，人口7562人，其中归难侨人数3730人，占总人口的49%，固定资产净值499.93万元；支柱产业为经济作物种植，主要种植甘蔗、橡胶、茶叶、水果。

浙江省的华人大部分集中在欧洲北美，2013年开始的侨情调查初步显示华侨华人达到200万左右，分布在全世界170多个国家，主要集中在宁波大约为41万、温州为53万、青田为28万，而侨眷多达150万。

海南省也是我国著名侨乡之一，海外海南籍华侨华人和港澳台同胞370多万人，归国华侨侨眷有130多万人。

第三节　侨乡相关研究进展

华侨华人研究，一直不乏学者关注。侨乡则是华侨华人研究的重要领域。近年来，学界在充分运用历史学、人类学、社会学、经济学、政治学、地理学、规划学等学科理论和方法进行交叉研究的基础上，对"侨乡"的概念、侨乡的形成和发展、地方侨史的编撰、海外华侨与侨乡等方面的研究成果日渐增多，涌现一批"观点新颖、视角独特、内容广泛、价值重大"研究专题，形成若干"特色鲜明、成果集中的领域"①。侨乡研究呈现由史到论，学科视野逐步扩大的态势。这些研究成果，为华侨华人与侨乡关系、侨乡经济、侨乡社会、侨乡文化、侨乡旅游等方面研究提供了丰富的文献和有益的启示。

一　华侨华人的研究

1937 年，陈达所著的《南洋华侨与闽粤社会》为华侨华人与侨乡社会关系的研究做出了开创性贡献。他以移民影响作为社会变迁的一个元素，通过对闽粤十县的实地调查，考察了南洋华侨对闽粤侨乡衣食住行、家庭婚姻、社会觉悟、教育、卫生、娱乐、信仰等生活方式的形成和演变的影响②。新中国成立后，侨史研究多囿于革命史范畴，侨乡研究相对冷清，直至 20 世纪 90 年代后才渐成热点，特别是改革开放以来华侨华人与侨乡的关系，成为学界关注的焦点之一。庄国土在历经两年的田野调查之后，形成了晋江侨乡研究系列的论文，这些论文体现了华人与中国关系研究在微观研究方面的新特点，体现了多学科华人研究的趋势，并且让人文、社科工作者与政府职能部门尝试合作③；龙登高论述了海外华侨华人资源在促进侨乡经济由输血型向造血型转变、侨乡社会由消费型向生产型转变方面所起的作用④；赵和曼论述了改革开放以来华侨华人、港澳台同胞在广西的投资及其作用⑤；郑一省叙述了中国对外开放以来，寻根认祖等引导的活动为华侨华人与当代闽粤侨乡文化交流的热点，且这些活动对促进华侨华人与侨乡的沟通联系产生了积极影响，使得彼此之间的关系得到了恢复和发展⑥；随后研究认为通过华侨华人及其社团前往闽粤祖籍地探亲、投资或考察，以及侨乡民间复办侨刊乡训、恢复民间组织等，与海

---

① 林家劲、罗汝材、陈树林等：《近代广东侨汇研究》，中山大学出版社，1999。
② 陈达：《南洋华侨与闽粤社会》，商务印书馆，1937。
③ 庄国土：《中国侨乡研究》，厦门大学出版社，2000。
④ 龙登高：《粤闽侨乡的经济变迁——来自海外社会资源的影响》，《华侨华人历史研究》1999 年第 9 期。
⑤ 赵和曼：《海外华人与广西侨乡经济建设》，《八桂侨刊》2002 年第 3 期。
⑥ 郑一省：《华侨华人与当代间粤侨乡的民俗活动》，《东南亚研究》2003 年第 6 期。

外华人进一步建立紧密联系①；又以华侨华人与闽粤侨乡为研究对象，探讨了多重网络的内容、结构及其在华侨华人与闽粤侨乡互动关系中的作用，认为多重网络是侨乡和华侨华人之间存在的一种关系网络，且在互动中渗透和扩张②；许梅则借用"网络学"等相关理论，提出"多重网络"概念，对近代以来东南亚华人与祖籍地之间的关系进行了研究，认为这一时期东南亚华人在政治、经济和文化等方面都与祖籍地保持着密切的联系，并认为这是世界上其他多移民国家较为罕见的现象③。

在华侨华人的研究方面，对华侨社团关注较多。普遍认为海外华侨社团的产生与发展，同华侨华人迁移足迹和华侨社会的发展息息相关，紧密相连。当今的海外社团大致有六种类型，它们在团结华侨华人，推进所在国和祖国经济建设发展，促进祖国实现和平统一事业，加强中国与所在国的交流合作等方面做出了贡献④。侨联组织要加强同海外华侨社团的联络，密切同海外华侨社团的交流。班国瑞、邓丽兰对英国华侨社团进行研究发现，历史上英国华侨社团是维系当地华人社会的支柱，但在二战后，土生华人的成长及香港新界移民改变了旅英华人的构成，传统宗亲会、同乡会得以复苏，同时出现了专业性社团、跨国性社团联合及华人社区中心⑤。在当今英国政府的多元文化政策下，部分华人社团获得新的发展空间，部分社团却随着第二代华人的本土化而面临着衰落。张颖认为华侨华人社团是维系华侨华人的支柱和桥梁，当祖籍国积弱贫困之时，华侨华人对于祖国的情感更多是基于盼其民族的振兴；而当国家处于发展繁荣之时，华侨华人表达的是基于祖籍国发展的自豪感。在两种感情的维系中，

① 郑一省：《多重网络的渗透与扩张——华侨华人与闽粤侨乡互动关系的理论分析》，《华侨华人历史研究》2003 年第 1 期。
② 郑一省：《华侨华人与闽粤侨乡互动关系的恢复和发展》，《东南亚研究》2004 年第 2 期。
③ 许梅：《二战前东南亚华侨与祖籍地的密切联系及其原因分析》，《东南亚研究》2006 年第 1 期。
④ 俞振常、邹建云：《海外华侨社团现状、变化及工作思路》，《河北省社会主义学院学报》2003 年第 2 期。
⑤ 班国瑞、邓丽兰：《英国华侨社团的历史演变与当代华人社会的转型》，《华侨华人历史研究》2005 年第 2 期。

华侨华人社团均扮演了重要的角色，起到了凝聚人心和桥梁沟通之效①。徐东、马晓龙对民国时期缅甸华侨社团蓬勃发展进行研究，"和顺崇新会"是由和顺乡旅居缅甸侨胞组成的华侨社团，他们在家乡宣传新教育思想，整顿和革新教育；改善办学条件，创办现代学校；启智化愚，创建和顺图书馆；移风易俗，改良社会新风尚，直接推动了当时和顺文化教育的发展，并对其动因进行了分析②。

二　侨乡侨情的研究

（一）侨乡经济的研究

对侨乡经济的研究，以华侨农场、侨汇（当地称银信）、侨资、侨企这四个方面的研究为主。

第一，对华侨农场的研究。从内容上看，主要集中在五个方面。一是以对中国侨务政策和侨务工作为主的研究，其中涉及华侨农场③。二是以华侨农场体制改革为主，主要对农场改革的原因、面临的困境与困难、改革中遇到的问题及对策等方面进行重点阐述，政策性较强，这类的研究分为两种，一种是从全国华侨农场普遍存在的情况着手，如有对华侨农场体制改革的调查报告④；另一种从某个地区的华侨农场发展情况着手，比如有对广东省国有华侨农场体制改革的思路进行探索⑤。三是以管理体制和生产模式为切入点的，如探讨国营华侨农场改革在于建立一个合理的资产营运体制⑥。四是从华侨农场的角度，分析我国安置归难侨的经验教训⑦。五是以某个华侨农场为切入点，通过对该农场发展与转型过程的分析，总结出经验和教训，为该区华侨农场的发展提供借鉴。从研究方法及角度

---

① 张颖：《华人社团与华人华侨文化认同探析》，《江苏省社会主义学院学报》2012年第3期。
② 徐东、马晓龙：《民国时期旅缅华侨社团对侨乡地方教育的影响——以云南腾冲和顺崇新会为例》，《保山学院学报》2012年第4期。
③ 毛起雄、林晓东：《中国侨务概述》，中国华侨出版社，1993。
④ 贾大明：《华侨农场管理体制调查报告》，《中国农垦经济》2004年第10期。
⑤ 扬英、傅汉章等：《广东省国有华侨农场体制改革基本思路探索》，《中国农村经济》2003年第2期。
⑥ 郑少智：《国营华侨农场改革与资产营运模式探讨》，《暨南学报》（哲学社会科学版）2003年第4期。
⑦ 兰强：《从武鸣华侨农场看归侨安置的实践和经验》，《八桂侨刊》1999年第2期。

看，主要依赖社会人类学视角，重视田野调查、经济学分析，以及传统文献资料和档案的分析①。

第二，对侨汇经济的研究。侨汇经济一直是侨乡经济发展研究的热点，侨汇是中国国内亲属与海外华侨华人之间的血缘、地缘关系紧密联系的纽带和具体表现形式。对侨汇的研究，黄昆章在研究浙江侨乡时发现改革开放时期与20世纪五六十年代相比，侨汇用途发生重大的变化，除赡养与建筑外，广泛地用于回乡探亲、观光、投资建设项目、捐资支援家乡公益事业②。山岸猛对侨汇和侨乡经济变化的研究认为，至改革开放前期，来自海外的侨汇很少用于再生产，主要用于扶助国内侨眷的生活③。改革开放开始时，侨汇形态有了很大的变化，以物代汇和以钞代汇的情况增多了。最重要的原因是当时中国国内物资不足，另一个原因是因改革开放开始从计划经济转换为市场经济，从单一计划体制变成了多重价格、多重汇率制。为此，出现了利用这一点直接带回外币在黑市等获得差额利益的方法。20世纪八九十年代，《近代华侨投资国内企业史资料选辑（广东卷）》《近代广东省侨汇研究1862—1949——以广、潮、梅、琼地区为例》《近代广东侨汇研究》等著述对侨汇经济进行了系统性的基础研究。近年，侨批、银信历史档案不断发掘整理，一方面，关于侨批、银信形成发展过程及其运作机制研究比较深入，如王付兵等研究发现，改革开放以来，由于种种因素，经国家银行渠道（即中国银行渠道）解付的福建侨汇数已呈严重下降的态势；相反，华侨、华人及港澳同胞自带或委托他人携带的钱款却是数额相当可观④。另一方面，侨汇对侨乡的具体影响作用的研究更为深入和具体，如林金枝通过分析侨汇对中国经济发展和侨乡建设的作用，认为侨汇成为国内侨眷的主要生活来源和国家非贸易外汇的重要收入，对国际收支和贸易平衡均起着积极的作用，且对侨乡的建设发展也起着重要的作用，主要对侨乡农村经济的发展和侨乡文化教育事业建设

---

① 吴文智：《从双第华侨农场的发展看福建华侨农场的发展和未来前景》，硕士学位论文，厦门大学南洋研究院，2001。
② 黄昆章、张应龙：《华侨华人与中国侨乡的现代化》，中国华侨出版社，2003。
③ 〔日〕山岸猛：《侨汇与侨乡的经济变化（上）》，《南洋资料译丛》2010年第2期。《侨汇与侨乡的经济变化（下）》，《南洋资料译丛》2010年第4期。
④ 王付兵：《改革开放以来的福建侨汇》，《八桂侨刊》2002年第3期。

影响较大①。王付兵以福建为研究对象，发现福建侨汇用途和作用发生了新变化，侨汇的传统赡养家眷功能已大大减少，华侨、华人及港澳同胞更多地将汇款或携带款用于生产投资与捐赠福建侨乡的公益事业，促使了福建的社会进步与经济发展，为福建的腾飞做出了重要的贡献①。陈昱昊、赵智杰认为侨汇能改善人们的生活水平，增加生产性、生活性及公益事业投资，提供了原始资金，扩大出口和就业，是福建省海峡西岸经济区建设不可忽视的动力源泉，并提出了关于进一步发挥侨汇作用的相关建议②。

第三，对侨资企业发展的研究。侨资企业的研究多关注大中型华人企业的经济合作，较少关注中小型华人非经贸合作③。从侨资企业发展方面来看，目前各地存在"重引资、轻抚育"现象以及部分政策、法律法规不完善，导致新华侨华人的投资、经营、发展受到影响④。何海地曾以中山市部分侨资企业为样本进行问卷调查，从政策法规、生产管理、工艺技术、材料价格、市场销售和专业人才等方面，了解企业的信息需求状况、信息获得方式以及对当地政府信息服务的满意程度，以探析侨资企业信息需求和信息获取的一些特点，为当地政府和信息机构更好地服务侨资企业提供参考⑤。尽管涉及侨企的法律相继实施，对侨资企业的未来产生较大影响，但是对于小型的、非高科技的侨资企业来说，优惠政策实现程度减少，加上国内投资环境"软件不软、硬件不硬"，严重制约了侨资企业的未来发展方向⑥。

（二）侨乡社会的研究

目前，关于侨乡社会方面的研究主要集中在对侨乡社会方面和侨乡教育慈善等公共事业的研究。

对侨乡社会转型的研究。华侨华人与侨乡社会的变迁有着密不可分的关系，已为学界所公认。肖文燕认为华侨在侨乡社会变迁中起了积极的推

①　林金枝：《侨汇对中国经济发展与侨乡建设的作用》，《南洋问题研究》1992年第2期；林金枝：《析华侨汇款及其作用》，《八桂侨刊》1996年第3期。
②　陈昱昊、赵智杰：《关于发挥侨汇作用的思考》，《发展研究》2013年第11期。
③　庄国土：《华侨华人与中国侨乡的现代化》，中国华侨出版社，2003。
④　李鸿阶：《新华侨企业面临四大困局》，《中国经济周刊》2006年第34期。
⑤　何海地：《中山市侨资企业信息需求及获取途径分析》，《情报探索》2008年第6期。
⑥　廖少廉：《我国侨资企业面临的挑战与对策》，《创新》2009年第2期。

动作用，并以客家侨乡梅州为对象，指出华侨对侨乡梅州的经济领域、教育文化方面以及民俗的嬗变影响较大，华侨在其近代发展变迁过程中起着至关重要的作用，是发展过程中一股不可或缺的力量，应予以重视并积极引导利用①。徐文勇以浙江青田籍华侨华人与侨乡社会的变迁为研究对象，探析了青田侨乡的形成和发展过程，并通过青田华侨华人与侨乡经济社会变迁互动关系的分析，对地方经济社会未来发展提供了思考和建议②。

　　对侨乡教育、慈善等公共事业的研究。华侨华人在侨乡的教育与慈善事业方面所做的贡献统计方面存在一定难度，有一部分的侨捐、侨赠都属个人行为，没有深入调查，很难反映全貌③。目前，关于华侨华人对侨乡的教育、慈善等公共事业的研究较多，主要集中在以下方面。一是对华侨华人捐赠动因的研究。比如，潮龙起、陈世柏和廖荣榆对华侨华人、港澳同胞捐赠的内因、外因进行了研究④。学者提出了捐赠动因系民族关怀、乡土关怀和利益关怀等。也有学者提出华侨华人、港澳同胞捐赠的内因包括践行慈善责任的为善信念、满足功利主义的心理需求、实现人生价值的思想境界；外因包括社会规范的引导、文化底蕴的支撑、侨务政策的激励、经济实力的增长、群体行为的压力、个体特征的差异等。也有学者从侨乡教育、公益事业、侨乡经济发展等入手，通过捐赠动因分析提出良性互动机制建设研究。二是对华侨华人捐赠监管的研究。比如，卢大海专门针对广东省华侨华人、港澳同胞捐赠监管工作，提出加强监管透明度、引入独立第三方侨捐监管机构、营造侨捐监管氛围的对策研究⑤。王东霞则是对外汇捐赠这一特殊领域的监管进行研究⑥。此外，在一些地方人大的部门期刊中也可以见到一些关于华侨华人、港澳同胞捐赠监管的研究，如

---

① 肖文燕：《华侨与侨乡社会变迁》，博士学位论文，上海师范大学，2008。
② 徐文勇：《青田华侨华人与侨乡社会变迁研究》，博士学位论文，暨南大学，2010。
③ 庄国土：《中国侨乡研究》，厦门大学出版社，2000。
④ 潮龙起：《"非典"时期华侨华人对中国捐赠之分析》，《东南亚研究》2004年第5期；陈世柏：《海外乡亲慈善捐赠行为的动因探析》，《甘肃社会科学》2010年第2期；廖荣榆：《华侨华人、台港澳同胞与侨乡建设——以安溪县为例》，硕士学位论文，福建师范大学，2009。
⑤ 卢大海：《改革开放以来广东侨捐项目监管研究》，硕士学位论文，暨南大学，2008。
⑥ 王东霞：《外汇捐赠管理的现状、问题及建议》，《吉林金融研究》2009年第3期。

《海南人大》2011 年第 9 期刊登的海南省人大常委会华侨外事工委关于
《海南省华侨捐赠公益事业若干规定》执行情况调研报告，提出从加强侨
法宣传学习，夯实侨捐管理基础，发挥世界海南乡团联谊会平台，以及加
强为侨服务举措和加强华侨华人、港澳同胞捐赠监管的建议。三是对华侨
华人捐赠专项领域的研究。有针对教育事业侨华人、港澳同胞捐赠研究
的，如叶泉鹏[1]，罗海峰、黄家泉[2]，马宁等开展了华侨教育捐赠对侨乡
教育事业的重要性研究，华侨华人、港澳同胞捐赠与侨乡教育发展途径研
究，以及加大侨务教育捐赠研究等[3]。还有针对图书馆华侨华人、港澳同
胞捐赠研究的，如朱丽娜、王华的《港澳同胞、华侨华人对中国图书馆
事业的百年捐献综述》[4]。

（三）侨乡文化的研究

第一，对侨乡文化转型的研究。早在 20 世纪 30 年代，社会学家陈达
已指出，闽粤侨乡的生活方式与南洋华侨密切相关，海外移民促成了侨乡
社会的现代化。陈达的研究主要关注侨汇收入对侨乡社会的影响，而近年
的相关研究则较为关注海外移民与侨乡之间的社会文化联系[5]。美国人类
学家 J. Watson 关于香港新界移民社区的研究，发现海外移民不仅利用原
籍的社会文化资源在海外创业，而且在推动侨乡现代化的过程中，进一步
巩固了乡土社会文化传统[6]。美国历史学家 Philip A. Kuhn 认为，到海外
谋生是中国侨乡的传统生活方式，在侨乡与侨居地之间始终存在着人员、

---

① 叶泉鹏：《华侨华人与近现代闽南侨乡教育事业研究》，硕士学位论文，福建师范大学，
2007。

② 罗海峰、黄家泉：《对海外侨胞捐助高等教育的思考》，《八桂侨刊》2004 年第 1 期。

③ 马宁：《改革开放以来海外乡亲对广东教育事业捐赠活动研究》，硕士学位论文，暨南大
学，2007。

④ 朱丽娜、王华：《港澳同胞、华侨华人对中国图书馆事业的百年捐献综述》，《大学图书
馆学报》2011 年第 3 期。

⑤ 陈达：《南洋华侨与闽粤社会》，商务印书馆，1937。

⑥ James L. Watson, *Emigration and Chinese Lineage: the Mans in Hong Kong and London*
(Berkeley: University of California Press, 1975); Presidential Address: Virtual Kinship, Real
Estate, and Diaspora Formation-The Man Lineage Revisited, *Journal of Asian Studies*, Vol. 63,
No. 4, pp. 893-910.

经济与文化的交流渠道，对侨乡文化发展具有影响①。郑振满等对侨乡社会文化变迁的研究，指出其深受海外移民的制约和影响，认为海外移民在推进侨乡现代化的过程中，强化了原有的乡土社会文化传统，又通过考察闽南华侨的跨国生存状态、侨乡社会权势的转移及侨乡社会文化的传承，探讨近代闽南侨乡的国际化与地方化进程②。李思睿对广东大埔县的深度调研发现，在新型的跨国网络建构中，祖先崇拜是侨乡重要的文化纽带③。以血缘为基础的宗亲互助、以地缘为基础的社会建设和公益传统，发展为文化意义上的"寻根"。

第二，对侨乡建筑风貌的研究。张应龙等以侨乡文化中比较容易辨认的建筑文化为中心，对最有代表性的五邑侨乡与潮汕侨乡的侨乡文化特征进行比较，研究认为，从建筑文化角度而言，五邑侨乡的文化特征是输入型文化，潮汕侨乡的文化特征则是输出型文化。而侨乡之所以采用西洋建筑文化，其实是侨乡现代化建设的选择④。

第三，对侨乡民俗的研究。如郑一省对以族谱家乘、寻根问祖为引导的活动进行研究，认为其对促进华侨华人与侨乡的沟通联系产生了积极影响，因祖宗和祭祖仪式为华侨华人所看重，故民俗活动是华侨华人和侨乡民众之间相互沟通的一个重要渠道，有利于恢复和发展原先疏远的关系，同时，侨乡的民间宗教信仰也会得到恢复⑤。俞云平、王雅琼认为侨乡民俗是侨乡人社会心态的集中反映，通过考察闽南侨乡在家庭结构、风俗习惯、文化传统等方面的历史变迁，揭示出当代的侨乡人并没有从根本上放弃或改变传统民俗，而是使以移民文化为基础的侨乡民俗服务于新的时代需求。侨乡民俗不管如何变迁，或多或少总会刻上来自海外华人社会影响

---

① Philip A. Kuhn, "Why China Historians Should Study the Chinese Diaspora, and Vice-Versa", *Journal of Chinese Overseas*, Vol. 20, No. 2, pp. 163–172; *Chinese Among Others: Emigration in Modern Times* (Rowman & Littlefield Publishers, 2008).
② 郑振满：《国际化与地方化：近代闽南侨乡的社会文化变迁》，《近代史研究》2010 年第 2 期。
③ 李思睿：《跨国网络与粤东侨乡社会变迁：以梅州市大埔县百侯镇为例》，《广西民族研究》2017 年第 1 期。
④ 张应龙：《输入与输出：广东侨乡文化特征散论——以五邑与潮汕侨乡建筑文化为中心》，《华侨华人历史研究》2006 年第 3 期。
⑤ 郑一省：《华侨华人与当代间粤侨乡的民俗活动》，《东南亚研究》2003 年第 6 期。

的印迹，显示出与众不同的侨乡特色①。李日星研究认为现代五邑侨乡的婚俗正在向多样化、现代化发展。五邑侨乡婚俗演变，体现了侨乡民俗文化的开放性、包容性和多元化特征②。

第四，对侨乡精神的研究。庄国土认为国民教育体系是东南亚华人认同观发生变化的最重要的因素之一③。李国仿认为弘扬侨乡精神，应该根据不同的群体，将认知、体验、践行作为着力点。这是侨乡精神实践系统的重要组成部分④。付绯凤认为在多元文化冲击下，高校德育面临严峻挑战，亟须进行全面优化、提升。侨乡文化中蕴藏着丰富的德育资源，它们对大学生思想品德教育具有凝聚价值、动力价值、塑造价值。在课堂教学、课外实践活动和校园文化建设中充分利用这些资源，开掘、实现其价值，可有效提升高校思想品德教育的水平⑤。

第五，关于侨乡文化资源保护的研究。何作庆、朱明阐述了红河迤萨镇侨乡文化的形成，指出了红河迤萨镇侨乡文化的现状与特色，提出了红河迤萨镇侨乡文化开发的意义、指导思想及对策等，为中华民族"多元一体"提供了实例论证⑥。杨一涛对保山侨乡文化研究认为，侨乡文化在推动地方经济社会发展中具有资源性的作用，认识、挖掘和开发好这一资源有较强的现实意义⑦。

（四）侨乡旅游研究

一是对侨乡旅游资源的研究。侨乡旅游资源是侨乡旅游发展的依托，指的是那些能够吸引广大华侨华人的旅游资源，主要包括人文旅游资源、自然旅游资源以及与华侨华人相关的各种侨务资源。着力发展侨乡旅游，是因为华侨华人的经济资源、人际资源等，对于侨乡政治、经济、社会的发展起着重要的带动、辐射作用。而在新的世纪，受异地经济、民俗及文

---

① 俞云平、王雅琼：《闽南侨乡民俗变迁点滴》，《八桂侨刊》2008年第4期。
② 李日星：《五邑侨乡的婚俗演变》，《五邑大学学报》（社会科学版）2008年第1期。
③ 庄国土：《中国侨乡研究》，厦门大学出版社，2000。
④ 李国仿：《以侨乡精神滋养青少年的心灵》，《学习月刊》2010年第2期。
⑤ 付绯凤：《论侨乡文化的德育价值及实现途径》，《五邑大学学报》（社会科学版）2011年第1期。
⑥ 何作庆、朱明：《云南红河县侨乡文化的历史与开发研究》，《红河学院学报》2006年第1期。
⑦ 杨一涛：《保山侨乡文化资源性问题研究》，《中外企业家》2013年第6期。

化的影响，华侨华人中的第二、第三代对于祖国的亲情感、认同感、归属感已逐渐淡薄，这对于侨乡的发展产生了许多不利的影响。以侨乡旅游资源作为吸引物，提高华侨华人对侨乡的认识，增强对侨务资源的培育，事关侨乡未来的发展。郑达认为以旅游作为吸引物，提高华侨华人对侨乡的认识，充分利用侨乡旅游地的文化牵引力与凝聚力，增大对华侨华人旅游市场的吸引，培育他们对祖籍地的认同感与归属感是侨乡工作的重要使命，也是侨乡旅游发展的必然选择①。

二是对侨乡旅游资源开发的研究。颜丽金、王元林认为发展闽南的寻根旅游应充分考虑它的"根"文化内涵和时代特征，抓住闽南旅游的独特风采，在旅游资源规划中，充分展现其最富有生命力的人文地理特色，满足游客寻根的文化心理需求②。陈贤斐、侯志强③也认为泉州发展旅游过程中务必要打好"侨"牌，从定位形象与开发针对性产品来涵养文化资源，同时从合理利用侨捐资源、培育侨源、共同维护侨务公共外交入手，通过政府主导、民间支持，多路径积极参与侨务公共外交，讲好"泉州故事"、扩大客源市场，发挥高校人才的正能量引导作用等方面促进侨务资源的发展。蔡朝双认为开发华侨文化旅游，对侨乡的经济发展具有极大的带动、辐射作用，并以福清市为例，对福清华侨文化旅游开发的现状及优势进行分析，进而对今后福清华侨文化旅游市场的开拓、旅游经济的提高提出一些基本思路④。谭妙洁着重研究如何利用江门五邑的侨乡习俗来发展特色旅游，通过分析五邑侨乡习俗资源的优势和不足，提出发展特色旅游的规划⑤。

三是对侨乡特色旅游带建设的研究。雷近芳研究认为粤东北以梅州为中心的客家侨乡和粤东南潮汕侨乡由韩江串联，旅游资源丰富且联片成

① 郑达：《论侨乡旅游发展中的侨务资源培育与开发》，《华侨大学学报》（哲学社会科学版）2007 年第 4 期。
② 颜丽金、王元林：《闽南侨乡寻根旅游之探讨》，《人文地理》2003 年第 6 期。
③ 陈贤斐、侯志强：《侨乡旅游发展过程中侨务资源的涵养与发展——以泉州为例》，《泉州师范学院学报》2017 年第 1 期。
④ 蔡朝双：《华侨文化旅游开发探讨——以福建福清市为例》，《赤峰学院学报》（自然科学版）2011 年第 5 期。
⑤ 谭妙洁：《如何开发五邑侨乡习俗特色旅游》，《旅游纵览》2012 年第 6 期。

带；城际地缘与历史文化渊源密切深厚，自然景观与人文景观都深具互补性；粤东各市已经展开合作，但城际旅游联动互利方面尚存在巨大的发展空间。粤东侨乡特色旅游带建设与发展的关键是整合资源集聚优势、突出侨味、打造特色①。

四是对侨乡旅游消费行为的研究。李祝舜通过对福建侨乡的旅游消费行为研究，对文化因素、社会因素、家庭因素、个人因素进行分析，指出了福建省打好"侨牌"，加快旅游强省建设的策略②。

五是侨乡旅游开发的影响研究。孙九霞、周一③通过对我国首个以华侨文化为主题的世界遗产地——开平碉楼与村落作为研究对象，分析遗产旅游的开发对当地居民的认同变迁，发现在碉楼申遗过程和旅游开发过程中，碉楼成为固化的、符号化的象征，但是当地居民的文化认同并不完整，存在多重的割裂趋势。

三 侨务政策的研究

目前，关于侨资政策的研究虽然已经积累了一些成果，但还相对较少，且比较分散，主要可以归纳以下几个方面。从政策层面来看，可分为政策实施的效果和政策调整的建议两方面。以政策实施的效果来看，有学者指出各地的地方侨资政策不统一、不透明且多变，审批程序也存在一定程度的复杂化④。我国的侨资政策欠深化，还需要进一步完善⑤，究其原因是当前对于侨商的法律保障制度存在缺失，政府部门的刁难和掣肘不时发生，政府政策执行的不连贯性、优惠政策的不兑现性、服务的不到位性、行政的过度干预性以及办事程序的复杂性还相对存在⑥。张赛群指出

---

① 雷近芳：《打造粤东侨乡特色旅游带的思考》，《广东省社会主义学院学报》2007 年第 4 期。

② 李祝舜：《福建侨乡旅游消费行为研究》，《消费经济》2002 年第 3 期。

③ 孙九霞、周一：《遗产旅游地居民的地方认同——"碉乡"符号、记忆与空间》，《地理研究》2015 年第 12 期。

④ 滕剑峰：《我国加入 WTO 之后侨资法规的调整》，硕士学位论文，外交学院，2003。

⑤ 李国梁：《近年来华侨华人经济问题研究的进展和思考》，《暨南学报》（哲学社会科学版），2002。

⑥ 张德瑞：《论我国华侨在境内投资经商权益的法律保护》，《今日中国论坛》2008 年第 9 期。

有些地方政府部门办事拖拉，审批程序烦琐，管理不到位，乱收费、乱罚款、乱检查现象存在；并以中印两国为研究对象，探析了两国吸引侨资的政策有若干相似之处，如均优待侨资，鼓励侨资发展的领域和地域也基本一致等，但两国在关注侨资时间早晚、政策规范化等方面又有明显的区别①②。从实效来看，虽然两国引进侨资的数量相去甚远，但在改革初期利用外资不多的情况下，侨资均占居重要地位。以政策调整的建议来看，普遍的观点指出侨务部门应加大执法监督，同时还要热情接待侨商以及认真受理侨商的投诉问题③。

综上所述，学术界对华侨华人与侨乡的研究取得了较为丰富的成果。但以往的研究也存在着一些不足。其一，研究缺乏前瞻性，服务国家战略意识略显不足。已有的研究以历史研究为主，较多地关注侨乡历史，特别是新中国成立以前的侨乡历史，而对改革开放以来，尤其是"一带一路"倡议实施以来的侨乡发展的研究略显不足。其二，多着眼于某个具体侨乡（特别是广东、福建、云南等地侨乡），探究华侨华人与其关系，或就某一侨乡的某些领域，如华侨华人对侨乡的捐赠，华侨华人与侨乡教育、慈善、民间社团、社会心理等方面进行研究，而在全域性（或"一带一路"沿线）的研究方面也存在不足。其三，研究方法上，定性研究居多，实地调查、深度访谈、定量的指标建构、不同类型功能的侨乡的比较分析相对较少。为此，需要采用多种研究方法，对新中国成立后，特别是改革开放以来华侨华人与侨乡各项事务的发展进行综合的、全域的研究，并就不同类型的侨乡发展进行综合比较，同时，要探究如何创新侨务政策，推动侨乡发展，促进华侨华人在侨乡发展过程中共襄"中国梦"。

---

① 张赛群：《中国侨务政策研究》，知识产权出版社，2010。
② 张赛群：《中印两国吸引侨资政策及其绩效比较》，《河北大学学报》（哲学社会科学版）2013 年第 5 期。
③ 徐晓燕：《侨办为侨资企业服务新举措》，《今日中国》（中文版）1999 年第 5 期。

第二章　华侨华人引导侨乡发展的多元分析

第一节　华侨华人引领侨乡经济发展

一　海外华侨华人的独特优势

改革开放后，海外华侨华人的投资是中国大陆经济的持续高速增长的重要原因之一。海外华侨华人很好地带动了中国大陆外向型经济的发展，其在资金、技术、管理、商业网络等方面促进中国引入先进技术，建立国际销售网络，带动商品出口。此外，海外华侨华人来华投资的重大成功对其他外商产生了示范效应。海外华侨华人不仅作为中国经济与世界连接的桥梁，还推动了中国经济融入世界经济的进程。

（一）雄厚的经济实力

华侨华人出国历史悠久，特别是东南亚华侨华人，他们从最初的海外打工到自主创业，从事各种加工制造业，积累了大量的资本和投资、管理经验，经济实力雄厚，而海外华侨华人对侨乡的资本支持，则成为侨乡快速发展的原因之一。中华人民共和国成立以前，海外华侨华人通过侨批的形式向侨乡邮寄物品、钱财来资助侨眷生活生计，伴随海外华侨华人资本的不断积累，海外侨胞的捐赠普及包括学校、医院、道路等设施在内的侨乡基础设施；中华人民共和国成立以后，尤其是改革开放以后，受国家招商引资政策的扶持和鼓励，拥有强大财力的华侨华人开始对侨乡企业进行投资，直接推动侨乡产业转型与升级发展。

海外华商财富实力雄厚，根据英国的《经济学人》杂志和美国俄亥俄大学海外华人问题中心提供的统计数据，20世纪90年代海外华人的境外资产总额大约在1.5万亿美元；到2000年，这个数字迅速上升到2.5万亿美元；2007年《世界华商发展报告》推算，全球华商的总资产数额再迈上一个新台阶，达到3.7万亿美元。而在全球华商财富分布中，港台华商与东南亚华商①财富实力和对所在区域的影响力远高于其他地区。东南亚的华人虽只占当地居民的少数，却实际主导了东南亚的经济命脉。如华人占马来西亚人口的20%，却控制着全国40%的经济；华人占菲律宾总人口的1%，却控制了该国70%的财富；华人占印度尼西亚人口的5%，更是控制了该国80%的财富②。杨联民等在《华人资本驰骋全球》一文中提及：泰国华人企业在所有经济部门中都占据了重要地位，如华人资本约占制造业的90%，纺织业的60%，钢铁业的70%，制糖业的60%，运输业的70%，商业的80%。印度尼西亚销售额前20家企业集团中有18家企业集团为华人企业。新加坡的华人则占到全国3/4，华商企业占企业的1/3③。由此可见，海外华侨华人拥有强大的经济实力，因此引进华商资本，成为促进侨乡社会发展，提升侨乡经济的重要举措。

（二）庞大的商业网络

我国海外华侨华人数量众多，参与创业与投资项目涉及各行各业，包括早期投资的餐饮、制造业到现在流行的旅游业、金融贸易、高科技软件等行业，形成范围大、内容广、实力强的商业网络格局，在空间形态上呈现跨国性、多重性、分散性等显著特征。目前，根据海外华商行业分布特点，可以将其商业网络按照行业类别分为六大类，包括金融业、高新技术行业、消费品制造业、商贸业、重化工业和餐饮酒店业，而华人企业的经营也日趋多样化，由原来单一经营模式和传统经营领域，向综合性集团转化。因此，海外华商的庞大商业网络，为促进侨乡经济转型，实现侨乡新型产业发展具有重要的指导意义。

---

① 福布斯2016年全球富豪榜上的港台豪富资本总额为2805亿美元，东南业五国华商为1557亿美元。
② 贾益民：《华侨华人研究报告（2014）》，社会科学文献出版社，2014。
③ 杨联民、花善岱、阿润香：《华人资本驰骋全球》，《中国工商》2001年第5期

（三）广泛的人脉和重要的社会影响力

海外华侨华人参与侨乡的经济建设，给当地的发展带来巨大的影响，包括完善当地基础建设，促进当地就业，增加当地居民收入等社会民生问题。而同时，我国的经济实力增强，国际地位的提升，使海外华侨华人在所在国的经济地位与社会声望不断提高。海外华侨华人拥有着广泛的人脉和重要的社会影响力，尤其是在东南亚国家中最为明显。根据 2011 年菲律宾华商联合总会提供的资料，菲律宾政府各部、委、署、局的部级任命官员中，15 人是华人；在国会议员中，有 26 人是华人血统，占国会议员比例超过 12%，在各省、市、社长及其副手中，有 274 名官员是华人[①]。21 世纪以来泰国政府内阁成员从总理到各级部长一半以上是华人。这些数据表明，东南亚华侨华人参与了所在国的政治生活，发挥着自身的作用，是华侨华人推动所在国与中国关系发展的重要基础。此外，在中国与东南亚国家的政治与外交关系中，华侨华人或作为个体，或通过社团与华文媒体途径，为中国发展与东南亚各国的友好关系做出重要的贡献。例如，促进中国与印度尼西亚恢复外交关系的华商唐裕，在中马友好关系和促成中马建交方面发挥出重要作用的李引桐、曾永森等海外华侨华人。

（四）先进的经营管理理念

海外华侨华人的创业经验丰富，企业管理经验也源于当地的实践与创新，并形成一套成熟的经营流程和管理体制。早期侨乡的晋江模式、温州模式成为较为先进的管理经验和理念。目前，随着经济全球化以及互联网技术的快速发展，企业经营管理愈加网络化和先代化，海外华侨华人国际经营理念成熟，掌握科学技术和互联网时代新知识能力较强，善于吸收先进的管理理念。尤其是华侨华人第二、第三代华商普遍具有现代管理与专业的教育背景。受过良好教育的年轻一代华人企业家开始参与乃至接手父辈主导企业经营管理，企业逐步走向决策和管理科学化。此外，海外华侨华人企业的资本大众化和经营多样化也为侨乡企业的经营与发展提供借鉴。

---

① 贾益民：《华侨华人研究报告（2014）》，社会科学文献出版社，2014。

（五）先进的技术与创新理念

目前 6000 万海外华侨华人中，约 1000 万是改革开放后从中国走出去的新移民，与东南亚聚集着大量的老华商不同，在北美和澳大利亚等地出现了大批以新移民为主的运营中小企业的新华商，很多人毕业后，留在当地，他们突破了老华侨华人以"三刀"（菜刀、剪刀、剃刀）为主的传统产业，大多从事现代服务业，部分还投资科技型企业。海外华侨华人中的专业人士约有 400 万，他们主要分布在美国、加拿大、澳大利亚、日本、法国、英国、俄罗斯、意大利等发达国家和地区，主要集中在高新技术和金融领域。目前中国在海外工作的人才中，大约有 10% 左右是在大学、科研机构从事教学和研究的"教授型或研究型人才"，5% 左右是具有创业和管理才能的"创业型人才"，而 85% 以上在企业中从事高技术研发工作的"创新型人才"。在世界 500 强大企业中，属于"创新型人才"的华人技术骨干比比皆是。这些海外高层次人才拥有丰富的国际大企业的工作和管理经验以及掌握世界最先进的科学技术。我国现代企业创新需要高层次创新人才，海外人才将是加速中国企业创新的一支重要力量。因此，国家主席习近平 2015 年 6 月 9 日在中国科学院第十七次院士大会、中国工程院第十二次院士大会的讲话中强调"要广泛吸引海外优秀专家学者为我国科技创新事业服务"。

二　华侨资本与侨乡经济建设

（一）投资侨乡，注入造血功能

1978 年，中国大陆实行改革开放的基本国策，大量海外华侨华人在了解中国政局和政策的基础上，纷纷前往侨乡投资办厂，为侨乡输入"造血功能"，支持侨乡的经济建设。侨乡经济发展初期，侨资主要分布在中国重点侨乡浙江、福建、广东等沿海省份。此时，华侨华人投资的三资企业数量、规模较小，主要涉及劳动密集型的轻工行业。随着侨乡基础设施包括交通、通信等公共基础设施的逐渐完善，以及国内投资政策的不断优化，海外华侨华人资投资侨乡情况发生巨大改变。以福建省为例，1979 年至 1983 年改革开放初，侨资企业进驻侨乡 68 家，投资 2155 万元；1984 年，侨资企业 262 家，投资 2.54 亿，增比分别高达 446% 和 460%；

1985 年，侨资企业增至 395 家，投资 3.77 亿①；海外华侨华人投资侨乡热情高涨，给侨乡经济发展带来希望和活力。

（二）侨资企业生根发芽，实现侨乡经济"自我造血"

1992 年，邓小平"南方讲话"后，社会主义市场经济得以确立，对外开放政策进一步优化，大量外资（以侨资为主体）涌入国内，侨资企业规模日趋壮大，在侨乡经济结构中所占比例也逐渐增加。1990 年全国海外华侨资本占所有外资企业中的比例为 62.5%，1992 年更高达 95%，1997 年占 88%，1998 年占 91.1%。进入 21 世纪后，侨资在外资中的比重略有下降，2005 年华侨资本占所有三资企业的 70%。尽管侨资比例呈现波动变化趋势，但是侨资仍然对侨乡经济发展起着举足轻重的作用，是侨乡经济发展的主导力量。侨资企业不断适应国内经济政策，找准投资方向的同时调整投资结构，使侨资企业在侨乡落地生根，并且做大做强。

侨资企业在侨乡遍地开花，为侨乡经济发展带来勃勃生机，直接带动侨乡过剩劳动力就业，改善人们生活；同时，侨资企业的发展壮大，直接为政府赢得税利，增加当地税收。以广东省潮州市为例，1978 年至 2013 年间，潮州市三资企业 410 家，其中中外合资企业 35 家，中外合作企业 182 家，独资企业 191 家，股份制企业 2 家，投资总额达 15.4 亿美元，注册资本 10.3 亿美元、纳税总额 113 亿元、从业人数达 40146 人。其中，潮州市饶平县侨资企业 28 家，投资 500 万元以上的 4 家；企业实收资本 4705 万美元，华侨华人投入资本 2801 万美元；2011 年末资产合计 57358 万美元，全年营业收入 99011 万元②。通过对潮汕市湘桥区 2012～2013 年的三资企业统计可以发现，无论是企业数量、规模还是利税总额、吸引社会就业，都呈现上升趋势（如表 2-1），其充分发挥了侨乡的侨资资本作用，为侨乡经济注入新鲜的血液，使得侨乡经济得到进一步的发展，甚至拥有自我"造血"能力。

---

① 福建省人民政府侨务办公室：《福建省侨志》，2014。
② 数据来源：《潮州市侨区志》，2014。

表 2-1　潮州市湘桥区三资企业统计（2012~2013 年）

年度	三资企业（个）	规模（万美元）	利税总额（万元人民币）	用工（名）	侨资户（户）	侨资（万美元）
2012	63	6716.04	8133	10677	58	2548.22
2013	85	9386.15	15566	11412	80	4755.78

数据来源：潮州市湘桥区侨办。

（三）侨资企业引领侨乡特色经济的发展

我国重点侨乡广东、福建、浙江、广西、云南和海南等省自改革开放以来借助中国大陆与海外华侨华人恢复往来的契机，利用侨乡积累的闲散侨汇、闲散劳动力和场地，开办加工厂等侨属企业形成富有特色的侨乡经济。如浙江省温州市利用改革开放契机，大力开办侨属企业，坚持自筹资金、自愿组合、自找场地、自产自销、自负盈亏和自我管理的原则，由就地取材、就地加工、就地销售的加工业发展到自找原料、自产自销的制造业，生产项目从服装、鞋革、五金等日常生活用品发展到电器、机械、化工等高端行业。温州县级市乐清市，从 1980 年至 1997 年创办的 29 家侨属企业中，15 家为电器、电子企业，其次为服装、家具等加工制造企业[1]。侨属企业的创办、发展有效地拉动了内地经济，充分利用了侨乡累积的侨汇资金，为侨乡发展创利创汇，侨属企业顺着改革开放的东风不断发展壮大。如图 2-1 所示，温州市侨属企业数量整体上呈逐年上升趋势，1995 年亚洲金融危机，侨属企业数量下滑，之后又迅速回升，侨属企业的年产值一直稳步上升，1995 年之后上升幅度增大。

此外，福建省、广西壮族自治区等重点侨乡的侨属企业发展也各具特点。改革开放初期，政策允许群众兴办私营企业、个体专业户。侨乡泉州市由于资金闲散、劳动力丰富、房屋空闲，吸引了众多侨资乡镇企业、私营企业、个体专业户等。1978 年至 1987 年间，泉州侨属企业占所有侨资企业的 60%[2]，主要为劳动密集型的"三来一补"（三来一补是指来料加工、来样加工、来件装配和补偿贸易，是中国大陆改革开放初期尝试性创

---

[1]　温州华侨华人研究所编《温州华侨史》，今日中国出版社，1999。

[2]　福建省人民政府侨务办公室：《福建省侨志》，2014。

立的一种企业贸易形式）企业。产业类型以服装、玩具、雨具、塑料制品、家用电器等加工装配为主。1986 年泉州晋江对外承接来料加工业务厂家 582 个，加工装配业务，以加工、装配服装、毛衣、绣花、电子表、玩具、雨伞、手套为主，用工 4 万多人次。1984～1997 年，泉州市共引进 3 万多台小型生产设备，促进福建沿海侨乡乡镇企业、民营企业、个体专业户的发展，也促进了侨乡经济的发展。

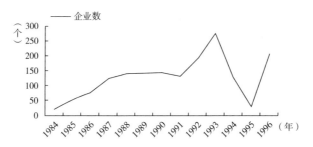

图 2-1　温州市侨属企业数统计（1984～1996 年）

广西壮族自治区北流市是中国重点侨乡，改革开放后侨胞支持侨属办企业。企业形式分为个体办、联合办、侨属与乡镇企业联办等，主要涉及农村果园、养殖场、石场、加工厂等，行业类型相对低端，规模小且较为分散。2009 年，北流侨属企业总产值达 26.83 亿元，实现税利 1.96 亿元，分别比 1991 年增长 13.3 倍和 12.5 倍。侨资企业涉及电子、医药、时装针织、皮件、陶瓷等多个行业。2013 年，北流有侨资企业 154 家，生产值 4.35 亿元，创税 4020 多万元。其中生产值超过 8000 万元的企业 16 家①。北流侨属企业不断发展壮大，侨乡由依靠侨汇的纯消费者转变成侨乡社会财富的创造者。

三　华侨华人与侨乡经济管理经验和技术进步

华侨华人参与侨乡经济建设的过程中，在企业经济管理和技术上形成独特的经验和模式，引导侨乡社会经济迅速发展。

---

① 数据来源：与北流市侨办的访谈，2014。

（一）"三来一补"模式

以福建晋江为例，晋江是我国著名侨乡，与金门仅隔 5.6 海里。全市陆域 649 平方千米，海岸线 121 千米，本地人口超过 103 万，外来人口 70 万左右。"十户人家九户侨"是晋江最富特色的人文现象，侨胞和港、澳、台同胞 200 多万人，号称"海内外 300 万晋江人"。

晋江模式起源于海上私商文化，20 世纪 70 年代末，台湾海峡两岸渔民开始海上民间交往，晋江作为私货交易点之一，晋江沿海民众纷纷参与海上"水货"贩运。晋江华侨文化历史悠久，海外华侨向家乡寄回物品，然后通过侨眷卖掉，逐渐吸引非侨户以及外地人的购买。晋江充分利用侨乡侨汇积聚的资金、房子以及靠侨汇度日的闲散劳动力，将消费型侨乡转为生产型侨乡，实现晋江华侨参与侨乡经济建设的第一步。改革开放后，国内经济活跃，晋江利用东亚经济"雁行阵式"的发展机遇，从"三闲"（闲人、闲房、闲散资金）起步，对外商实行"三来一补"，晋江侨乡利用海外华侨赠送的小额生产设备换取免税优惠，通过运入来样、来件、来样加工装配等由家人亲戚进行家庭作坊式加工，产品外销。充足的劳动力以及产品加工的低技术门槛，使得晋江加工业迅速发展，同时提供了侨乡民间企业的机遇，对民营经济的发展起了很大作用。来料加工完成后，晋江、石狮又以"洋货内销"的形式形成一定规模的小商品批发市场。行业逐步铺开，由服装向电子产品、日用工艺品、鞋帽、包袋用品、五金塑料等渗透。民营企业开始生产，促进侨乡市场经济的发展壮大。兴起于"三来一补"的侨乡经济建设成就了一大批熟练工人和本地民营企业家。市场经济的不断发展，以及改革开放政策的支持，使三资企业（即侨资企业）直接进入侨乡民营企业并迅速增加。民营企业获得技术、信息、市场销售优势，侨乡产业结构逐步调整，侨资引进科学的经营管理制度，适应现代经济的发展趋势。以侨资为主导的"三资企业"在侨乡落地生花，为当地经济带来巨大变化，1978 ~ 2006 年，全市经济总量翻了 8 番多。其中，全市地区生产总值年均增长 17.5%；财政总收入年均增长 22.1%。2006 年晋江全市纳税企业 11953 家，其中外资企业 2194 家，内资企业 9759 家（及大部分与海外侨资企业有关系），只有 10 来家国有企业。晋江是名副其实的以侨资为主体的民营企业大市。

与此同时，晋江模式也在寻找更好的发展方式——如建立大型开发区，而各级政府及海外华侨共同扶持经济开发区建设，解决侨乡经济分散性问题，成为"三来一补"模式中利用侨资的新特色。

（二）温州模式

浙江省温州作为改革开放以来迅速成长起来的新侨乡，在利用侨资引进侨资过程中，不断吸收经济管理经验和先进技术，形成具有代表性的"温州模式"。

改革开放以前，温州经济发展落后，可利用自然资源短缺，人均耕地少，国家投入少，交通条件差。中共十一届三中全会后，国家实行对外开放政策，经济建设活跃。温州因地少人多而形成的剩余劳动力开始经商、办厂，发展非农经济实体，兼营传统手工业等。与此同时，作为中国改革开放的产物，出国创业成为一大热潮。大批温州人远赴欧洲各国寻求发展，开始主要从事餐馆、皮革、服装加工等行业，而后逐步转向金融、房产、旅游、电器、外贸等行业。温州大胆落实了我国改革开放政策，结合本地实际，积极创业，并逐渐吸引海外华侨华人来温州投资办厂，发展"三资"企业，进行进出口贸易。温州的华侨华人一方面把温州产品推向世界，另一方面从国外引进先进的设备、技术，提高温州产品质量，促进了新侨乡经济发展。同时，积极实行引智工程，吸引海外留学的华侨华人精英回国创业，侨资企业经营者文化素质随之升级，创业项目转向第三产业如金融、房产、旅游等。在温州模式的带动下，华侨华人不断参与侨乡经济建设，涉及行业逐步转向较高端产业方向，带动侨乡产业结构的转型与升级。

四　侨汇与侨乡消费经济形成

侨汇是海外华侨华人汇回国内的款项，用以赡养国内侨眷，维持侨眷生活开支。起初，侨汇是国内侨眷生活的重要来源，随着改革开放的深入，国内外经济交流的加强，贸易往来更加频繁，侨汇进入侨乡机会增多，数额增多，大大超出了侨乡侨眷的生活所需。20世纪90年代末，随着侨乡新移民的增多和经济贡献能力的提升，侨汇数额快速增长。进入21世纪，我国的侨汇数额呈上升趋势，且态势相对稳定。侨汇的发展使侨乡侨眷的生活水平和生活质量普遍提高。

侨汇的增多和原始赡养作用的弱化使得侨汇功能发生改变，多样的侨乡消费经济形成。以传统老侨乡晋江为例，海外晋江人超过 300 万，比晋江本地人还多。在 20 世纪 20~30 年代，晋江年均侨汇在 1000 万元以上，1930 年一度高达 2500 万元，全县 70%~80% 的侨眷侨属主要或部分依靠侨汇为生，晋江成为典型的消费性城镇。1978~1996 年侨汇总额达 19983 万元（其中缺 1993 年数据）。在改革开放前期中国社会处于二元社会经济结构，农村居民不能从事非农产业，侨汇成为闲钱，侨房成为闲房，不能有效利用。而改革开放后侨汇则成为侨乡经济发展的主要推动力。另外，以我国山区侨乡——浙江省青田县为例，旅居海外的青田华侨多分布在欧洲各国，随着 2008 年欧债危机的爆发，新一代华侨华人选择回国投资创业，在侨乡开设咖啡厅、西餐店、红酒酒吧等具有欧洲风情的餐饮娱乐业。侨乡中西方文化的交汇和碰撞使得侨乡风貌呈现明显的"华侨文化"消费特征。无独有偶，广东省台山市作为广东重点侨乡之一，其消费经济的形成也深受侨汇增多和侨汇用途多元化的影响。1981 年，台山市侨汇收入 3193.4855 万美元，其中赡家费用比例占 88.28%。随着国内经济的增长，侨乡社会发展，侨乡居民收入增加，不再依靠侨汇作为生活生计来源。在 2000 年后台山市侨汇用于赡养所占比例几乎可以忽略不计，侨汇主要用于修建房屋、发展侨乡体育运动、发展侨乡旅游业等方面，形成有一定特色的侨乡消费经济。

五　华侨华人与侨乡产业结构

华侨资本在侨乡经济中占有重要地位，不单引领侨乡经济发展，也引领侨乡产业结构的转型和升级。

（一）20 世纪 80 年代，侨资引领侨乡乡镇企业发展

改革开放初期，华侨投资领域较为单一，主要集中在加工工业，尤其集中于轻工、纺织、服装加工业等"三来一补"企业，如晋江市在 20 世纪 80~90 年代"三资"企业状况就较为典型（见表 2-2）。另外，由于资本的有限性以及国内经济发展处于初步阶段，投资第一产业（农业）等领域的侨商也有一定比例。如 1978 年，福建省侨乡第一产业、第二产业、

第三产业比重为 36：42.5：21.5，以第二产业为主，其次是第一产业。

表 2-2　晋江 20 世纪 80~90 年代"三资"企业状况

企业名称	合资方	雇用工人	企业生产类型
富胜织造漂染公司	香港	400	漂染
福建汇源集团	香港	1225	陶瓷、建筑
福联织造有限公司	香港	712	纺织
利郎公司	香港	300	服装
鸿发弹性织造公司	香港	70	纺织
鼎胜陶瓷有限公司	香港	210	陶瓷
鸿昌食品有限公司	香港	100~300	食品
皇冠五金制品有限公司	香港		五金
宝仁德药业有限公司	香港	42	制药
盛达针织实业有限公司	香港	200	纺织
东信针织实业有限公司	香港	100	纺织
高源石材有限公司	菲律宾		石材
金时皮革有限公司	香港、澳门	50	服装
宏兴旅游用品公司	香港	400	工艺、服装
威兰汽车用品有限公司	香港	250	汽车
隆昌织造有限公司	中国台湾	60	纺织
宝声电子有限公司	香港	150	电子
助成达鞋服有限公司	菲律宾	100	服装
山川鞋业有限公司	香港	250	服装
美亚实业有限公司	香港	100	工艺

资料来源：1998 年 2 月厦门大学南洋研究所侨乡调研数据。

（二）20 世纪 90 年代，侨资引导侨乡基础设施与能源产业发展

20 世纪 90 年代以来，侨资引领侨乡经济依然活跃。1997 年，福建省外资企业中，华侨资本占所有外资比重的 77%，浙江温州 1996 年的华侨投资占所有外资比重的 80% 以上。随着我国经济的快速发展以及经济全球化的发展，海外华侨华人的投资领域发生变化，逐步转向投资国内的能源、交通等基础产业，以及资金、技术密集型产业和高新技术产业。如20世纪90年代，汕头市外商投资（主要为侨资）主要在基础设施建设方面，包括交通、能源、运输、转口贸易、仓储、船务代理等多种行业，对第三产业的投资也相对增多。1996年，在汕头市直接投资的495个外商投资项目中，属生产型项目的有346项，属非生产型项目的59项；按行业分，农林牧渔水利业16项，工业436项，建筑业1项，交通运输及邮电通信业5项，商业、公共饮食业、居民服务业和咨询服务业22项，金融、保险业2项，其他行业13项。

华侨华人投资的变化使国内侨乡产业结构不断优化和完善。1999年，福建省侨乡三大产业比17.7：42.5：39.8，第二产业比重保持不变，第三产业比重不断增加，第一产业比重减小。产业结构呈现由第一产业向第三产业转变的态势。

（三）21世纪，侨资引导侨乡产业"跨二进三"转型升级

21世纪海外华侨华人引领侨乡企业的品牌发展。以晋江为例，1998年与2002年晋江确立了"品牌立市""品牌之都"的发展战略，争创品牌，2006年全市拥有中国驰名品牌79项，中国名牌产品24项，中国出口名牌产品2件，国家免检产品76项，区域品牌13项；5个品牌入选亚洲500强。

21世纪以来，经济全球化触及世界各地，华人经济也随之开始转型。2005年，福建省华侨华人投资农林牧副渔业的侨资企业90家，实际资本14.0085亿元人民币；第二产业222家，第二产业侨资企业实际资本1609.77亿元人民币，占全省侨资企业实际资本的77.76%；投资第二产业的企业高达861家，实际资本达446.31亿元人民币。其中，金融业244家、房地产301家、商业批发零售191家、教育业18家[①]。第三产业发展迅速，侨资企业引领整体产业结构转型升级变化明显（如图2-2）。在发展数量上，第三产业数量明显优于第一、第二产业，显现出华侨投资第三产业的热情和积极性。以福建漳州龙海市为例，2012年共有82家侨资企

---

① 福建省人民政府侨务办公室：《福建省侨志》，2014。

业中，主要涉及食品、建材家具、包装、石材等行业，其次是房地产、电子等行业。抽取其中营业收入过千万元人民币的侨资企业 20 家，产业类型均以轻工业为主，尤其是食品行业比例高达 45%①。

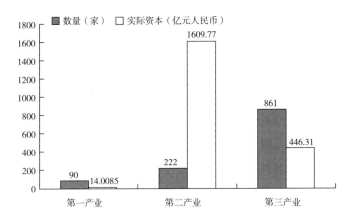

图 2-2　2005 年福建省产业结构与实际资本统计

以浙江青田县为例，2008 年欧债危机的爆发，促使侨居欧洲各国的青田华侨（属于第二、第三代华侨）利用父辈积累下的资金投资侨乡或国内其他行业创业，成功转型或转向从事附加值比较高的房地产、金融、贸易、旅游、技术转让中介服务等行业。据统计，2005 年以来青田华侨国内投资、创办各类侨资企业事业项目 37 个，投资额近 10 亿人民币，其中房地产项目过 7 亿；水力发电建设项目 4 个，投资 1.036 亿人民币②。投资创业行业主要涉及实业、房地产、水电开发、矿山开发及餐饮服务业等。

六　华侨华人参与侨乡产业转型

（一）侨乡产业转型中出现的困难

2008 年全球爆发金融危机，欧美经济增速放缓，海外华侨华人经济受到了巨大影响，国内侨乡城镇化发展等也影响着侨乡的经济的健康发

---

①　数据来源：漳州市侨办访谈材料，2014。
②　青田华侨史编写组：《青田华侨史》，浙江人民出版社，2011。

展。目前，侨乡经济转型困难较多，主要如下。

第一，国际金融危机的影响较大。从国际环境来看，2008 年的全球金融危机影响巨大，海外华侨华人经济受到严重挫伤，对我国境内的投资也遭受了重创，甚至众多企业面临倒闭，侨乡的出口制造业也受到波及。此外，受国内政策的影响，民营企业融资困难，资金短缺，发展受到严重阻碍，侨乡的经济发展面临巨大的困难。

第二，侨乡产业结构不合理，侨乡二元经济结构没有打破。进入 21 世纪以来，受传统发展模式的约束较大，侨乡经济增速放缓，侨乡传统上依托廉价劳动力和土地（资源）投入的产出效益不高，但是受到传统产业发展路径依赖的影响，不少企业还停留在追求土地、资金扩张的外延型发展阶段，对高科技投入、文化创意开发等认识、投入不足，侨乡经济驱动力弱化，侨乡经济转型滞后，产业升级困难。侨乡乡镇与农村的经济实力差别加大，经济发展不平衡。侨乡经济在区域发展上，没有形成良好的产业对接。

第三，产业价值链条仍处于低端，品牌效应不强。21 世纪以来，侨乡产业链条仍处于产业 "U" 形的低端部分（即制造业与传统农业），而缺乏处于 "U" 形两端的创新型产业，例如品牌、创意与高新技术业，导致侨乡吸引力弱化，无法有效吸引高技术与创新、创意等方面的人才。

（二）华侨华人对侨乡经济转型的作用

首先，由 "投资" 到 "投智"，引导侨乡经济转型方式创新。区别于第一代华侨华人，第二、三代华侨华人知识背景更加国际化，能够掌握更加先进的科学技术和互联网时代的新知识，成为侨乡经济转型中的重要力量。新一代海外华侨华人参与侨乡经济建设，对突破侨乡发展瓶颈，寻求新的发展方式具有显著作用。因此，加强 "引智" 工程建设，发挥侨务资源优势，借助华侨华人力量，可以实现侨乡经济转型方式创新。

其次，借助 "一带一路"，引导侨乡点轴式发展。目前的侨乡经济发展主要是在空间上呈散点式发展，发展模式相对单一，缺乏区域联动性，而新时期侨乡的发展面临着众多机遇与挑战，"21 世纪海上丝绸之路" 的提出，成为侨乡发展的重大契机，有利于实现 "海丝" "陆丝" 沿线侨乡 "点——线——面" 式的发展，突破行政区域界线，发挥海外华侨华人力量，建立侨乡经济特区示范点，实现点轴式的发展路径。此外，亚洲基础设施投资银行的成立，也为侨乡发展带来新的机遇，有利于侨乡"引资"工程的开展，从而带动侨乡发展。

再次，重点发展文化创意、工业智造、旅游等行业，引领侨乡经济转型。拓宽海外华侨华人建设侨乡的渠道，以旅游业、服务业、文化创意等新型产业来带动传统产业的发展，实现侨乡经济全面的转型，达到旅游、服务、文化产业溢出的效果。

最后，发展侨乡"互联网+传统产业"，发展跨境电子商务，引领侨乡企业升级发展。据预测，全球跨境 B2C 电商市场规模将在 2020 年达到近 1 万亿美元，在整体 B2C 电商中的比重将由 2014 年的 14%增长为 2020年的 29%。侨乡要大力发展跨境电子商务与智慧侨乡，带领传统侨乡企业、产品转型升级，比如由工业制造转向工业智造，借助互联网 OTO 平台，尤其是大型互联网集团 BAT（百度、阿里巴巴、腾讯），实施侨乡企业的转型升级。侨乡若能抓住跨境电商这一贸易新模式，则能成功实现商业模式转型，进入下一个利润快速增长期。

第二节　华侨华人带动侨乡社会发展

一　华侨华人与侨乡社会结构演化

我国侨乡社会是海外华侨社会历史演化的结果。早在元明时期，就有一些中国人移居海外。明清"海禁"以后，对潜回家乡的华侨加以迫害，致使大量华侨不得不在海外成家立业，形成独特的华侨社会[1]。这一时期的华侨社会由于华人移民的不断加入得到巩固发展，成为以后华人出国的社会基础，也是日后侨乡社会形成的重要前提。但是，鸦片战争之前，侨乡大多与海外华侨少有联系，本质上与非侨乡并无多大差异，所以这时的侨乡不能算作完整意义的侨乡社会[2]。至民国时期，华侨可以自由往返国

---

[1] 王元林：《海外华侨华人与侨乡关系演变的特点》，《暨南学报》（哲学社会科学）2001年第 4 期。

[2] 黄重言：《试论我国侨乡社会形成、特点和发展趋势》，《华侨华人史研究集》，海洋出版社，1989。

内外，海外华侨与侨乡的联系才日益密切，华侨在社会、经济、文化等领域对侨乡的发展起了积极的推动作用，侨乡社会由传统向近代转型。以福建省为例，据估计，至17世纪初，福建海外移民人数在10万人以上，并在东南亚形成早期的华侨社会。与此同时，闽南侨乡也开始显现。之后，随着大批华工出国，福建侨乡数量渐增，到20世纪初，福建侨乡社会成型。闽籍海外华侨热衷参与侨乡地方公共事务，对福建侨乡建设起了重要作用①。据不完全统计，1870~1900年，经由厦门进入闽南侨乡的侨汇，每年有600~700万元。移居东南亚的闽籍华侨还投资经营轮船航运业，及在厦门、泉州等地开设商行，经营茶叶、棉布等物品的进出口②；此外，闽籍华侨还在闽南侨乡捐资兴办各种公益事业，创办学校、建立医院、修桥铺路等，这也在一定程度上反映了国内侨乡的社会变迁，是海外华侨华人在自我发展的背景基础上直接作用于侨乡发展的体现。

21世纪以来，海外华侨华人社会也经历了巨大的发展变化。目前，我国旅居海外的华侨华人约有6000多万人，分布于190多个国家和地区。亚洲是华侨华人分布最广、数量最多的地区，特别是东南亚地区，华侨华人最为集中，其中泰国、印度尼西亚、马来西亚和菲律宾、新加坡均超过100万。就移民的流向来看，由于在战乱、社会动荡、反华排华、金融危机等因素影响，华人的生存与发展不可避免地受到了牵连，东南亚一些国家一度出现社会动荡、政局不稳，出现了东南亚华侨华人大规模移入欧美国家的情况，导致了前往欧洲、北美和大洋洲等发达国家和地区的新移民与日俱增。

长期以来，华侨华人对中国经济、政治、社会和文化的发展都起了积极的推动作用。民国初期，中国侨乡社会经历了从传统向近代转型的过程，尤其是1978年改革开放以来，我国实施开放宽松的外交政策，海外华侨华人的政治经济地位也发生了深刻的变化，一些华人社团的成立对当地都有一定的影响力。新移民普遍接受过高等教育，尤其是"知识性"新移民主要从事高新技术行业，因为受到移民政策倾斜，社会地位相对较

①　戴一峰、宋平：《福建侨乡研究的回顾与前瞻》，《华侨华人历史研究》1998年第1期。

②　戴一峰：《闽南华侨与近代厦门城市经济的发展》，《华侨华人历史研究》1995年第2期。

高，活跃在西方发达社会的各个领域、阶层，如在美国，有大约 15 万华人工程师和科学家在工业界、研究所和政府机关工作，他们已经成为美国高科技产业的支柱力量，是科技界和产业界的一支富有创造性的生力军。华侨华人对政治、文化等方面的关注加强，积极融入主流社会、参政议政意识不断加强，那种"只重经商，不问政治"的传统观念被打破。他们组织华人政党或与当地人组成联合政党，通过参加投票、竞选等方式积极参与政治活动，维护族群的利益，努力进入当地的主流社会。

海外华侨华人从事的职业与经济状况明显改善。20 个世纪八九十年代以后，随着欧美等发达国家移民政策的调整，我国有一批高知识分子和就业、创业的各种商业、专业、技术型人才移民国外成为新华侨。随着中国与世界交流日益密切，出国成为一种热潮，并且形成了一个新移民群体。随着新移民数量和来源地的不断增多，移民不再局限于沿海或边疆省份的新老侨乡，而是逐渐扩展到内陆地区。新侨来自北京、上海、湖北、湖南、浙江等多个省份，他们大多是留学生，由于学有所成，取得学位后在企业或大机构中任职，获得工作签证后定居下来，造成华侨回祖籍国安家的逐渐减少，定居海外的日益增多。从当今社会来看，华侨华人从事的职业也发生了质的转变。早期移民海外的华侨华人多从事简单、繁重、缺乏技术性的体力劳动，经营中餐馆、洗衣店和小杂货店，如今的华侨经商开厂办实业、经营服务业和种植园、从事科研教育，成为专家学者、工程师、企业家或政府机关的重要官员等，打破了传统的华人经济的单一性局面，促使华人经济多元化发展。

海外华侨华人经济发展的多元化和社会地位的提高也成为侨乡经济变迁的推动力量，侨乡作为连接海内外两地的桥梁，随着新移民的增加，华侨华人与侨乡之间联系又增加了新的内容，促使侨乡的社会结构发生新的变化。我国侨乡社会最早在中国南部沿海地区形成，以广东和福建两省为代表，体现为海外华侨"反哺"家乡而形塑的一种特殊的地方社会形态①。侨乡在中外文化交流融合中发展，成为改革开放的先驱，侨乡社会是具有

---

① 沈卫红：《邓小平的"独特机遇论"与侨乡社会的现代化模式》，《毛泽东邓小平理论研究》2007 年第 6 期

中国特色国际移民现象的产物，也是社会发展进程中的必然现象，其人口构成与非侨乡的人口结构存在差异。

首先，传统侨乡主要人口为华侨和侨眷。福建是我国主要侨乡，福建省1512万华侨华人分布在世界176个国家和地区，以亚洲、北美洲和欧洲为主，东南亚地区占78%，有1200万。其中前五位的国家是马来西亚、印度尼西亚、菲律宾、新加坡，然后就是美国。福建省内按地市分布，前三位是：泉州900万，约占60%左右；福州259万，约占17%；漳州97万，约占6%。此外，祖籍福建的港澳同胞有124万，归侨侨眷及港澳出国人员的眷属有653万，改革开放以后出国定居的新华侨华人有110万①。从人口流动方面讲，有些侨乡既是人口输出地，又是人口接收地，如广东五邑和潮汕地区，珠江三角洲的侨乡则既有港澳同胞、台湾同胞、海外侨胞以及大量流入的外籍人口，又有来自省内和其他省份的务工人员，从现实情况来说，与过去相比，侨乡人口构成变得复杂而又多元；随着新时期移民潮的出现，外出人口的持续增长使得侨乡人口老龄化现象显著。以传统侨乡泉州为例，作为民营之都，虽然人口流动性较高，但老龄化逐步加深。根据泉州市历年《统计手册》数据，2005年泉州市60岁以上户籍人口有64.87万人，占泉州总户籍人口数的9.72%，已接近人口老龄化的临界指标；2007年60岁以上人口上升至68.26万人，达到户籍总人口数的10.12%，表明泉州业已进入老年型社会；2010年泉州老年人口比重继续增长，达到总户籍人口数的10.94%，超过老龄化标准0.94个百分点。同样，温州市丽岙镇侨联侨情统计情况显示，当地常住人口70%都是老年人，老龄化程度明显偏高，给侨乡社会、经济发展带来不小的压力。

其次，侨乡人口的职业结构也在发生变化。在侨乡社会本地人口大量外流的同时，侨乡外来人口也在增多，海外华侨华人在侨乡投资办厂或侨眷利用侨汇经商等方式，促进侨乡经济发展。20世纪70年代末以来，许多华侨华人在中国投资办企业，大多选择在其祖籍地进行投资，外来人口也涌入侨乡谋发展，地缘、血缘等关系正逐步被业缘关系所取代，侨乡人

---

① 中新网：《福建海外华侨华人达1512万人　呈五方面特点》，http：//www.chinanews.com/zgqj/2014/05-28/6219672.shtml。

口职业结构也由务农向从事服务业转变。以海南省万宁市兴隆华侨旅游经济区为例，1951 年兴隆华侨农场创建以来，先后安置 21 个国家和地区的归难侨 13482 人，归侨侨眷 16572 人，侨乡人口主要从事橡胶、咖啡、胡椒种植和水产养殖等，但自 20 世纪 90 年代初创办兴隆华侨旅游度假区以来，华侨农场成功转型为服务业主导的发展模式，目前兴隆以"热带温泉""热带植物""东南亚风情"享誉海内外，建成投入使用三星级以上酒店 50 多家、3A 级旅游景区景点 7 家，并建有 3 个高尔夫球场和 4 家演剧场，年接待国内外游客达 300 多万人，接待游客数量海南省第三，所以侨乡人口职业结构特点表现为农村种植、旅游服务，或农忙时从事农业劳动，其他时间从事服务相关职业等。

最后，家庭结构发生变化。家庭是社会的细胞，华侨华人和国内侨乡社会的变化直接影响到侨乡家庭结构的变迁。早期移居海外的中国人，大多是由于谋生的需要而出洋，一开始他们并没有在海外长期居留的打算，因此不少人都是单身南下，把妻儿老小留在家乡，有条件者不时往来于祖籍地与侨居地之间，侨乡社会的家庭分工一般是青壮年男子出国谋生，妻子留乡照顾一家老少，一家人难得团圆；或是早期华侨婚姻家庭存在"两头家"的习俗，即华侨在原籍和海外都有妻子，同时维持两个或更多的家庭。在原籍的妻子，主要负责养育子女，服侍公婆，处理乡族事务，而在海外的妻子则主要负责照料丈夫生活起居，有时也成为丈夫经营事业的得力助手，类似的移民家庭模式在侨乡非常普遍。但是在 1955 年以后，我国不再承认双重国籍，华侨加入所在国国籍而逐步过渡到华人社会，在这种情况下，侨乡家庭状况发生根本性的变化，由原本华侨国内、海外都有妻子家庭变为国外单一家庭①。当前侨乡年轻人出国移民已成为主流，侨乡家庭结构也发生了很大变化，家庭规模日趋小型化。随着社会发展与进步，妇女在家庭、社会中地位不断提高，女性华侨在海外取得的成就带动妇女在侨乡社会地位的提高，侨乡妇女的传统社会角色正在逐渐改变，对增强侨乡家庭经济能力和生活水平，对移民潮与侨乡社会的发展都起到了推动作用。同时，女性地位的提升加之生活品质的提高使得婚姻观念也

---

① 俞云平、王雅琼：《闽南侨乡民俗变迁点滴》，《八桂侨刊》2008 年第 4 期。

不断更新，离婚率上升在侨乡也不例外，已婚青年如果只身出国创业，造成两地分居，离婚的概率往往会增大。

改革开放后的侨乡社会地位发生翻天覆地的变化。未形成侨乡之前的东南沿海农村地区大多贫穷落后，一些人不得已海外求生或被作为苦力贩卖至国外，但改革开放后的侨乡地区作为我国对外交往的先行示范区，其历史传统和外部资源优势逐步显现。海外华侨华人身份、经济地位的提升直接作用于侨乡发展的转变，其中侨汇和捐赠起了重要作用，侨眷得到侨汇支持，利用这些资金修建房屋，改善居住条件，通过经商办企业扩大再生产，生活水平得到提高；通过捐赠侨乡兴办公益事业等在一定程度上起到了推动侨乡建设和发展的作用；海外华亲到侨乡探亲、旅游、寻根为祖籍地的服务业带来了前所未有的发展，从各方面给侨乡带来了巨大变化。广东省是我国第一大侨乡，改革开放前后在经济发展、社会各项事业和社会地位等取得巨大成就，其海外华侨华人这一资源起了重要的推动作用。

民俗的嬗变，是华侨影响侨乡社会的另一深刻结果。受中国传统文化影响，早期侨乡社会形成了一些以侨民离乡出行和归国还乡过程中较有特色的侨乡风俗。但随着改革开放带来的侨乡对外联系的紧密，旧社会的一些"出行归国"习俗因社会条件改变而简化甚至绝迹。但是，海外华侨华人与祖籍地的血缘地缘纽带、与中华文化的渊源仍然存在，传统民俗自身也会发生一些改变。如在侨乡梅州，与华侨紧密联系的民俗发展变迁过程中，华侨除了经济上资助产生的影响外，更多是对侨乡文化、思想、观念、日常生活等方面潜移默化式的影响。由此，侨乡梅州民俗风情独特，衣食住行充满"洋味"，婚恋类型、家庭观念与众不同，客家方言渐趋"洋化"，客家"过番"歌谣、"过番"习俗产生，等等。

但是，随着社会经济文化的进一步发展，全球一体化进程的加剧，侨乡的民间民俗文化正承受着巨大的冲击，有的甚至正面临消失。与此同时，华侨华人则开始关注、支持侨乡的文化事业和社会公益事业。他们有的捐资兴建文化基础设施，有的引进西方现代娱乐方式，甚至身体力行参加、倡导新兴文化娱乐活动，从而引领侨乡文化休闲新潮流。由此，一些侨乡文化出现了繁荣、新潮的气象，他们对祖籍地文化教育事业的捐助、参与和支持，不仅体现了华侨宗亲观念和乡土情结，也反映了华侨对祖籍地文化的认同与归属感，进一步强化了华侨与祖籍地的凝聚力和向心力，密切了华侨与祖籍地的文化与社会联系。

二　华侨华人与侨乡社会管理变革

华侨华人促进侨乡社会的现代化进程，从而实现侨乡社会从传统到现代的变迁。当前，侨乡正处在经济体制深刻变革、社会结构深刻变动、利益格局深刻调整、思想观念深刻变化和各种社会矛盾凸显的历史时期，在经济、科技、文化、教育、宣传以及联谊等各个方面开展了形式多样、内容实在的工作，尤其是在积极引进华侨华人资金、技术和人才方面，取得了明显成效，为国家的对外开放和经济建设做出了十分重要而独特的贡献。

社会发展方面。我国正处于工业化和城市化的加速进程中，人口的横向流动性急剧增强且规模巨大，因经济体制的深刻变革，侨乡社会管理和公共服务方面如加强社会控制、协调社会关系、规范社会行为、激发社会活力等也正做出相应调整。国营华侨农场的经济体制改革，走我国农村特色发展的道路，改善现行的农场经济体制，逐步调整产业结构，切实扩大生产经营者的自主权，以促进生产发展，同时充分发挥华侨华人和归侨侨眷的作用，积极发展乡镇企业，吸纳小额资金，侨乡也变得更加繁荣，归侨侨眷也富裕起来。

组织管理机制方面。1978 年国务院侨务办公室成立，恢复侨务工作机构和发展同海外华侨、华人及其社团的联系，恢复和加强对外宣传和华文教育工作；对外开放政策首先立足于对侨开放，所以华侨华人及港澳资本率先进入大陆沿海地区，推动了沿海地区的经济发展；重视侨务立法工作，加大对"侨法"的宣传力度，这在重点侨乡尤其明显。这些措施对于调动广大归侨侨眷的积极性，发扬海外侨胞爱国爱乡的热情，都产生了重要影响。近年来，伴随着城镇化进程加快和侨乡社会的发展变迁，侨乡人民对村级公共服务需求日益增长，侨乡社会管理的专业化、精细化要求也凸显出来。侨乡管理制度出现生产生活市场化、干部选举民主化、农村社会事务管理自治化，但由于传统制度的惯性作用和侨乡社会管理体制改革的滞后，侨乡基层治理一系列问题出现。

民主政治层面。1991 年，全国政协常委会决定将"中华全国归国华侨联合会"作为全国政协的组成单位，广大侨胞通过侨届政协委员、人大代表建言献策、参政议政，广泛地参与国家政治、经济、文化建设。据 2008 年不完全统计，全国县以上各级人大归侨代表有近 2000 名，他们代表归侨侨眷和海外侨胞的利益，积极反映侨界群众的意见和呼声，参与政治协商和民主监督。这些充分体现了党和政府对广大侨界群众和侨界人民团体参与经济社会建设、民主政治建设的重视，为华侨华人参政议政提供了广阔平台。

社会保障体系方面。目前侨乡社会管理保障体系逐渐健全。由于社会、历史、经济等各方面因素的影响，改革开放以前的侨乡社会保障制度很落后，体现为社会保障覆盖面小，保障制度水平低，主要依赖于传统的家庭养老和土地保障，没有形成一个完整的体系和制度[①]。但随着侨乡社会的发展，当前我国大部分侨乡都建立了现代意义上的社会保障制度，如我国最低生活保障政策也将侨乡地区囊括在内，对那些失去劳动能力而造成生活困难的侨乡居民，给予最低生活保障金；另外，农村医疗保障制度和农村社会养老保险制度的确立，逐步形成"老有所养、灾有所尝、贫有所济、残有所助、病有所医、军有所优"的新型社会保障体系。以侨乡福清市为例，2007 年新型农村合作医疗制度农民参合率提高到 87.3%，基金使用率高达 90%，"五老"人员和民政救助对象获得了民政医疗救助和补助；进一步完善城乡低保制度，提高保障标准，全市共有 8315 户 19237 人纳入城乡低保和农村五保，保障金额达 1801.46 万元；出台城市低保户副食品补贴政策，保障困难居民的基本生活等[②]。

三　华侨华人与侨乡教育

华侨华人一向重视教育事业，他们以多种形式、通过多种渠道支持和帮助国家和地方教育事业的持续发展。华侨华人捐资办学活动主要表现在

[①]　《关于侨乡当前社会管理存在问题及对策探讨》，http：//www. enping. com. cn/pindao/ ArticleShow. asp. ArticleID＝69071。

[②]　福清新闻网，福清社会保障，http：//www. fqxww. cn/Wonderful/fuqing/2009 - 08 - 13/ 2378. html。

两个方面：一是直接兴办各种层次、类型的学校；二是捐资助学设立各种奖学金、教育基金等推进侨乡教育事业的发展。

移居海外的华侨华人，从他们所在国或区域经济、社会发展历程中认识到，在现代化建设中，最为宝贵的是人才。对人才的培养固然离不开院校，由此华侨华人关心桑梓，兴教育才，在侨乡创办了大批学校，包括修建扩建校舍、图书馆、实验室，以及提供图书材料、教学仪器等，他们不仅从资金上、人力上给予帮助，而且引进海外模式，积极探索民间办学的教育新形式，这些学校对侨乡当地教育事业的发展发挥了不可替代的作用，使当今侨乡教育事业呈现多元的发展态势，其中既有高等教育，也有基础教育，既有幼儿教育，也有职业教育，有效促进了侨乡经济建设和社会进步。

首先，开拓了社会力量办学的渠道，弥补了地方政府对教育投入的不足。如广东江门市，1978年至1987年，财政教育经费拨款6458.8万元，而同期华侨华人捐资办学经费2893.55万元[1]。福建晋江，1978年至1987年，财政拨款8794.11万元，捐款5077.46万元，1988年、1989年办学捐款甚至超出财政拨款[2]。大量教育资金的介入，加速了侨乡教育事业的发展，给侨乡人才的培养提供良好的支持。

其次，改革开放后华侨华人捐资助学推进侨乡教育的普及。根据开平市2010年统计资料，全市中小学92所，其中小学56所，九年制学校4所，初中19所，高中4所，职业学校4所，幼儿园69所，电视大学1所。全市小学和初中入学率达100%，高质量普及九年义务教育和高中阶段教育，教育综合实力得到全面提升。

最后，中国高等教育的巨大变化完善了侨资办学体系，促进侨乡教育布局。早期的捐资助学主要分布在华侨华人祖籍地，主要目的是扫除文盲、增加知识，收益的对象和范围有限。随着经济的发展，产业结构升级、工业化、城市化进程加快，人才需求短缺，尤其在对外开放的前沿城市，在此背景下，华侨华人以独资或捐资的形式表达对侨乡高等教育的重

①　江门市地方志编纂委员会：《江门市志》，广东人民出版社，1988。
②　杨辉：《福建华人华侨捐资办学史》，福建教育出版社，2008。

视，如支持厦门大学、暨南大学、华侨大学、海南大学、汕头大学、五邑大学等，为促进全国高等教育的改革与发展做出了突出贡献。华侨大学作为唯一一所国家因侨而选址在侨乡泉州新建的一所大学，长期以来受到海外华侨华人的关注和支持。

四　华侨华人与侨乡慈善

慈善事业是一种有益于社会与人群的社会公益事业，是政府主导下社会保障体系的一种必要的补充。它是在政府的倡导或帮助、扶持下，由民间团体或个人自愿组织与开展活动、对社会中遇到灾难或不幸的人不求回报地实施救助的一种无私的支持与奉献的事业。慈善事业实质上是一种社会再分配的实现形式。

海外华侨华人爱国爱乡、反哺桑梓、乐善好施于公益事业的传统历史悠久，他们热心家乡公益事业的心态是传统文化积淀下来的民族责任感和宗族观念交织而成的产物，长久以来对祖国家乡的捐赠，于家乡之社会发展贡献良多。华侨华人积极回馈社会，对家乡的捐助深入社会各个层面，教育、文化体育、交通、水电设施、宗教祠庙、医疗卫生、赈灾济困、侨联会所等，无所不包，其中对侨乡医疗卫生事业的捐赠，更是华侨华人捐助公益事业的重点[①]。在政府资金有限的情况下，华侨华人的慈善事业以民间力量的形式，弥补了政府行政救济的不足，形成了民间与政府协调运作的相对完整的体系，成为侨乡社会发展进程中不可或缺的主要推动力，促进了侨乡社会发展，为改革开放后侨乡经济迅速发展奠定了坚实的社会基础。

改革开放初期，为侨乡捐赠的华侨华人主要包括两部分。一是老华侨，这部分老华侨爱国爱乡的感情特别浓厚，他们希望叶落归根，力图光宗耀祖。因此，老华侨的捐赠基本上是捐向自己的祖籍地，捐赠地域狭窄，只局限在本村、本镇、本县（区）。二是，二战后已加入当地国籍的所谓华人，由于华人加入了当地国籍，他们不再是中国公民，他们由叶落归根变成了落地生根，由效忠中国变成了效忠侨居国，因而与中华民族的

---

① 曹红梅：《近代以来海外华人慈善活动析论》，《曲阜师范大学学报》2010 年第 6 期。

感情淡化，家乡的地域观念模糊，他们的捐赠逐渐打破地域界限，由本村、本镇、本区扩展到本市、本省、他省甚至全中国①。随着改革开放的深入，华侨华人的捐赠也以改善硬件设施为主，如捐建教学楼、医院、图书馆、体育馆、博物馆、敬老院、幼儿园、福利院等建筑物和修筑乡村公路、桥梁，捐赠仪器与设备等，转向立足于改善中国民众的生活水平，如救灾、助学、助医、助业等关系民众的生计与生活问题。

（一）兴办医疗卫生事业

改善家乡的医疗卫生条件，是海外侨胞的一个心愿。侨乡在改革开放前，经济落后于沿海地区，医疗卫生更是差强人意，而侨办医院的出现，以其较好的医疗条件和医生较为高明的医术，深受乡民赞誉。改革开放以后，特别是近几年，随着经济的发展和人民生活水平的提高，医疗保健日益受到人们的重视，对医疗的投入愈发增多，华侨华人更多向家乡医院捐钱建设病房及捐献仪器设备，为当地群众更好地看病治疗提供了良好的条件。

1991 年至 2005 年，广东省潮州市饶平县旅外华侨华人、港澳同胞及海外团体捐资在本县新建、扩建医院 11 所、24 宗，金额 952.2 万元。香港同胞黄周旋 1992 年捐资 145 万元在三绕卫生院兴建黄紫东门诊大楼，建筑面积 2459 平方米；香港李嘉诚基金会 2005 年捐赠价值 160 万元的医疗设备在该院设立眼科扶贫项目，提供技术培训，使该县山区的白内障患者得到有效治疗。旅港同胞杨启仁 1993 年捐资 112 万元资助县人民医院兴建门诊大楼，建筑面积 7900 平方米，等等②。近年来云南保山共接受各类捐赠资金 2953.46 万元，其中捐建侨爱、侨心小学教学楼 39 幢，卫生院 3 幢，其他基础设施建设项目 14 个，资金 2341.26 万元；资助贫困学生 997 人次，发放爱心助学款 72.2 万元；设立奖励基金 3 个、拥有基金 480 万元；开展"光明之行"活动 1 次，为 159 名贫困白内障患者免费

---

① 陈世柏：《新世纪华侨华人、港澳同胞慈善事业在中国大陆的前景展望》，《八桂侨刊》2011 年第 1 期。
② 《华侨华人、港澳同胞对家乡的贡献——潮州市饶平县》，饶平县归国华侨联合会编《饶平华侨史志》，1999。

施行复明手术，为患者节约费用 60 多万元①。

华侨华人及台港澳同胞在各侨乡所捐建的医院及其捐赠大批医疗器械和卫生设备，为侨乡人民的身心健康提供了坚实的物质保障。

（二）热衷尊老爱幼的福利事业

旅外侨胞素有敬老尊老的美德，热心捐资兴办家乡的老年人福利事业。同时，也关注家乡新一代幼儿的成长与教育，特别是对缺少父母关爱的孤儿及留守儿童，尽可能多地提供帮助。

广东省梅州的华侨华人和港澳同胞，向来有热心家乡慈善事业的优良作风，特别是改革开放以来，除了捐资捐物救济以外，还独资或集资建立社会福利院（包括敬老院、残疾人员福利院、孤儿院等），如丰顺汤西镇旅泰华侨捐资 18 万元兴建汤西镇敬老院，埔寨镇华侨捐资 25 万元创建崇和善堂，平远县新加坡华侨捐资 8.9 万元建立起东石镇福利院，等等。据初步统计，该市利用华侨华人和港澳台胞捐资兴建的敬老院共 252 间，23839 平方米。此外还有其他公益事业总额折人民币 14184.87 万元②③。海南省琼海市 2000~2005 年，共接受海外侨胞捐资 228 万元，用于兴建扩建养老院及改善老年人的生活。2003 年 5 月，港商陈达繁先生捐款 10 万元给中原镇华侨敬老院。2009 年，马来西亚华侨捐助 11.5 万元用于扩建潭门镇华侨敬老院。2010 年 12 月，加拿大华侨购置 4000 万元医疗设备分别送给塔洋镇敬老院和长坡镇敬老院，方便老人健身和防病治病④。

课题组在调研中发现，现在的部分侨乡由于血缘关系、地缘关系等原因，一批批的年轻人走向国外，为了在国外发展，即使有小孩也会送回家交由国内老人扶养，等到一定年纪后再由父母接到国外抚养。因此便形成了侨乡老人、孩子居多，青壮年缺乏的现象，尽管国内家庭的经济条件很好，外出务工人员也会将在外打工挣取的钱寄回家，以盖新房、置地产等形式消费，同时为老人的赡养、幼儿的抚养而捐建养老院、育幼院等福利事业，为家乡的发展做出了贡献。

---

① 参见 2012 年保山市政府工作报告。
② 广东省梅州市华侨历史学会：《梅州市华侨志》，2001。
③ 欧阳瑜玉：《整合梅州市华侨文献信息的探讨》，《河北科技图苑》2005 年第 3 期。
④ 琼海市外事侨务办公室：《开展维护华侨捐赠工作的情况汇报（2005）》。

　　一代代走出去的华侨华人，始终不忘家乡的父老乡亲，为他们的生活及健康尽自己的一份绵薄之力。

（三）注重扶贫救灾，设立慈善基金会

　　华侨华人关注国家的重大事件，并通过捐赠的形式来扶贫救灾，这些捐赠成为联系华侨华人与祖籍国的亲情纽带。华侨华人通过捐赠支持祖国的发展，在危难关头与祖国患难与共。以"非典"时期华侨华人的捐赠为例，2003 年春，"非典"疫情在中国大面积爆发，华侨华人闻讯，纷纷成立"抗非救灾委员会"，开展各种义演、义卖等活动，踊跃捐款捐物，支援祖国抗击"非典"。

　　2005 年，海南遭受"达维"强台风袭击，造成极大的损失，广大华侨华人、港澳同胞慷慨解囊，捐款 568 万元支持家乡的灾后重建工作。据统计，1990~2010 年，海外华侨华人和港澳同胞共捐资人民币 8134 万元，支持海南的文化教育、文明生态村建设，以及支持修建乡村道路、建水塔水井、建敬老院、建医院、救灾等公益事业[①]。

　　侨乡在改革开放以前就已经形成了带有较强地缘和血缘色彩的以华侨参与为主的社会内部自我救济系统。改革开放以来，侨资的利用在侨乡经济发展和社会发展中起到了主导作用，政府借用侨资，利用民间自古已有的慈善传统，借助华侨慈善事业解决社会问题，缓解了政府的行政压力，弥补了政府行政救济的不足[②]。同时政府制定相关政策法规，对华侨捐资和公益活动加以引导和监督，协助和扶持民间公益力量，形成了民间自发、官方引导的社会救助体系，推动了侨乡社会稳定发展[③]。2000 年以来，侨乡政府与民间公益系统在磨合的过程中，出现了独特的民办官助的社会救助体系：民办官助的社会慈善机构。如成立于 2001 年 9 月的泉州慈善总会，它是一个具有侨乡特色的社会福利系统。泉州慈善总会成立以来，在泉州市委、市政府的高度重视下，得到了社会各界的大力支持，立足民政，面向社会，以社会救助为中心，开展筹集善款、赈灾救助、扶贫济贫、慈善救助、公益援助等社会救助工作。泉州慈善总会成立十几年

---

①　琼海市外事侨务工作史志材料（1991~2010）。
②　郑一省：《华侨华人、港澳同胞与侨乡社会公益事业》，《八桂侨刊》2001 年第 4 期。
③　陈格：《改革开放以来泉州侨乡与华侨华人的互动》，《八桂侨刊》2009 年第 2 期。

来，发挥了联络、指导和促进作用，积极推动慈善组织网络建设。侨乡民办官助慈善组织的出现，充分发挥了民间力量和官方政策两个优势，形成了具有地方特色的社会救助体系。侨乡政府充分发挥侨乡历史传统特色，利用华侨的资金和先进管理经验两个资源，制定相关政策法规，扶持和规范民间慈善事业发展，充分吸纳民间慈善资源为侨乡建设服务，推动了侨乡传统慈善公益活动向现代公益事业转变，体现了民间公益事业与社会发展的同步性①。

慈善事业使侨乡在经济建设发展的同时，社会发展也同步进行，这就保证了经济建设发展的持续性，因为慈善、福利一类公益事业提高了人的素质和人的生活质量，改善了人的生活环境，经济的持续发展也必受益于此；华侨捐建公益事业是华侨与侨乡感情纽带的外化，它并非利益驱动所致，而是因民族情感而发，它体现了中国本土与海外华族息息相通，有益于中华民族的兴旺发达；现实是历史的继续，如果没有悠久的爱国爱乡的传统，就不会有慷慨捐资，特别是捐资于教育事业——这种捐资不仅用于兴建学校，而且要保持长期投入以维持其开支，没有深远的精神源流，仅靠一时的冲动，是做不到这一点的②。

五　华侨华人与侨乡公共事务

公共事务是由"公共"和"事务"两个词组组成的。行政学家一般把"公共"看作与"私人"相对的概念，认为"公共"是国家、政府和社会公共组织的职能活动范围；与多数人的利益相关，有较多的社会公众参与；表示一个众人的事务领域。"事务"通常指所做的或要做的事情，据此，"事务"就是指人们所从事的各种社会活动，包括政治、经济、科学、文化及其他各项社会活动。依据上述解释，可把公共事务做如下界定：公共事务是与"私人事务"相对的概念，它是指为了满足社会全体或大多数成员的需要，体现他们的共同利益，让他们共同受益的各种活动。公共事务具有阶段性、公益性、多样性、层次性等特征，其中，阶级

---

① 吕冰：《改革开放以来华侨公益事业与社会发展》，硕士学位论文，华侨大学，2009。
② 李云、陈世柏：《发展华侨华人慈善事业的政策探讨》，《五邑大学学报》（社会科学版）2013年第4期。

性与公益性是公共事务的本质属性，多样性与层次性是公共事务的表现形式。

海外华侨华人是中华民族的一个支脉，是祖国人民的骨肉同胞。华侨华人虽身居海外，然而他们对于侨乡公共事务的影响力却很大，华侨以及定居国内其他城市的商人都是侨乡发展至关重要的成员。华侨华人与祖国人民同命运、共荣辱。他们人数众多，遍布世界各地；他们有着浓厚的爱国爱乡观念，保留着许多祖国和家乡的风俗习惯，经常捐赠、投资回乡，时刻关心祖国和家乡建设，为祖国的强大昌盛和中华民族的复兴崛起，贡献着一份特殊的力量①。特别是华侨精英对于华侨社会、社团和侨乡社会、社团都是如此重要，以至于他们看上去就像同时生活在海内海外两个地方②。因此，无论是研究华侨华人，还是侨乡社会，都不能把这二者割裂开来看待。

华侨华人素有爱国爱乡传统，华侨华人回报桑梓，积极资助家乡兴办各种社会公益事业，改善了侨乡居民的生产、生活条件，其中在修桥铺路、兴修水利、兴建文化娱乐设施、解决乡民用水用电困难等方面表现尤为突出③。华侨华人还通过捐赠参与祖国的建设和发展，贡献自己的力量，并为此充满自豪感和使命感。以华侨华人支持 2008 年北京奥运会为例，来自一百多个国家的华侨华人和港澳地区的共计 35 万同胞共同捐资兴建的奥运场馆"水立方"，成为华侨华人参与祖国建设与发展的典型标志。

（一）社会公益事业

改革开放以来，华侨华人对公益事业的捐资模式大致经历了四个阶段：改革开放初期华侨华人群体通过血缘网络直接对受捐对象捐资；20世纪 80 年代依托侨办基金会捐资；80 年代后期华侨华人群体及其基金会组织借由政府部门捐资；2000 年以来华侨群体及其民营企业家通过民办

---

① 王元林：《海外华侨华人与侨乡关系演变的特点》，《暨南学报》（哲学社会版）2001 年第 4 期
② 蒋楠：《从慈善事业看近代华侨精英与侨乡公共事务——以泉州花桥善举公所为例》，《华侨华人历史研究》2008 年第 1 期。
③ 徐文勇：《青田华侨华人与侨乡研究综述》，《丽水学院学报》2011 年第 6 期。

官助慈善组织开展公益活动。其中值得一提的是，改革开放以来，华侨群体以个人或家族名义直接捐资公益事业的模式一直存在，并没有随着侨办基金会和民间慈善组织的出现而消失。

1. 修路架桥

修桥铺路、造福桑梓历来是旅外侨胞捐资在家乡兴办公益事业的传统项目。为改变交通面貌旅外侨胞积极支持家乡修建公路，铺设村道。据不完全统计，2005～2013 年，广西北流市华侨侨企及港澳同胞支持家乡公益事业捐资捐物（折款）达 1560 多万，其中捐资建桥、修路资金 520 多万元。捐资绿化、美化城市及新农村建设资金 230 多万元，捐资风景旅游区建设资金 30 多万元，捐资其他建设 60 多万元。其中，精通集团有限公司共捐款 190 多万元用于新农村建设及村级道路建设；仲礼瓷业公司几年来共捐款 120 多万元支援地震灾区重建家园。

1986 年至 2008 年，浙江瑞安籍侨胞捐资为家乡修建大小桥梁近 30 座，铺设公路、机耕路、水泥路近 100 条，建路亭 8 座，还有隧道、供电线路、防洪堤、河坝等多处[①]。20 世纪八九十年代以来，地处山区的桂峰、枫岭两个侨乡的侨胞资助建造桂峰到湖岭、枫岭至高楼、枫岭至桂峰的盘山公路，并将公路延伸至这两个乡的每个自然村，全程共长 100 余公里，为家乡山区发展经济、便利民生、脱贫致富提供了有力的支撑，在较短时间内改变了经济发展滞后的情况[②]。

1991 年至 2005 年，潮州市饶平县海外乡亲捐资 2289 万元，新建、扩建公路、水泥村道、路桥 16 宗，总里程 50 多公里。旅港同胞黄周旋 1993 年捐赠 1474 万元资助修建本县浮山至三饶 23 公里水泥公路，并种树绿化，配套水车养护，成为全县捐赠金额最大的公益项目。旅泰侨胞 2004 年捐资 150 万元修建钱东镇施厝村街道，并配套路灯照明。香港黄成林 1995 年捐资 32 万元兴建新圩大道牌亭，2004 年捐资 169 元修建新圩镇潘段村水泥村道，同时捐资 20 万元修建新圩到渔村路桥梁 1 座，改善

---

① 王国伟：《瑞安市华侨志》，中华书局，2011。
② 张小绿：《华侨华人慈善捐赠和侨乡发展——对瑞安市桂峰乡华侨华人的调查和分析》，《温州大学学报》（社会科学版）2008 年第 4 期。

了新圩镇的交通条件①。

2. 通讯及供电用水

改革开放后，沿海侨乡大力发展经济，但受到交通设施落后的瓶颈制约。旅外华侨华人、港澳同胞纷纷捐资在家乡修筑高等级公路、大型桥梁的同时，不少侨胞捐建了输变电站，使家乡生活、生产电力紧缺问题得到解决；还捐资铺设了自来水管道，缓解家乡生活、生产用水困难；捐资引进程控电话交换机，使家乡通信实现了数字化。这就大大改善了侨乡的投资硬环境，为促进侨乡的对外开放和经济建设做出了重大贡献。

香港金日集团从 1995 年至 2005 年共捐资人民币 113 万元，用于修建厦门同安新安洲路、东山路、五秀路以及五显镇宋宅村自来水工程等基础设施建设。据不完全统计，从 1997 年到 2005 年全市接受海外华侨华人捐款修桥铺路共计 433.05 万元人民币。福清市旅外乡亲集资 65.5 万元，从日本引进容量为 2500 门的程控电话交换设备捐赠福清市邮电局。1991年，福清市旅外乡亲分别捐资 15 万美元为高山镇、30 万元为海口镇安装程控电话②。

3. 兴办文化体育事业

华侨华人十分关心和支持家乡的文化、体育事业的发展，特别是中华人民共和国成立至改革开放以后，华侨华人开始在家乡捐建影剧院、图书馆、博物馆、体育馆等建筑设施，为丰富侨乡民众的文化、体育生活创造了条件。

从 1978 年至 2011 年底，福清全市共接受海外乡亲、港澳同胞捐赠款物折合人民币 20.19 亿元。其中 50% 用于文教事业。福清侨乡博物馆动建以来，也得到海外乡亲和社会各界积极响应，截至 2011 年，已经获捐1.1739 亿元，到位资金 8950 万元。从捐赠方身份来看，个人是最主要的捐赠主体。以侨领和侨界精英（简称侨贤）带头垂范最为突出①。安溪籍华侨华人、台港澳同胞根据各地的实际情况，或捐资修公路、修建桥梁，或捐资兴修水电，加强了侨乡经济发展的基础设施建设，改善了安溪地区

---

① 潮州市饶平县县志。
② 林心沁：《改革开放以来华侨华人在福清侨乡捐赠行为的文化解读》，《八桂侨刊》2013年第 4 期。

特别是农村的交通条件，便利了各地的物资交流，对侨乡社会经济的发展起到很好的促进作用①。

（二）联系与情感认同

移居海外的新移民，即使加入他国国籍，也很难摆脱从小耳濡目染的中华文化的影响，其在心灵层次上仍然深深归属于传统的中华文化。华侨华人不论何时出国，不论流落到何方，在他们的原始思想意识中总是念念不忘自己的故乡、亲人，特别是老华侨，在他们心目中时刻存在着乡土观念。

1. 华侨华人的贡献

改革开放以来，大规模的建设、优惠的政策、巨大的市场、雄厚的技术力量、廉价的劳动力、丰富的资源、充满活力的进出口贸易等，为海外华侨华人在中国的发展提供了无限商机和运作空间。这一时期，华侨华人经济实力的壮大、侨务政策的正确执行、中华人民共和国各方面建设事业辉煌成就的取得、中华人民共和国国际地位的提高，给予侨居在海外一向热爱祖国、关心祖国建设、盼望祖国繁荣的华侨以极大的鼓舞，他们纷纷回国投资办厂，为国内经济的发展做出了很多贡献。

20世纪90年代以来，华侨华人除了投资兴办企业外，向祖国和家乡捐赠款物、造福桑梓。他们建设家乡的义举在中国实行对外开放后得到空前发展，其捐款数量之大、人数之多、地区之广，是历史上任何时期都不能比拟的。由于中国制定了一系列吸引海外侨胞投资的政策，海外侨胞纷纷回国投资，形成高潮。这一时期，侨胞投资不仅数额剧增，而且投资区域也由沿海地区、传统侨乡向全国扩展，遍及32个省、自治区和直辖市，投资规模也进一步扩大，1979～1991年海外华资79.32亿美元，1992～1997年达到1276亿美元，后因政策倾斜，1998～2000年为822亿美元②。

我国加入世界贸易组织，获得2008年奥运会的主办权，神州五号、神州六号载人飞船飞行成功，综合国力大大增强，国际地位空前提高，国际威望影响扩大，加上海外华侨华人群体经济实力迅速发展，共同提升了中华民族的自信心、自尊心和自豪感，增强了中华民族的凝聚力。比如，

---

① 李小平：《福建省志》，社会科学文献出版社，2012。
② 王本尊：《海外华侨华人投资潮汕地区侨乡建设的过程与特点》，《华侨华人历史研究》1998年第4期。

在 2001 年北京申奥过程中，美国华侨华人通过签名活动、集体发表声明、集会、投递申援信等形式，努力在国际上制造有利于北京的舆论，这对申奥成功起到了不可忽略的作用①。

21 世纪，将是广大华侨华人与中国进行合作交流的大好时期。改革开放 40 年来，广大华侨华人本着互惠互利的原则，为中国的经济腾飞发挥了重要的作用，同时他们也在参与中国经济建设的进程中发展了自身事业。新时代，海外华侨华人成为我国全面建设小康社会的宝贵资源，也是实现中国梦和中华民族伟大复兴的重要支撑。

2. 华侨华人对国内公共事务影响

海外华侨华人的发展壮大为中国现阶段及未来的发展产生了重要影响。

首先，随着中国综合国力的提高和国际地位的上升，归国的人数逐年增长，特别是更多的专业技术人才回国创业，为我国现代化建设提供了"人才智力"、先进管理经验和领先世界的科学技术。华侨在引进先进的科学技术方面功不可没。在荣获"两弹一星"功勋奖章的 23 人中，留学回国的专家学者就有 21 人。我国的第一个飞机制造厂等许多工厂的设立与投资都是华侨强国梦的一部分②。

其次，华侨华人的反哺行为推动了中国经济走向全球。近年来，海外华侨华人以前所未有的广度和深度参与中国经济建设，推动了中国走向现代化。海外华人经济与中国大陆经济的合作互促也是经济全球化的一个重要组成部分，这种合作互促必将导致全球经济的繁荣。海外华人经济网络、华人资本国际化趋势将有利于我国推行全方位的区域经济合作，在经济全球化和区域一体化的进程中取得领先地位。

最后，"中国热"已成为一种全球趋势。各地华侨华人"大杂居、小聚居"，随之形成了"汉语热""中国传统节日热"等，其中的一个重要原因就是中国经济的崛起、综合国力的提升，或者说中国的巨大发展机会的诱惑力增大。国际社会表现出的对中国的关注，有利于让更多的海外华

---

① 郑义绚：《华侨华人资本对华投资对中国经济发展的作用》，硕士学位论文，对外经贸大学，2006。
② 任建强：《华侨作用下的江门侨乡建设研究》，博士学位论文，华南理工大学，2011。

侨华人特别是华侨华人的新生代了解中国，增加其对祖国的认同感。同时，海外华侨华人社会政治权利和地位提高、融入主流社会、参政议政，有利于未来中国发展与其居住国国家关系，为中国未来发展营造良好的国际环境。

以上实例仅是华侨华人为家乡、国家贡献的很小一部分。特别是改革开放以后，他们对家乡的关注及回馈远远超过以前，他们逐渐成为支撑侨乡发展不可或缺的一部分。

第三节　华侨华人促进侨乡文化发展

一　华侨华人与侨乡建筑风貌

侨乡建筑是广大华侨秉承中国传统文化又亲身接触西方文化后形成的一种新的建筑形式。直接引用西方建筑的建造方式是其最显著特点，主要体现在结构形式、细部构件、建筑材料等方面，与本土建筑结合在一定，并遵从于当地的人文环境和生活习惯，产生了新的建筑风格，在中国近代建筑中具有独树一帜的态势[1]。对侨乡建筑的深入研究有助于丰富中国近代建筑的内容，帮助我们深刻理解中国近代建筑的演化发展历程，并进一步揭示广大华侨在中国近代建筑发展过程中所起的作用[2]。

（一）侨乡建筑产生于多元复合文化背景

侨乡文化赋予侨乡建筑时代变革性、地域性、民俗性这三个显著特点。中国近代南方侨乡建筑的复合性文化特征对当代的建筑创作具有重要的影响和启发[3]。以闽南和潮汕为例，它们作为我国东南沿海的两个重要侨乡，其近代建筑的发展见证了中西建筑文化冲突和融汇交加的历史过程，也是侨乡社会空间变迁的具体物质表现形式，具有珍贵的建筑史学价值和文化学意义。总体来看，在近代闽南与潮汕的城市和乡村，传统建筑

---

[1]　张雪冬：《近代闽粤侨乡建筑赏析》，《建筑》2008 年第 9 期。

[2]　霍光：《"华侨建筑"及其在中国近代建筑中的地位与意义》，《建筑师》2007 年第126 期。

[3]　杨思声、肖大威：《中国近代南方侨乡建筑的文化特征探析》，《昆明理工大学学报》（理工版）2009 年第 2 期。

所建构的社会空间势力仍较为强大，而新式建筑文化或活跃于传统势力较为薄弱的区域，或与传统文化相结合，或改变自身的形态以适应特定的自然和社会历史环境，这即是中西建筑文化博弈的结果①。具体来说，闽南侨乡建筑的形成与闽南近代社会、经济和文化都有密切关系，其产生的具体背景是原始居民、古越族文化、中国传统文化、阿拉伯等国海外文化等多元文化之间的融合。此外，侨汇经济、城市文化、近代营造业兴起同时构成了近代侨乡建筑文化形成的社会背景②。然而，基于多元文化交融和博弈的结果，其具体则取决于各个层面上不同建筑文化势力的强弱对比，这些层面包括主体和客体的，也包括具体的历史情境。例如，五邑侨乡与潮汕侨乡从侨乡建筑文化特征进行比较，五邑侨乡的文化特征是输入型文化，而潮汕侨乡的文化特征则是输出型文化；侨乡之所以采用西方建筑文化，其实是侨乡现代化建设的选择③。然而，有时侨乡建筑的选择未必与世界保持同样的趋势，在近代建筑史上的重要潮流——殖民地式外廊建筑潮流逐渐衰退后，泉州侨乡却迎来了建设外廊式建筑的高潮，近代外廊式建筑在泉州侨乡的特殊演绎规律背后正是泉州近代亚热带侨乡文化的延伸，华侨与工匠们直接参与侨乡外廊式建筑的传播和建设，使华侨所在地的外廊式建筑得到广泛的推崇④。

（二）侨式建筑的设计思维

以广东侨乡建筑为例，从设计思维考量，其在当时是符合客观实际的。一方面，侨式建筑的设计思维极具人性化，注重人与建筑的有机融合；另一方面，侨式建筑的建造和取材符合当时的经济效益和环保功能，充分考虑到建造的应用与材料特性。在当今快速的城市化进程中，人们有回归自然的强烈诉求，侨式建筑的设计思维时至今日仍可成为主

---

① 李岳川、肖磊：《近代闽南与潮汕侨乡的中西建筑文化博弈》，《小城镇建设》2013年第12期。
② 唐孝祥、吴思慧：《试析闽南侨乡建筑的文化地域性格》，《南方建筑》2012年第1期。
③ 张应龙：《输入与输出：广东侨乡文化特征散论——以五邑与潮汕侨乡建筑文化为中心》，《华侨华人历史研究》2006年第3期。
④ 杨思声、王珊：《近代泉州侨乡外廊式建筑的演变探析》，《华中建筑》2009年第7期。

流，也是对人们的人居理念的理性回应①。广东江门的侨乡建筑，具有明显中西混合色彩，这批建筑多建于民国时期，是海外华侨参考西方建筑样式而建造，按功能分为居住建筑和公共建筑。居住建筑包括：一般性居住建筑，如浮月村的洋楼（庐）；防御性居住建筑，如瑞石楼（碉楼）。公共建筑包括：世俗性公共建筑，如关族图书馆、司徒氏图书馆、和顺图书馆；纪念性公共建筑，如风采堂（祠堂）。研究认为建筑是反映地方文化的物质载体，侨乡建筑之所以越来越被重视，甚至能入选世界文化遗产，其原因不仅在于侨乡建筑形态丰富、特色鲜明，更在于其内在的深层意义②。

（三）侨式建筑蕴含深厚的艺术审美价值

侨式建筑融汇了华侨华人在祖籍国和侨居国的建筑文化，蕴含深厚的艺术审美价值，不同地域的侨乡和海外的联系不同，也就形成了不同风格与特色的侨式建筑。

广府侨乡与潮汕侨乡、兴梅侨乡并称广东三大侨乡。广府侨乡建筑以其覆盖地域面积最广、建筑形式最丰富、保存数量最多这三大特性而成为近代岭南侨乡建筑文化中的代表，它展现了中西建筑文化从接触碰撞到融会创新的历史过程，突出体现了开放性、兼容性、创新性的时代精神和审美特征。在广府侨乡建筑的发展历程中，开放、融合、创新是密不可分的，它们共同构成了广府侨乡建筑完整的时代审美文化特征，促进了广府侨乡建筑在近代的蓬勃发展，也造就了侨乡建筑独特的人文魅力，同时也引领了近代建筑的走向，在中华文化体系中占有特殊的地位③。开平碉楼是岭南侨乡的一种建筑形态，这种建筑大多分布在珠三角西部江门地区。开平碉楼既吸收了西方国家众多风格建筑的样式，又保留了中国传统建筑的特色，使中西建筑艺术"熔于一炉"。因此，在侨乡文化背景下的开平碉楼极具特色，所呈现的建筑艺术魅力也异常引人注目，是华侨建筑的艺

---

① 宋戈、陈小瑾：《"杂交之美"隐于田野林间的侨式民居建筑——谈欧洲建筑装饰在广东侨乡的移植与演变》，《艺术文化交流》2012年第5期。

② 任健强、田银生：《近代江门侨乡的建筑形态研究》，《古建园技术》2010年第2期。

③ 唐孝祥、朱岸林：《试论近代广府侨乡建筑的审美文化特征》，《城市建筑》，2006。

术奇观、多国元素的艺术呈现①。又如五邑碉楼与侨村建筑的装饰艺术。首先，它们是欧美装饰艺术在侨乡建筑的再现。由于碉楼与侨村的主人长期生活在异邦，带回的建筑图纸具有典型的异国风味，但碉楼或侨居的顶部和墙体侧面，又明显保留了中国传统建筑艺术装饰的特色，中西建筑艺术自然有机地融合在一起，这是五邑大地上一道最奇特的人文景观。其次，变化多端的楼顶装饰艺术。碉楼与侨村的"庐"或别墅有个共同的特点，就是楼顶装饰艺术非常考究，它囊括了意大利四大建筑风格样式与元素，还有维多利亚以及伊斯兰式风格的标识，比较突出的是开平碉楼。最后，山花与门窗的中西合璧式装饰特色。山花是碉楼与庐最华美的地方，大多矗立于一座碉楼或庐的楼顶正面顶层栏板或屋顶最突出的中心部位，大多呈凸字形、三角形造型，还有方形或圆拱形造型，也有个别的是空心的门框造型，如塘口东升村的庐，就是一个拱形门框式的空心山花，不仅造型优雅，而且精雕细刻着各种各样的纹饰图案，有一种独特的美感②。

　　福建是我国著名的侨乡，而闽南是侨乡最为集中的地区，漳州、泉州、厦门三地华侨众多。漳州的侨乡民居是闽南侨乡民居建筑的重要组成部分，其主要的民居建筑分布在较偏僻的乡村，有着自己的地域特质，如其特有的装饰造型、空间组合、环境景观、节奏韵律等③。而泉州独特的自然、社会、人文、历史等因素又孕育形成了泉州地区所独特的文化地域性格。泉州侨乡民居建筑的建筑意境、空间构造、建筑材料、装饰匠艺等方面，体现了泉州地区侨乡民居的地域性、文化性、时代性的文化内涵与建筑美学的四个基本特征④。地处福州与闽南之间的莆仙地区是福建主要侨乡之一，华侨以印度尼西亚为主要侨居地。其侨乡民居建筑兼具福州与闽南的传统建筑文化特征，在与南洋建筑文化融合过程中表现了有限的外化兼容，形成了两相兼得相宜、内敛小俱开放、中西兼容并蓄的闽东南侨

---

①　朱蕙:《开平碉楼的建筑艺术特征》,《五邑大学学报》(社会科学版) 2011 年第 3 期。

②　朱蕙:《五邑碉楼与侨村建筑的装饰艺术》,《文艺研究》2012 年第 3 期。

③　魏峰:《近代漳州侨乡民居建筑审美的基本维度》,《华南理工大学学报》(社会科学版) 2013 年第 5 期。

④　魏峰、唐孝祥、郭焕宇:《泉州侨乡民居建筑的文化内涵与美学特征》2012 年第 4 期。

乡民居建筑审美文化特征①。闽南侨乡建筑，类型样式丰富，文化内涵深厚，建造工艺讲究，在地域技术特征、文化时代精神和人文艺术品格等方面表现出独特而鲜明的文化地域性格。近代闽南侨乡建筑在发展过程中，地域技术特征、文化时代精神和人文艺术品格三者是紧密联系的，具体表现为：地域技术特征是其最基本的物质属性；文化时代精神则体现了那个时代闽南侨乡建筑普遍具有的文化特性；而人文艺术品格揭示了影响闽南侨乡建筑的整个社会的深层次文化内涵和文化心理。文化地域性格也是一个重要的美学概念，而建筑美的最高标准即在于文化地域性格的三个层面的统一，所以研究文化地域性格也是建筑审美文化研究领域的一个重要拓展和深化②。

（四）侨乡建筑保护

骑楼是中国南方极具特色的建筑，多是二、三层的沿街商业建筑，在广东、广西、福建以及东南亚很流行。随着许多海南人闯南洋后衣锦还乡或落叶归根，骑楼建筑逐渐在海南流行起来，最后风靡全岛。骑楼街区作为东南亚及中国南部沿海一带的代表性历史建筑，分布广泛，风格独特，保护价值较高。但是伴随着现代城市的发展和年代的侵蚀，大多已受自然或人为毁坏。现存的文南骑楼老街，蕴含着文昌侨乡文化的历史，它不仅是老海南的标志性建筑，更是老南洋梦的符号与感情依托。

要改变侨乡建筑不断毁坏的局面，首先要打造"硬件"、恢复风貌，升级"软件"、复兴民俗；其次要统一整治，提升环境质量；最后要规划先行，鼓励公众参与。其中，文昌市文南老街改造工程的实施，为骑楼建筑保护与开发提供了一种可以借鉴的模式与途径③。台山华侨近代建筑是台山悠久华侨历史和近代社会政治、经济、文化的缩影，广布城乡的骑楼、侨圩、居庐、村落、碉楼、学校、宗祠、教堂等历史文化遗存是祖辈赋予台山人民珍贵的文化遗产，是增强台山文化软实力、提升文化竞争力

---

① 魏峰：《近代莆仙地区侨乡民居建筑审美文化特征》，《中国建筑史年会暨学术研讨会》，2014。

② 唐孝祥、吴思慧：《试析闽南侨乡建筑的文化地域性格》，《南方建筑》2012 年第 1 期。

③ 林勉、王志岭、王宇洲：《文昌市骑楼街区保护改造的实施途径》，《城乡建设》2013 年第 2 期。

的宝贵资源。因此，加强对其宣传与保护，积极开展深入的研究，大力发展文化旅游产业，具有十分积极的意义①。其中，融汇西方建筑艺术与中国传统建筑艺术于一体的"台山洋楼"，风格独特、美轮美奂。随着《让子弹飞》《一代宗师》等影视片陆续在台山取景拍摄，"台山洋楼"渐为世人所识，对其资源的保护起到一定的效应②。此外，华侨华人对当地建筑的营造和保护均起着重要的作用，不仅在侨汇的资金上提供资助，同时还在建筑的样式与风格上产生重要的影响，侨乡建筑在近现代百年发展的过程中，逐渐形成了独特的侨乡地域性建筑风格。例如，在潮汕侨乡，华侨投资极大地促进了当地建筑的发展，既推进了潮汕城市的近代化进程，又奠定了潮汕地区城市的基本格局，同时在潮汕广大乡村留下了大量风格独特、装饰精美的民居建筑，这从另一侧面体现了潮汕侨乡在近代中西文化交锋过程中的艰难抉择心态，同时与广东其他侨乡相比体现了更为顽强的乡土性③。2012 年底，琼海市投入 7000 多万元用于大规模建设风情小镇。在风情小镇建设中，中原镇以"南洋风情"为主题，突出鲜明的南洋建筑风格。两旁的居民楼粉刷一新，黄色、红色、绿色的骑楼建筑交相辉映，精致的雕花立柱和风格一致的木质牌匾完美融合了南洋文化和琼海本土文化。

侨乡建筑是华侨文化在物质层面的集中体现，也是近代中西文化交流的历史见证，具有丰富多样的审美艺术价值、社会历史价值和文化经济价值。主客体研究的联系性，以及建筑学视角与其他学科的联系性是深化侨乡建筑审美文化研究的关键所在。而加强联系性的途径之一即是在研究中引入广泛意义上的"空间"概念，从这一概念出发，我们可以发现建筑审美文化与近代侨乡社会空间变迁之间的互动关系。从审美文化的性质和地位上来说，侨乡建筑是近代民间建筑本土自主演进的一种途径，具有大众性、流行性和开放性的特征，它们参与对传统地方建筑体系的消解，和引入新的空间文化模式的历史潮流，在民间建筑从近代到现代的转型过程

---

① 朱蕙：《五邑碉楼与侨村建筑的装饰艺术》，《文艺研究》2012 年第 3 期。
② 林瑞心：《浅析侨乡历史文化瑰宝——"台山洋楼"》，《商业文化》2012 年第 6 期。
③ 吴妙娴、唐孝祥：《近代华侨投资与潮汕侨乡建筑的发展》，《华南理工大学学报》（社会科学版）2005 年第 1 期。

中扮演了重要角色①。

二　华侨华人与侨乡民俗

生活方式的变迁是一个渐进的过程，而社会风俗的形成是特定环境下的产物，二者都是在接受时势、传统等挑战的过程中，不断适应自身和周围环境的基础上而发展变化的。近代侨乡在生活方式及社会风俗方面均发生了较为深刻的变化，华侨华人与侨乡交往的日益频繁以及积极投身于家乡各方面建设的行为，使他们在这一变化中扮演着重要的角色。然而，这种角色既有积极的一面，也有消极的一面，甚至带有盲目性。因此，在强调华侨华人对侨乡所起到的积极作用的同时，也不应忽略其所带来的消极影响②。

（一）侨乡婚俗的演变

在中国，各民族人民都有自己的民族风俗，其中婚嫁风俗最具民族文化特色，而在侨乡地区，婚俗的演变具有区别于其他地区的特有的演变轨迹。例如，五邑地区的传统婚礼，礼仪烦琐，具有浓厚的岭南文化色彩，主要有以下程序：相睇、文定、上头、出阁。而"公鸡娶妇"则是福建侨乡特有的一种婚俗，旧时以晋江最为典型。当时由于男子赴海外谋生，当地形成了一种扭曲的婚俗观，出现了如终身不嫁的"自梳女"、以鸡代夫的"公鸡拜"等现象。清末民初，伴随着辛亥革命的浪潮，较早受到西方自由恋爱影响的五邑地区，开始了对封建礼教和婚姻制度的抵制与反抗，私订终身、自由同居的婚姻方式逐渐为进步青年男女所接受；中华人民共和国成立后，第一部婚姻法颁布，明确规定实行一夫一妻制，废除包办、强迫婚姻，用法律形式规定男女婚姻自由，简化结婚手续，并在此基础上大力提倡婚事新办；"文革"时期，传统婚礼基本废除；改革开放以来，传统婚礼复苏，西方婚礼传入，中式、西式、中西结合式等婚礼流

---

① 李岳川：《广东近代侨乡建筑审美文化研究的现状、问题与对策》，参见中国民族建筑研究会编《第六届优秀建筑论文评选》，2012。
② 王元林、邓敏锐：《近代广东侨乡生活方式与社会风俗的变化——以潮汕和五邑为例》，《华侨华人历史研究》2005年第4期。

行，婚姻方式和结婚礼仪呈现多样化发展趋势①。婚姻风俗的现代演变，体现了侨乡民俗文化的开放性、包容性和多元化特征。现代婚礼在部分保留传统婚礼习俗的基础上，革除歧视女性的陋习和繁文缛节，古老风俗与现代生活方式融合。现代婚礼通常与旅游业、餐饮业、服装业、传媒业、美容业等服务业联系密切，成为社会主义市场经济的重要组成部分；它以婚庆民俗文化为载体，有力地促进和丰富了旅游文化、饮食文化以及民间节日文化的现代化发展。侨乡婚嫁习俗演变历程既传承着民族文化的古老传统，也体现了现代侨乡社会的开放包容。

（二）风俗习惯的变异

侨乡风土民情的发展和演变在一定程度上与华侨华人紧密联系。福建侨乡人民曾有过非常独特的一整套风俗习惯。比如，华侨出国之前，要登门向亲友告别，亲友则要赠以鸡蛋、面线及土特产等为其送行，俗称"送顺风"；华侨回到故里，亲友们又要以鸡、猪脚、面线、美酒，甚至摆宴席为他们接风洗尘，俗称"脱草鞋"；归国的华侨往往要回赠以香皂、针线、衣服、布料等洋货，常常送针、送线，含有"穿针引线"、情谊绵长之意思；华侨出国临行之前，必须到祖厅向列祖列宗辞行，俗称"拜公妈"；走出大门后，还必须"三回头"，多次回首望家门，希望不久能衣锦还乡，与家人团圆；为实现华侨"叶落归根"的愿望，其家属往往在亲人死后请道士作道法，把一艘纸船放到海边，吹打念咒，哭哭啼啼，将死者的灵魂引入祖祠，俗称"引水魂"。随着时代的变迁，侨乡的风俗习惯发生了翻天覆地的变化。尤其是改革开放以来，随着侨乡经济、社会的发展，民俗风情的外显形态与时俱新。旧式的"送顺风""脱草鞋""拜公妈""三回头""引水魂"等仪式已经逐渐消失。海外同胞回故乡时，亲人们也会专门为他们接风洗尘，海外同胞也要去看望亲戚乡邻，送给他们洋装、化妆品，甚至首饰、电器、红包等礼物，类似于过去的"脱草鞋"习俗。有的老华侨在国外去世后，家乡的亲人们也为他举行类似于"引水魂"的仪式，让他魂归故里。在一些侨眷侨属的丧葬仪式上或清明扫墓拜祖时，历史上的烧纸船已改为烧纸汽车、纸飞机，纸钱

---

① 李日星：《五邑侨乡的婚俗演变》，《五邑大学学报》（社会科学版）2008年第1期

也出现了花花绿绿的"美金""港币""欧元"，有的祭奠还出现了护照、机票的代用品，寓意某些生前无法到国外与亲人团聚者，在身后可以有机会跨越重洋[1][2]。侨乡风俗习惯的变化，一方面说明中国本土现代化的进程，另一方面说明传统华侨华人或新移民在西方发达国家长期或比较长期生活的经历，其实并没有从根本上使侨乡人放弃或改变传统民俗，而是使以移民文化为基础的侨乡民俗服务于新的时代需求。从本质上说，侨乡的诸种民俗仪式，都是显示"人缘"的机会，而"人缘"于海外乡亲而言，无论对于其社会象征地位还是对于其基本需求，都起关键性的正面作用[3]。因此，侨乡民俗不管如何变迁，或多或少总会刻上海外华人社会影响的印迹，并彰显出与众不同的"侨乡"特色。

（三）生产习俗的形成

侨乡独特的生产习俗也与华侨华人的活动有千丝万缕的联系。如20世纪以来，温州先后在一战之后、1930年前后、改革开放后出现了三次大规模移民潮。温州侨乡的形成在一定程度上与华侨谋生方式的传承有关。温州民俗文化有其鲜明的区域特色，主要体现在三个方面，即古老的吴越民俗遗存，浓郁的海洋文化气息和鲜明的商贸文化特色。20世纪改革开放初期，温州经济模式的成功不是偶然的，其背后有着深刻的文化根源，其中温州民俗（如家族观念、抱团意识、经商传统等）是其经济增长的文化动力。传统家族文化导致了家族企业的生成，助推了温州民营经济的发展。温州深厚的重商文化和悠远的经商传统，造就了温州人强烈的商业意识和商业头脑。海洋文化赋予了温州文化的开放性特征，正是这种开放性使得温州模式成为国内经济发展的一种典范。由于有悠久的出海谋生传统，改革开放后，温州人隐藏着的闯荡冲动一下子焕发出来，形成对传统计划经济意识形态和安土重迁传统观念的"背离"。走南闯北的世界温州人，总会情系乡土、乡音、乡情，言谈举止，都受制于温州民俗文化。从某种意义上说，民俗文化是他们的精神和智慧的孵化器，是他们理

① 陈国强：《福建侨乡民俗》，厦门大学出版社，1994。
② 俞云平、王雅琼：《闽南侨乡民俗变迁点滴》，《八桂侨刊》2008年第4期。
③ 王铭铭：《村落视野中的文化与权力：闽台三村五论》，生活·读书·新知三联书店，1997。

性和情感的指南针①。

　　谋生方式所造就的生产习俗同样在其他侨乡地区得以体现。闽南地区的先民是百越民族的闽越族，越人善于用舟、习于水战。自秦汉开始，特别是晋唐时期，大批中原汉人南移，与闽越人接触融合，形成了闽南文化。闽南人既接受了汉人的农耕文化，也继承了闽越族的海洋文化，他们在发展农业生产的同时，也积极地向海洋发展，踊跃地参与东西洋航路的商贸活动。闽南沿海地区海上贸易发达，在重利崇商观念的影响下，人们的价值观念也发生了变化，民间社会形成敢于冲破条条框框束缚的态势。在厦门，"服贾者以贩海为利数，视汪洋巨浸如枉席，北至宁波、上海、天津、锦州；南至粤东；对渡台湾。一岁往来数次。外至吕宋、苏禄、实力、噶喇巴，东去夏回，一年一次。初则获利数倍至数十倍不等，故有倾产造船者"②。为了发展海上贸易，漳泉地区还出现了抱养男孩去从事海上贸易活动的现象。最初抱养养子，一种情况是自己没有儿子，抱养子续香火；另一种情况是自己有儿子，抱养子在海外拼生死，让自己的亲生骨肉在家安享其利；或者等到养子在海外获得成功时，养子再把其养父母生的儿子带到海外。闽南的渔船航工在生产作业时形成了一系列具有海洋特色的习俗。渔民总会选择吉日起航，每年正月逢七首航，二月逢八不开航。起航出海须选择吉日，祭妈祖或天公，然后取若干贡品倒入海中祭祀在海难中过世的好兄弟。海上生产，渔民忌第一艘开航（"开海门"），最后一艘归航（"关海门"）③。广东和福建历史上具有浓厚的移民传统，这种移民传统使得人们不断地追求流动性，培育了社会的外向性格。

　　闽粤两省海运早开，自古以海为生，擅长海上贸易，其日常生活和家庭生计直接与海上活动密切相关，海洋生活方式培育了社会的开放性格。沿海的特殊地理位置，造成广东和福建两省的地方文化主要是在商业活动中培育出来的，并构成得天独厚的传统优势。

---

①　邱国珍：《温州侨乡的民俗学解读》，《温州职业技术学院学报》2011 年第 2 期。
②　（清）周凯修，凌翰等纂《厦门志》，据道光十九年（1839 年）刊本影印，中国方志丛书，台北：成文出版社有限公司影印本，1967。
③　林溢婧、林金良：《浅谈闽南地区的海洋民俗》，《泉州师范学院学报》2010 年第 3 期。

（四）华侨华人的祖先崇拜和宗教信仰

侨乡民间的祭祖和祭神习俗也是其风俗习惯的重要组成部分，华侨华人和侨乡人民在推动其发展的过程中发挥了不同的作用。海外的许多宗亲组织扩展到疏远的同宗关系，甚至组成两姓或数姓联合的联宗宗亲会，发展出大大小小的同乡会等地缘组织。在这里，家族的概念已逐渐从大家庭、本家族扩大到联宗宗亲，乃至家乡。对海外同胞来说，帮助家庭成员、亲戚乃至同乡出洋是自己的义务和责任。所以，华侨华人及侨乡社区的民众有着比其他地区更浓厚的乡族观念，以亲属团聚的方式出境出国仍是人们移民的一条重要渠道。中华人民共和国成立后，广泛开展社会主义教育运动，强调集体化，"文化大革命"时期家族传统受到猛烈的冲击、削弱，族谱被烧毁，祖厝祠堂被改作他用，修祠、祭祖等被看成封建迷信活动加以禁止。改革开放以后，相关部门逐渐改变了对宗亲活动的看法，各地政府也极力倡导乡土观念，鼓励修复本地的村庙祠堂，吸引海外同胞回乡寻根、旅游和投资，以借助侨乡特有的海外联系网络促进本地经济的发展。因此，侨乡的家族主义传统借助海外乡亲的力量迅速地重新崛起。目前，华侨华人的世界性、区域性社团组织已成为联络海外乡亲的重要桥梁和纽带。

华侨华人回祖籍地寻根早在20世纪70年代中期就已开始，随着中国的改革开放，各国华侨华人纷纷回到祖籍地旅游和探亲寻根。在闽粤侨乡，每年都有数十万计甚至上百万计的海外乡亲回来探亲和旅游观光。多年以来，这些散居在世界各地的华侨华人，虽然生活在不同的环境中，脱离了祖籍地的社会文化脉络，但他们多数在生活中仍保持着一些中华传统的文化和习俗，特别是保留了传统的祭祖习俗。改革开放以后，这种祭祀祖先的禁锢逐渐被放松，民众重修祖屋的要求也获得准许。在华侨华人的经济资助下，闽粤乡村大多数祖屋都建得相当有规模，尤其是一些大姓家族的祖屋。如今，在侨乡所进行的像祭祖这样的仪式被认为是一项有意义的文化活动。作为政府来说，对这些活动的重视是为了鼓励华侨华人资本流入当地，这对加强华侨华人与该地区的联系有着重要意义。因为，祖屋的重建和祭祀祖先的活动，使得侨乡和传统华侨华人甚至新一代华侨的关系变得更加密切，也使祭祖活动本身变得更有意义①。

1949年以前，闽粤侨乡的民间宗教相当活跃，当地所信仰的神灵众多，妈祖、观音、临水夫人、保生大帝、关帝、清水祖师、大伯公、大峰祖师、郭圣王、青山王、开漳圣王和三山国王等，几乎每一个村落都有自己的神灵。由于华侨华人所信仰的神灵和所建造庙宇的式样甚至神灵的偶像或庙宇的建筑材料都来自故乡，因此许多华侨华人对这些神灵的崇拜自然也成了他们对家乡思念的象征。在闽粤侨乡，许多华侨华人自改革开放以来不时返回故里寻根、探亲或投资。他们在从事这些活动的同时，对家乡的民间宗教也十分热衷。许多被毁掉的庙宇得到重新修建，民间宗教信仰活动得以恢复，都是由于有华侨华人的支持和帮助。由于有华侨华人的大量捐款，闽粤侨乡民间宗教信仰活动往往比中国其他地方规模要大、氛围要浓一些。家乡的乡亲十分理解华侨华人的心理需要，对他们在当地热衷于修寺庙、举行宗教活动和祭祖仪式，做出了文化上的迁就。海外华侨华人为侨乡的建设和发展争取到资金，给侨乡的民众带来许多好处。为了唤起华侨华人的亲情意识，推动当地民间宗教信仰的复活，侨乡地方政府采取了弹性对策。有些地方政府，为了本地区的利益，更是有意识地采取不干涉的态度。对民间宗教信仰的复兴采取一种默认的态度，这是目前侨乡普遍存在的一种现象。有时，为了家乡的经济发展或为了统战工作的需要，在政策范围之内，地方政府也尽可能地为这种公开性的文化活动提供便利。

三　华侨华人与侨乡语言变迁

在民俗学概念范畴中，民间文学相当活跃，它以语言为主要传播媒介。语言作为文化的载体，在文化交流中呈现变迁的特点。

梅州侨乡原本采用纯正的客家方言，在大量"过番"华侨的进出往来下，客家方言在词汇、发音、称谓等方面发生了变化，常常带有侨居国语言，既有南洋词汇，又有英语词汇。因此，侨乡梅州客家方言的"洋化"趋势是必然的。同时，一些与华侨"过番"有关的谚语，比如"番

---

① 郑一省：《华侨华人与当代闽粤侨乡的民俗活动》，《东南亚研究》2003年第6期。

客番客，没一千有八百""有钱番客，没钱腊鸭""无钱三斤狗，有钱三叔公"等也在侨乡梅州出现。梅州不仅是著名的山歌之乡，又是著名的客家侨乡，因此"过番"歌谣特别丰富生动，并流传远及海外。这些词汇和歌谣大大丰富了侨乡梅州的语言文学[1]。

台山侨乡方言是四邑方言的代表，它不仅流行于台山侨乡，而且流行于世界各地的华埠。在北美唐人街，台山话初期被视为中国的国语，与"大世界语"英语相对，被称为"小世界语"。对台山方言外来语来说，学者们有的称之为"台山英语"，有的称之为"异化词"，有的称之为"半唐半番"或"半唐番"。无论是小世界语"台山英语"还是"异化词""半唐番"，从语言学的角度来说，都是指台山方言中的外来语，特别是指以英语为主的台山方言外来语。台山方言外来语，起源于当时台山华侨在外的谋生、交际和心理需求，最早书面表达形式见于1909年创刊的《新宁杂志》中的告白。《新宁杂志》在海外华埠深受欢迎，成了华侨了解乡情的最主要途径。台山方言具有"有音无字、单词居多、句子较少、译音准确性差、借代形式多样"的特点。随着社会的发展、会讲英语的老一辈人的逝去，以及新一代侨乡人对标准英语认识水平的普遍提高，已经有一百多年历史的台山方言外来语，正面临着消亡的危险，所以对曾是台山方言特色的外来语，应该加快收集整理的步伐，并尽可能以文字或电子数据的形式保存下来。台山方言外来语是近代中外文化交融的活化石，是台山侨乡语言文化的一个历史印记，文献资料应该记载并保存这一段历史。台山方言的许多外来语还有可能是粤方言外来语的蓝本，同时也有可能是香港地区方言的源起，特别是台山方言及外来语对香港一些地名有着直接的影响，这些都有待深入探讨[2]。

民间文学在当代借助文字、图像或录音等符号与信息系统，在民间广泛流传，成为一种不可忽视的非物质文化遗产。不过，这些民间文学也缺乏规范性，不时流露出粗俗野语，但是其感情相当朴实，表达明朗，主题鲜明，富有浓郁的生活气息。如流传在莆仙一带的《梅妃故事》《师泉井

---

① 肖文燕：《华侨与侨乡社会变迁》，博士学位论文，上海师范大学，2008。
② 陈航：《台山侨乡外来英语语言文化现象初探》，《五邑大学学报》（社会科学版）2013年第3期。

的传说》《妈祖故事》《平海由来》《阔口桥轶事》等，不一而足。当然，民间文学还包括俚歌、民谣或谚语、歇后语、惯用语等。由于受到地域文化影响与制约，当地亦产生出许多颇具特色的习俗，譬如莆仙人的禁忌、崇尚、喜好等。莆仙方言中的独特语音，亦产生了很多与语言表达有关的习俗，例如吉祥语、口头禅、打比方、典故、夸张、讽刺、谩骂、幽默等口传习俗①。

四   华侨华人与侨乡艺术

艺术反映了社会现实典型性的意识形态，涵盖文学、书法、绘画、雕塑、建筑、音乐、舞蹈、戏剧等多种形式。广大侨乡的艺术形式众多，既彰显地方艺术特色，也体现了华侨华人精神，独具魅力。

潮剧，又名潮州戏，是用潮汕话演唱的一个古老的地方戏曲曲种，起源于广东侨乡潮汕。潮剧是中国十大剧种之一、广东三大剧种之一，有"南国奇葩"的美誉。潮剧是由宋元时期的南戏逐渐演化而成的，是一个已经有440多年历史的古老剧种，主要吸收了弋阳、昆曲、梆子、皮黄等的特长，结合潮语、潮州音乐、潮绣等本地民间艺术，最终形成了自己独特的艺术形式和风格。200多年前，潮剧就伴随着潮州人的足迹向外传播。潮剧主要分布于广东南部、闽南地区以及东南亚、欧美的许多国家和地区。许多海外潮州人身处异域，心连故土，认同自己的祖宗、姓氏，传承家乡的方言、习俗，把潮剧视为自己生命故园的象征，因此，敬神祭祖期间便纷纷邀请家乡的戏班前往演出，以此来满足自己对家乡的思念。二战后，潮剧不仅在南洋各地，我国香港、台湾等地的潮州人中继续流传，同时还不断向欧美及澳洲等许多移民新地区传播，从而逐渐变成一个世界性的中国地方戏曲品种。

此外，潮州音乐是潮汕地区民间各种不同类型的音乐的总称。潮州音乐古朴典雅，优美抒情，香飘四海，音传千古，被誉为"唐宋遗音""中原古韵""华侨正声"②。除流行于潮汕地区外，还传播于闽南、台

---

① 新浪网：《莆仙民俗的人文精神》，http://fj.sina.com.cn/city/putian/anecdotes/2012-12-26/15041499.html。
② 陈友义：《潮汕文化艺术》，内部资料，2013。

湾、港澳以及东南亚一带。潮州音乐最能体现华侨精神：该音乐需要多种乐器的良好协奏，体现了华侨的齐心与凝聚力；潮州音乐灵活多变，表现了华侨们的豁达聪明；潮州大锣鼓的磅礴气势，抒发了华侨的豁达胸怀。

潮州音乐与潮汕人的海外奋斗史紧密相连，早年潮汕人远渡重洋赴海外谋生，有的人不忘随身携带一把心爱的椰胡，在漂流海上的日子里，拉拉椰胡、唱几首家乡弦诗小曲解解闷，到了异国他乡为开创未来而拼搏，劳累的时候拉起椰胡，遥寄对家乡亲人的思念。

五　华侨华人与侨乡精神

侨乡社会因最早接触西方新文化而引领中国文化新风，而文化革新又是现代化的重要标志，自然侨乡文化在近代中国文化运动中处于领先地位，以"开放兼容、团结奉献、敢为人先"为特征的侨乡文化精神，对中国现代新文化的形成、传播和发展具有很强的建构性。

（一）侨乡精神的引领

广东侨乡作为近代以来新文化的先驱，拥有创造新文化的基因和力量。从地缘位置上讲，广东位于中西文化交汇点，也是西风东渐的第一站，始终处在中西文化交锋的风口浪尖，自然文化的活跃度、开放度和包容度较高。广东拥有中国最早参与全球化的群体——华侨，这足以使广东得风气之先从而最早开眼看世界，因而也创造了中国新文化的许多个最早：近代留学教育的实验地、近代民族工业的发源地、近代商业文化的发祥地、近代民主革命的策源地、当代改革开放的先行地。一百多年来广东文化现代化的进程，就是中西文化交流、交往、整合和创新的进程，广东人在得风气和开风气之间做出了科学的抉择，得风气之先与开风气之先的理性衔接直接构成了岭南文化的主体特征。在文化多元化浪潮中，海外华人越来越觉悟到必须构建自己的族裔文化生态，它既不是被西方文化同化，也不能单纯地移植中华文化，而是既要符合住在国现代化的需要，也要符合华人社会现代化的需要。所以，华侨文化可以称为近代以来中国文化自觉的典范。在华侨文化理念的关照下，这种文化自觉在中国改革开放之后得到了空前的张扬。中国实施改革开放政策后，大批爱国侨商率先响应国家号召，回国投资，捐办公益，侨乡社会得以成为最早的受益者。侨乡政府、企业和人民通过华侨华人学到了当时世界先进的生产方式、先进技术和管理理念，促进了思想观念和思维方式的改革和创新，开阔了眼界，解放了思想，为改革开发的持续发展排除了不少阻力，这种示范作用在很大程度上缩短了非侨乡地区改革的摸索过程，降低了改革成本。20世纪80年代，广东的文化活力迅速提高，广东文化出现了空前繁荣的景象。广东的商业文化、企业文化、管理文化、流行文化、大众文化、消费文化等各种从计划经济的樊篱中解脱出来并蓬勃兴起的新文化，在全国迅速刮起一股强劲的广东旋风，成为全国的文化风向标。

教育是文化现代化的重要标尺，以教育来说，改革开放以来，华侨华人对广东文化教育事业的发展贡献特殊而重大，可谓功不可没，特别是现代乡村教育中，侨捐学校成为一支不可替代的主力军。

兴办教育只是华侨文化的一种表现形式。从另一个角度说，以爱国主义为核心的华侨文化，体现了社会主义核心价值观。了解西方是中国走向现代化的第一步，广东人凭借得风气之先的传统了解西方，奠定了岭南文化率先走向世界的基础。广东人在得风气之先和开风气之先之间做出了理智而正确的衔接，其直接成果表现为以敢为天下先和爱国主义为核心的文化精神。近代岭南文化的这种理性主义和爱国主义特征，具体表现为追求独立、富强、民主、文明和统一的基本文化精神。而这种理性和爱国主义也都为近代历史的事实证明和近代岭南文化所体现，如林则徐、洪秀全、康有为、梁启超、郑观应、孙中山等都是岭南文化精英中既得风气之先又开风气之先的人。他们不但在精英文化的层面上体现了近代岭南文化在回应西方挑战中发展的基本成就，而且他们的思想开创并建构了近代中国社会思潮的主流，对于近代中国文化变革具有巨大意义①。因此，华侨文化对铸造民族精神、增强民族凝聚力具有不可替代的影响力。

（二）开放、包容、多元的侨乡精神内涵

传统文化与侨居国的文化交汇发生在侨乡，华侨华人与祖籍国的侨属侨眷共同创造了独特的侨乡精神。

---

① 沈卫红：《侨乡模式与中国道路》，社会科学文献出版社，2009。

　　历史悠久的地域文化和独特的地理环境孕育了青田人丰富多彩的文化性格，开拓进取的移民精神，坚韧质朴的吃苦精神，守望相助的团队精神①。海外天门人带给家乡的不仅是资金、技术和头脑，更重要的是闪闪发光的"侨乡精神"。旧时代兵荒马乱，水患天灾，天门人背井离乡，漂洋过海，流落异邦。他们原本深居祖国内陆腹地，对海洋很陌生，离国界很遥远。他们走出国门，靠的是勤劳与勇敢，凭的是智慧与毅力。如今他们已经成为天门通往世界的桥梁，是世界了解天门的橱窗。张爱国将之总结为"敢闯敢试，敢为天下先"的"侨乡精神"。② 百年来，敢闯敢拼、爱国爱乡、团结简朴的福清华侨精神在福清人士的海外艰苦创业中发挥了不容忽视的作用，它作为一种民族意识、民族自豪感得到了福清人甚至全中国人民的广泛认同，对当代福清人的生活方式、人生追求等都产生了重大的影响。在福清华侨精神的作用下，福清海外老一辈华侨艰苦奋斗，创造了伟大的成就，对居住国经济社会的发展做出了重大的贡献；他们对家乡慷慨解囊，实现福清经济、文化、公益、教育事业的跨越式发展，使福清一跃晋居中国十强县行列。融合、开放的心态使福清华侨在外能积极地与当地政府沟通，融入居住国的文化，适应文化、政治环境的变化；诚信、重义的性格使得福清人在商场上建立了良好的信誉，福清人从不拖欠债务，在居住国打出了一片天地；敢吃苦、冒风险的性格使福清人敢于自主创业，辛勤工作，苦心经营，在居住国树立了良好的形象和口碑③。五邑华侨为主动适应全球化的精神，表现出自强不息、穷则思变以及开放包容、兼收并蓄的精神，仍然保留对中华根文化的坚守。正因为有优秀精神文化的支撑，加上祖籍国的逐步崛起，包括五邑人在内的华侨华人在异域立稳了脚跟，在西方人心目中，华人正面形象与日俱增。在美国，华人形象就经历了从苦力、鸦片烟鬼、赌徒、劳工、罢工的破坏者到模范少数族裔、数理化天才、IT 牛人的嬗变。

---

①　徐文永：《青田华侨华人与侨乡社会变迁研究》，博士学位论文，暨南大学，2010。

②　《"内陆侨乡"的吸引力》，《人民日报》（海外版），http：//paper.people.com.cn/rmrbh-wb/html/2009-03/12/content_ 209757.htm。

③　林秀娟：《浅析福清华侨精神文化特点及影响》，硕士学位论文，华中师范大学，2013。

（三）侨乡精神建构地方社会

侨乡精神是侨乡文化的精髓，对地方社会物质文化形态的建构产生了潜移默化的影响，体现在地方建筑、风俗和语言等方方面面。五邑侨乡建筑集中体现了侨乡精神内涵。自由之精神美：一座座彰显个性的碉楼与一篇篇先驱论著，体现出这种美。侨乡人民不受民族的、宗教的、皇权的束缚，或自主拿来，随心组合，独树一帜，彰显个性；或追求理想，解放思想，探索真知，学做真人。人性之光辉美：一间间住宅内人性化设计和各种以人为本的功能设置，体现出这种美。他们尊崇个人的审美取向，这也是文化创造的灵魂和中心。多元之协调美：千姿百态的建筑风格和东西南北设计元素和谐共处，体现出这种美。他们古为今用，洋为中用，来自欧美、东南亚、中原、岭南的多种文化元素汇聚起来，浑然天成。民间之智慧美：一幅幅近百年前的侨村建设规划图和乡村股份制合约书，体现出这种美，它们完全诞生于一代代走出国门、家门的农民、平民之手，体现了华侨华人和侨乡百姓生活中的聪明才智和走向世界的勇气和国际视野①。广东兴梅地区（粤东梅县及梅属各县）是我国汉民族客家民系最主要、最集中的聚居地之一，同时又是广东省三大侨乡之一。近代以来，外来文化对传统文化的冲击达到了一个新的阶段，在这种大环境下，兴梅建筑进行了艰难而又别开生面的文化选择与文化融合。推动这种选择与融合的核心力正是近代兴梅侨乡建筑的文化精神，表现出耕读传家、崇文重教的价值取向，慎终追远、重本溯源的宗亲观念和进退两宜、尝试开放的文化心理②。

六 华侨华人对侨乡文化资源保护的贡献

文化是一种软实力。它的力量首先来自文化的美，美能产生吸引力、感悟力和竞争力。文化的先进性、兼容性、自觉性、辐射性、前瞻性，能产生对社会进步的带动力、融合力、内化力、影响力和推陈出新的创造力。侨乡是一个特殊的社区，它对外来的生活方式以及社会文化都具有很

---

① 五邑大学学习教育网：《让侨乡文化精神永恒》，http://dept.wyu.edu.cn/xx/List.asp?id=511。
② 唐孝祥、赖瑛：《试析近代兴梅侨乡建筑的文化精神》，《城市建筑》2015年第11期。

强的开放性与兼容性。侨乡居民对于外来事物，较之于其他地区的人们表现得更为敏感，因此也能较快地接受外来先进事物的影响。华侨华人，正是中国走向世界、世界走向中国的最佳黏合剂，是中华文化传播者。

（一）华侨华人与侨乡文化传统的继承

19世纪末，越来越多的中国人进入东南亚，由于文化的差异，以及为了生活的需要和谋生的方便，在中国移民人数较多的地方开始形成初具规模的华侨社会，他们使用中国语言文字，按照中国礼俗和道德安排生活，处理人际关系，相对独立于当地社会，自成体系。在生活方式上，近代东南亚华人移民与国人无大的差异。在生活礼俗上，他们重视传统的养生送死观念，在婚丧嫁娶等方面都继承了中国的传统习惯。祖先崇拜在东南亚华侨华人日常生活中很普遍，这可能与移民所处的环境有关，他们漂洋过海经历风涛险阻，又要寄人篱下，便寄希望于祖先及从故乡移植来的神明的庇佑，这种在海外华侨华人社会中广泛流传的信仰带有现实而功利的特点。海外华人传统礼俗、宗教信仰、价值观念、伦理思想和审美情趣的发展形式逐步多样化，表现形式艺术化，展示了他们对本民族文化的肯定和难舍的情怀，在一定程度上代表了海外华人文明教化的演进。另外，节日的各种纪念活动也团结了华侨华人，增强了凝聚力①。

（二）华侨华人与侨乡物质和非物质文化资源保护和发展

华侨华人利用其经济优势，在家乡恢复和修建文化设施，对于侨乡物质文化资源的保护起到了关键作用。在闽南侨乡各地的寺庙、祠堂等公共建筑，至今仍保留大量华侨捐资修建的碑记，其中大多立于晚清至民国时期。在海外华侨的大力支持下，近代闽南侨乡的社会文化传统得到了有效的保护。近代闽南华侨在维护乡土文化的同时，也力求破除陋俗，与时俱进。其社会文化变迁由于受到海外华侨的深刻影响而具有明显的国际化趋势。然而，由于海外华侨社会与原籍侨乡社会具有高度的同构性，因而海外华侨在参与侨乡事务的过程中，大多是借助原有的乡族组织，遂使乡土社会文化传统得到了强化和延续。换言之，这种以海外华侨和侨眷、水客、本土士绅为中介的国际化进程，为乡土社会文化传统注入了新的活

---

① 蒋姗姗：《近代东南亚华侨华人对传统民俗文化的继承》，《天府新论》2006年第1期。

力，使之具有更为鲜明的地方特色①。在侨乡社会出现的早期现代化运动中，文化现代化比经济现代化更具有革命性，它浓缩了中国近代文化生成和发展的历史全景，对整个中国的现代化运动影响更加彻底和深远。从这一意义上说，中国近代文化起源于侨乡。此外，侨胞积极为侨乡发展建言献策。兴隆华侨农场是全国最大的华侨农场，自20世纪50年代建立以来，已经从一穷二白的农场变成为农、工、商、旅综合发展的中型国有企业，完成了兴隆热带花园创建国家5A级景区工作，并正寻求利用已有地理优势和资源优势，大力打造高端旅游平台。2014年4月，为发展兴隆华侨农场，来自澳大利亚、文莱、印度尼西亚、日本等13个国家和地区的40多名省侨联顾问、海外侨领和10多名规划设计专家来到华侨农场，为发展华侨文化、建设风情村进行实地调研，提出相关建议。

（三）侨捐文化体现文化自觉性

侨捐文化通过多层面的文化形式，对侨捐行为起到引导、激励、倡导、强化、规范、约束的作用。而贯穿其中的是反映侨胞恋乡、爱乡、光宗耀祖的文化观念。在物质文化层面，侨捐文化反映在能够承载海外侨胞对侨乡情感维系的物质层面的成果，如侨胞在侨乡捐建公益项目，特别是具有纪念性的项目，反映海外侨胞事迹的纪念馆、博物馆等。在制度文化层面，各级机构执行上级有关保护和管理侨胞捐赠的法规、政策，形成尊重奉献者的良好社会风气。在行为文化层面，侨乡政府或民间组织对侨捐行为进行组织管理；涉及公共捐赠项目，基于对贡献者的尊崇，任命其到相关机构组织中任职，政府官员高规格接待捐赠者，重要官员或知名人士出席或主持捐赠仪式。在观念文化层面，积极倡导乐善好施的社会风气。侨乡捐赠文化的传承，还在于爱心的传递和接力，在于扶贫济困、互助合作的文化传统的传承和发扬。这体现在海外乡亲之间的互助合作，还可追溯到出国前的亲情、乡情，出国过程中的乡里互助网络的维系。这种侨捐文化的存在，造就了侨乡与海外华侨华人的密切联系，形成了资源的输送与反哺。文化纽带使海外华侨华人社会根植于侨乡社会，这是海外华侨华

---

① 郑振满：《国际化与地方化：近代闽南侨乡的社会文化变迁》，《近代史研究》2010年第2期。

人的祖地捐赠文化形成的基础。因此，只有着力营造让捐赠者得以获取精神效能和社会资本的文化氛围，才可以确保侨捐行为的可持续性①。

（四）华侨文化力量反哺侨乡文化现代化

随着中国综合国力持续增长，全球华人社会开始展示强大的实力，尤其是华人文化力量。侨力对于侨乡以及中国现代化的意义，不仅仅是华侨华人所释放出来的资本优势、商网优势和全球市场优势，更深刻的意义在于蕴藏在这些贡献背后的文化优势，即在文化交往和聚合中产生的文化凝聚力形成了侨乡发展的深刻动因。文化是软实力，中国在积累和发展软实力方面的卓越贡献之一，就是用文化纽带涵养侨务资源，高扬中华民族伟大复兴的旗帜，凝聚遍布世界的华人力量。华侨华人用了近 200 年的时间，把中华文化带到世界各地。华人社团、华文学校、华文媒体以及孔子学院，正在成为体现中国软实力的品牌。华侨文化是以海外华侨华人在中西方文化交往中形成以"爱国爱乡、开放兼容、以和为贵、敢为天下先"为特征的文化，是海外华侨华人思维方式、行为方式、价值取向、理想人格、伦理观念、审美情趣等精神因素的集中体现。文化同根，文脉同源，构成了华侨文化与侨乡文化最本质的内在联系。华侨反哺家乡的过程同时也是输入异质文化的过程。中国的改革开放是从引进侨资开始的，然而，比资本、技术、商品的引进给中国人的生活带来更深刻变化的，则是其背后的思想观念、思维方式和市场规则的渗入和借鉴。与经济现代化进程同步的，是侨乡社会的文化现代化进程，自然侨乡文化的现代化离不开华侨文化的滋润、滋养和支撑。

充分发挥华侨华人以及华侨文化对侨乡文化发展的作用，还应正确把握海外华人政治认同和文化认同的界限。第二次世界大战后，各国的排华法案逐步被废除，中华人民共和国成立后也废除了承认华侨双重国籍的政策，以促使长期移居海外的华侨更好地融入当地社会，使为侨居国发展做出卓越贡献的华侨实现向华人的转变。由此，海外华人对祖籍国由政治、文化认同逐步向单纯文化认同转变，而各所在国家也特别看重华人的政治

---

① 林心淼：《改革开放以来华侨华人在福清侨乡捐赠行为的文化解读》，《八桂侨刊》2013 年第 4 期。

忠诚问题。海外华人在文化和民族的根上与祖籍国有一种天然联系，祖国的发展、崛起无疑会激发海外华人的自豪感和民族自信心。如，江门五邑侨乡拥有大量华侨华人资源，江门应大力弘扬优秀的华侨文化和侨乡文化，通过保护华侨华人祖屋、祖坟、祖庙等历史文化资源，推动联谊、交流，使华侨华人成为中外交流的民间大使，同时寻找商机，利用广大海外华人的工商、技术和信息网络资源，协助江门五邑企业、资金走出国门，并吸纳其资金和高端技术，促进江门五邑的跨越式发展①。

---

① 刘进：《华侨精神与全球化背景下的侨乡发展——以广东江门五邑侨乡为例》，《五邑大学学报》（社会科学版）2008年第4期。

第三章 侨乡发展的地域差异性分析

　　侨乡作为华侨华人的祖籍地，是连接华侨华人与祖国的纽带，是华侨华人的精神家园，同时也是许多华侨华人资本国际流动进入中国的桥头堡和实现创新创业梦想的重要载体。纵观侨乡发展历史，华侨华人的侨汇、侨捐、投资、技术及管理经验是侨乡社会、经济、文化发展的重要影响要素，但是由于各地侨乡受当地自然地理、区位条件、资源状况影响及华侨华人社会资源存在差异性，各地享有的政策优势也存在不同，最终导致侨乡社会经济文化发展在地域空间上表现较大差别。

　　20世纪90年代以来，华侨华人与侨乡发展成为我国学术界关注的一个重要方向，出现了《改革开放与福建华侨华人》《改革开放以来东南亚华侨华人、港澳同胞与侨乡建设》《华侨华人与侨乡的现代化》等重要学术成果，但是现有成果大多以具体的侨乡作为案例地，采用描述性、古今比较、文献阅读等方法主要针对某些专题问题开展研究，较少从系统性和定量化角度来分析华侨华人与侨乡社会、经济、文化发展的关系。从侨乡发展现状可知，从县域尺度看，不同侨乡的自然地理、人文环境、华侨华人分布与发展状况、社会规模、社会发展道路、经济发展水平，以及华侨华人与侨乡发展结合紧密程度，往往表现出地域差异性特征，这是一个值得深入探究的课题。

　　县域经济是中国基础性的区域性经济，也是实现城乡统筹的枢纽经济。迄今，县域发展评价方法主要包括生态足迹和综合评价方法。其中，生态足迹评价方法是一种基于生物物理量来衡量人类对自然资源利用程度以及自然界为人类提供的生命支持服务功能的方法。生态足迹分析法基于两个假设：一是人类消费的大多数资源和产生的废弃物是可以计算的；二是这些资源和废弃物可以换算成生产这些资源和同化这些废弃物所需要的生产性土地面积。生态足迹模型就是通过计算人类消费所需要的生态生产性土地面积和区域所能提供的生态生产性土地面积来判断区域发展的可持续性。综合评价方法是在对县域经济、社会、环境等发展影响因素系统分析的基础上，构建县域发展综合评价指标体系和评判标准，收集指标所需的完整数据，进而评估县域发展状况。县域综合发展评价指标体系主要有英格尔斯现代化指标体系、瑞士竞争力指标体系、美国城市生活质量指标体系、中国县市社会经济综合发展指数、中国县域经济基本竞争力评价体系、中科院现代化指标体系、中科院可持续发展指标体系等[1]。但是，现有的这些指标体系在评价指标存在范围偏窄、专业性太强、可比性差等原因，难以在不同侨乡之间进行横向比较，同时有些指标数据难以获取。如，英格尔斯现代化指标体系主要是依据工业化的一些指标来表征现代化，现代化指标的水平太低；瑞士竞争力指标体系指标 314 项，偏重于经济发展水平、商品销售能力；美国城市生活质量指标体系过于强调福利指数、环境指标，发展指标偏少[2]。中国县市社会经济综合发展指数占GDP、财政收入的权重太高，科学性值得怀疑；中国县域经济基本竞争力评价体系的指标少，局限于经济方面的指标，对社会发展、民生问题、资源环境指标考虑较少；中科院现代化指标体系中定性指标多，降低了评价的准确性；中科院可持续发展指标体系共有 219 个基础要素指标，可持续发展主题突出、层次清晰、体系完整，但是主观指标多，操作性较困难，降低了评价的客观性[3]。

　　学界对华侨华人与侨乡发展研究视角广泛，成果丰硕。基本涵盖了华侨华人与侨乡关系、侨乡经济、侨乡社会、侨乡文化等方面，但是对县域空间尺度对侨乡科学发展地域差异的研究成果极少。在习近平总书记提出实现中华民族伟大复兴的中国梦和中国进入以改革促转型升级发展阶段的

---

① 潘星：《县域发展评价指标体系优化研究》，硕士学位论文，武汉科技大学，2013。
② 方建德、杨扬、熊丽：《国内外城市可持续发展指标体系比较》，《环境科学与管理》2010 年第 8 期。
③ 李天星：《国内外可持续发展指标体系研究进展》，《生态环境学报》2013 年第 6 期。

大背景下，基于科学发展视角来系统探究华侨华人影响下侨乡发展的地域差异、特征、成因，无疑是对侨乡研究领域的一个新的探索。

第一节　侨乡科学发展指数评价体系构建

一　指标选取原则

侨乡（县域）是一个经济、社会、文化、环境复杂系统，其科学发展指标体系内涵广泛，因素和因子多样，这些因素、因子之间相互作用、相互制约关系综合反映出侨乡的科学发展能力。指标选取过程中，需要遵循以下原则。

1. 科学性

要求所选取的指标体系比较科学、客观和真实反映侨乡（县域）发展的内涵与状态以及各指标之间相互关系；指标中既要有数量指标、总量指标、绝对指标、静态指标，又要有质量指标、平均指标、相对指标、动态指标。

2. 可行性

指标选取既要考虑科学性，又要兼顾指标数据获取的难易程度、可靠性、可测度性、可比性。

3. 整体性

指标体系构建应从经济、社会、文化、生态协调角度反映侨乡科学发展能力的主要特征，同时还要从系统角度和横向与纵向方面反映经济、社会、文化、生态效益的差异；各项指标按隶属关系和层次关系有序组合。

4. 层次性

侨乡（县域）是一个复杂的自然—社会—经济复合系统，应根据侨乡科学发展能力的结构和逻辑关系，划分出若干子系统并进一步划分下一级不同层次，在各个子系统和不同层次内分别设计具体指标，使各个层次分明，指标体系结构明晰，便于操作。

5. 主导性

侨乡科学发展能力评价指标体系构建应通过影响因素识别，重点筛选对科学发展能力起主导作用的因素和指标，突出主导因素的作用。

6. 适应性

侨乡科学发展能力评价指标体系要适应不同地域、不同发展阶段和不同发展模式的侨乡科学发展能力的评价。

二　评价指标初选

结合侨乡科学发展能力评价指标体系的内涵与特征，运用文献分析、理论分析和调查访谈方法，形成侨乡科学发展能力评价初步指标。参考城市发展指标体系研究[①]、生态旅游城市评价指标研究[②]、城市科学发展指标体系研究[③]及区域发展潜力研究[④]，尽可能多列出侨乡科学发展能力评价指标，构成侨乡科学发展能力评价指标初选表（见表 3-1）。

指标经过预处理及进一步增补，并将其分类为经济子系统、社会子系统、环境子系统、资源子系统、交通子系统、人口子系统、科教子系统，共七个子系统。具体指标如下。

1. 经济子系统

经济系统是侨乡发展能力的最直接体现，也是最重要指标组成，共有人均 GDP、地均 GDP、GDP 增长率、第三产业增加率、旅游收入占 GDP 比重、经济开发区水平、万元 GDP 能耗、利用外资水平和华侨华人捐赠 9 个指标。

2. 社会子系统

社会系统的稳定是侨乡科学发展的重要保证，可分为人均地方财政收入、侨乡居民可支配收入、侨乡社会保障覆盖面、每千人病床数、基尼系数、政府创新、文化包容性、失业率、治安案件成功处理率、侨乡特色、与华侨华人联系，共 11 个指标。

---

① 张航：《城市发展指标体系的比较研究》，硕士学位论文，哈尔滨工业大学，2006。

② 周丽莎：《贵阳市生态旅游城市指标体系评价模型研究》，《资源与产业》2010 年第 6 期。

③ 盛敏之：《杭州城市可持续发展指标体系及综合评价研究》，硕士学位论文，浙江大学，2002。

④ 郭亚军、王杨：《区域发展潜力的评价方法及其应用》，《东北大学学报》（社会科学版）2002 年第 3 期。

表 3-1　侨乡科学发展能力评价指标初选表

指标来源	指标名称	预处理
城市发展 指标体系	GDP 人均 GDP 万元 GDP 能耗 三次产业比重 固定资产投资额 实际利用外资 进出口额 基尼系数 失业率 城乡收入差距 生活质量 城市基础设施（水、电、燃气普及率） 人口年龄结构 市区人口密度 工业三废处理率 污染治理投资占 GDP 比重 生态环境质量 自然资源（人均耕地、森林、水域） 社会文教事业支出占财政支出比重	对于指标的预处理主要通过筛选、合并、细分实现： 1. 筛选 GDP 的概念指标在四大指标体系中都有体现，筛选人均 GDP 作为衡量指标；旅游景观质量、居民与游客环保意识、年适游天数属于特定的生态旅游城市所偏重的，故可舍去；城市基础设施指标（水、电、燃气普及率）在当前在体现可持续发展方面作用减弱，故舍去 2. 合并 社会文教事业支出占财政支出比重和人均文教科卫事业费可合并为公共教育经费投入占 GDP 比重；城乡收入差距与基尼系数可合并；医疗卫生水平可与万人病床数合并；经济结构、三次产业比重与第二第三产业占 GDP 比重合并；实际利用外资与进出口额合并为利用外资水平
生态旅游 城市评价 指标体系	旅游景观质量 空气质量 噪声指标 年适游天数 植被覆盖率 交通条件 城市规模 政策因素 废弃物处理率 居民及游客环保意识	
城市可持续 发展指标体系	环境质量 经济综合实力（GDP） 经济结构 经济集约（单位 GDP 能耗） 人口密度 人均住房面积 人均道路长度 教育水平（万人大学生数） 医疗卫生水平 生活水平（恩格尔系数）	

指标来源	指标名称	预处理
区域发展潜力指标体系	城镇密度 交通网密度 第三产业从业人员比重 人口自然增长率 人口密度 三产业产值占 GDP 比重 人均 GDP 人均公共绿地面积 建成区绿化覆盖率 人均文教科卫事业费 每万人医院床位数	3. 细分 交通区位因素对侨乡发展越来越重要，因此将交通条件和交通网密度细分为城镇中心距离机场距离、距离高速出口距离、客运火车站等级，抵达侨乡城镇公路等级；自然资源细分为人均用地面积和森林覆盖率；生态环境质量可用空气质量好于等于二级天数、垃圾无害处理率、绿化覆盖率和人均绿地面积表示

3. 环境子系统

环境系统是侨乡发展的载体，直接体现科学的能力，包括空气质量好于等于二级天数、侨乡垃圾无害处理率、绿化覆盖率和人均公共绿地面积4 个指标。

4. 资源子系统

资源系统是侨乡发展的物质基础，主要有人均住房建筑面积、森林覆盖率、文化遗产与保护3 个指标。

5. 交通子系统

在当今经济全球化、区域一体化的背景之下，交通系统的对外交流作用在侨乡科学发展过程中越发重要，主要指标有人均拥有道路面积、城镇中心直达机场距离、城镇中心直达高速出口距离、客运火车站等级、抵达侨乡公路等级5 个指标。

6. 人口子系统

人是社会发展的最主要推动力，人口系统的构成关系侨乡科学发展，分为人口自然增长率、人口城市化率、人口老龄化程度和海外华侨华人数量4 个指标。

7. 科教子系统

科学技术是第一生产力，科教系统的水平与侨乡科学发展密切相关，主要有万人大学生比例、万人拥有图书馆数量、科教经费投入占财政收入比重 3 个指标。

七个子系统下的各个指标共同作用，构成了侨乡科学发展的内部机理与变化过程。

三　指标体系构成

侨乡所处的地理环境、资源条件和政策扶持及其他因素导致侨乡发展的地域差异，因此，侨乡科学发展能力评价体系需要全面反映侨乡的特点和科学发展的要求。

首先，通过专家咨询和发放侨乡（县域）科学发展能力评价指标重要性调查表统计，对评价指标的重要性进行排序，对个别指标进行替代、删除，最终建立侨乡（县域）科学发展能力评价指标体系。其次，采用特尔菲法对构建的因素、指标赋予权重进行确定。最后，依据有关法律法规、技术标准、相关规范和侨乡城市规划等要求，结合侨乡实际情况确定指标体系，并注意标准值与相关技术标准数据统计口径的一致性问题，建立侨乡（县域）科学发展能力的指标分值评判标准，最终构建侨乡（县域）科学发展能力评价指标体系（见表 3-2）。

四　评价模型选择

侨乡（县域）是一个资源—环境—社会—经济复合系统，侨乡科学发展能力的影响因素、指标和影响方式多样，为了全面反映侨乡科学发展能力地域差异，本研究选用多因素加权综合评价模型作为侨乡科学发展能力评价模型，其公式为：

$$P_i = \sum_{t=1}^{7} W_i L_i = \sum_{j=1}^{39} W_j X_j$$

公式中 W_i 表示准则层权重，L_i 表示指标层得分，W_j 表示指标层权重，X_j 表示具体指标得分，P_i 是具体某个侨乡的科学发展能力分值。

表3-2 侨乡（县域）科学发展能力评价体系

目标层	准则层（权重）	指标层（权重）	指标评判标准				
			5	4	3	2	1
侨乡科学发展能力	经济子系统 0.3371	人均GDP（元）0.0577	>60000	60000~50000	50000~40000	40000~30000	<30000
		地均GDP（亿元/km²）0.0552	>1	0.7~1	0.4~0.7	0.1~0.4	<0.1
		GDP增长率 0.0438	>10%	8%~10%	6%~8%	4%~6%	<4%
		第三产业增加率 0.0495	>14%	12%~14%	10%~12%	8%~10%	<8%
		旅游总收入占GDP比重 0.0236	>20%	16%~20%	12%~16%	8%~12%	<8%
		经济开发区水平 0.0194	非常高	很高	比较高	一般	差
		万元GDP能耗（吨标准煤/万元）0.0375	<0.6	0.6~0.8	0.8~1	1~1.2	>1.2
		利用外资水平 0.0285	非常高	很高	比较高	一般	低
		华侨华人捐赠 0.0219	非常多	很多	比较多	一般	少
	社会子系统 0.1672	人均地方财政收入（元）0.0293	>8000	6000~8000	4000~6000	2000~4000	<2000
		侨乡居民可支配收入（元）0.0282	>30000	24000~30000	18000~24000	12000~18000	<6000
		侨乡社会保障覆盖面 0.0167	非常广	很广	比较广	一般	不广
		每千人病床数 0.0125	>4	3~4	2~3	1~2	<1
		基尼系数 0.009	<0.2	0.2~0.3	0.3~0.4	0.4~0.5	>0.5
		政府创新（经验模式的推广）0.0086	非常强	很强	比较强	一般	不强
		文化包容性 0.0106	非常包容	包容	一般	反感	排斥
		失业率 0.0185	<1%	1%~2%	2%~3%	3%~4%	>4%
		治安案件成功处理率 0.0083	>95%	90%~95%	85%~90%	80%~85%	<80%
		侨乡特色 0.0133	非常有特色	很有特色	比较有特色	一般	没特色
		与华侨华人联系 0.0122	密切联系	频繁联系	经常联系	偶尔联系	不联系

续表

目标层	准则层（权重）	指标层（权重）	指标评判标准				
			5	4	3	2	1
侨乡科学发展能力	环境子系统 0.0894	空气质量好于二等好于二级天数 0.0132	>360	360~340	340~320	320~300	<300
		侨乡垃圾无害处理率 0.0105	100%~95%	95%~90%	90%~85%	85%~80%	<80%
		建成区绿化覆盖率 0.047	>50%	45%~50%	40%~45%	35%~40%	30%~35%
		人均公共绿地面积（m²） 0.0187	>14	12~14	10~12	8~10	<8
	资源子系统 0.0872	人均住房建筑面积（m²） 0.0546	>50	40~50	30~40	20~30	<20
		森林覆盖率 0.0082	>70%	60%~70%	50%~60%	40%~50%	<40%
		文化遗产与保护 0.0244	非常好	很好	比较好	一般	差
	交通子系统 0.1514	人均拥有道路面积（m²） 0.0134	>12	11~12	10~11	9~10	<9
		城镇中心直达机场距离（km） 0.0203	<20	20~40	40~60	60~80	>80
		城镇中心距离高速出口距离（km） 0.0582	<4	4~6	6~8	8~10	>10
		客运火车站等级 0.0268	特等站	一等站	二等站	三等站	无火车站
		抵达侨乡公路等级 0.0327	高速公路	一级公路	二级公路	三级公路	四级公路
	人口子系统 0.0962	人口自然增长率 0.0081	<2%	2%~4%	4%~6%	6%~8%	>8%
		人口城市化率 0.0274	>70%	60%~70%	50%~60%	40%~50%	<40%
		人口老龄化程度 0.0133	<4%	4%~6%	6%~8%	8%~10%	>10%
		海外华侨华人数量 0.0474	非常多	很多	比较多	一般	少
	科教子系统 0.0715	万人大学生比例 0.0424	>20%	18%~20%	16%~18%	14%~16%	<14%
		科教经费支入占财政收入比重 0.0113	>5%	4%~5%	3%~4%	2%~3%	<2%
		万人拥有图书馆数量 0.0178	>4	4	3	2	1

第二节 侨乡科学发展指数地域差异性分析

一 研究对象及数据获取

1. 研究对象

本研究是以县域来划分侨乡,作为研究对象选取的案例地包括青田、晋江、恩平、开平、饶平、容县、文昌、瑞安、福清、腾冲、瑞丽、万宁,基本包含了我国沿海的福建、广东、浙江、广西、云南和海南这几个侨乡大省,案例地的选取具有一定的典型性与代表性。

2. 数据获取

侨乡(县域)科学发展能力评价涉及 39 个评价指标,指标研究数据主要来源于各地侨办、侨联和统计局提供的统计资料以及实地踏勘、访谈资料整理。数据整理后见表 3-3。

二 科学发展能力地域差异

1. 评价结果

将侨乡统计数据与上文构建的侨乡科学发展能力评价体系进行比对,采用多因素加权求和综合评价模型求算出各侨乡科学发展能力分值(见表 3-4)。

从表中可以看出,晋江得分最高为 85.6 分,是研究案例地侨乡中科学发展能力最高的,已经成为区域的发展中心;瑞安、福清次之,得分为 70~75 分,是区域内发展较为强势的地区,有望发展成为区域中心;其他大部分侨乡科学发展能力得分都在 60 与 65 分之间,说明其发展程度仅仅达到区域平均能力;饶平、瑞丽、容县三个侨乡的得分在 60 分以下,说明其发展已经明显滞后于区域科学发展的平均水平。

表3-3 （县域）侨乡科学发展能力评价指标数据

指标	瑞安	青田	福清	晋江	恩平	开平	饶平	容县	瑞丽	腾冲	文昌	万宁
人均GDP（元）	45997	32789	50642	66696	24323	37868	16755	9651	21320	13463	29432	23209
地均GDP（亿元/km²）	0.44	0.069	0.346	2.103	0.072	0.157	0.077	0.027	0.035	0.015	0.071	0.033
GDP增长率（%）	6.7	11.1	10.7	11.6	9.0	10.2	10.7	13.3	16.6	16.1	9.3	10.2
第三产业增加率（%）	8.1	7.2	9.3	11.8	3.5	5.2	7.3	8.6	19.6	13.4	7.8	12.9
旅游总收入占GDP（%）	7.8	40	1.7	5.7	13.8	14.6	0.7	16.8	58.1	30.1	5.2	17
经济开发区水平（级别）	瑞安经济开发区（省级）	青田经济开发区（省级）	国家级融侨经济技术开发区（省级）	晋江经济开发区（省级）	无	无	三百门港经济开发试验区（市属）	容县经济开发区（自治区级）	畹町经济开发区（市属）	云南腾冲经济开发区（省级）	海南文昌经济开发区（省级）	万宁市兴隆华侨旅游经济区（市属）
万元GDP能耗（吨标准煤/万元）	0.55	0.55	0.644	0.644	0.56	0.56	0.56	1.2	1.438	1.438	0.669	0.669
利用外资水平（万元）	6367	752	28700	112900	8699	5500	4190	17042	348.95	249000	6085.2	14200
华侨华人捐赠（万元）	6493	20000	190000	120000	20000	120000	98700	800	400	5000	40000	4000
人均地方财政收入（元）	5521	3883	8346	8938	1405	2743	397	634	4461	1426	3135	1950
可支配收入（元）	38988	30364	32279	32354	14018.81	20363	8868	12227	16654	16097	22652	22038
社会保障覆盖面（分值）	5	4	5	5	4	4	3	3	3	3	4	4
每千人病床数（张）	2.83	1.84	2.28	1.84	1.92	4.1	0.63	0.95	4.77	3.1	2.09	2.12

续表

指标	瑞安	青田	福清	晋江	恩平	开平	饶平	容县	瑞丽	腾冲	文昌	万宁
基尼系数	0.3731	0.3731	0.3897	0.3897	0.4136	0.4136	0.4136	0，4409	0.4308	0.4308	0.34	0.34
政府创新（分值）	4	4	4	5	4	4	3	3	4	5	4	4
文化包容性（分值）	4	4	4	4	4	4	3	4	4	4	4	4
失业率（%）	4	3.19	2	0.3	2.31	3	3	4	3.9	3.8	2.1	1
治安案件成功处理率（分值）	4	4	4	5	4	4	4	4	4	4	4	4
城镇特色（分值）	4	5	5	5	4	5	3	4	4	5	5	4
与华侨华人联系（分值）	4	4	4	4	5	5	4	3	3	3	4	4
空气质量好于等于二级天数（天）	356	323	360	348	360	303	348	360	300	310	360	360
城镇垃圾无害处理率（%）	100	96	98.8	100	100	100	85	85	95	96.1	100	98.2
建成区绿化覆盖率（%）	37.83	41.7	43.5	43.85	40.23	43.65	35.3	35.19	27.3	43.5	38.47	40
人均公共绿地面积（m²）	13	6.27	11.07	12	10.67	9.6	12.48	8.6	10	12.4	9	9.38
人均用地面积（m²）	35.2	39.1	33	42.75	40.06	40.06	21.54	28	28.98	28	29.34	30
森林覆盖率（%）	44.88	75	47	17.5	47.8	41.3	65.8	66.9	58.7	70.7	43.6	67.2
文化遗产与保护（分值）	4	4	4	4	4	5	3	3	3	4	4	4
人均拥有道路面积（m²）	15	13	12	18.5	32	10	9.43	7	18.3	21.3	20.87	11.5

续表

指标	瑞安	青田	福清	晋江	恩平	开平	饶平	容县	瑞丽	腾冲	文昌	万宁
机场及距中心区域距离	温州龙湾国际机场 44.5km	温州龙湾国际机场 83.9km	福州长乐机场 72.9km	晋江国际机场，小于10km	阳江合山机场 38.5km	阳江合山机场 98.8km	揭阳潮汕国际机场 60km	南宁吴圩国际机场 283.9km	德宏芒市机场 92.6km	腾冲（驼峰）机场 小于10km	海口美兰机场 49.2km	三亚凤凰机场 142.9km
高速出口（分值）	5	4	4	5	4	4	4	3	3	4	5	4
火车站	瑞安站	青田火车站	福清站	晋江站	恩平站	无	饶平火车站	容县火车站	瑞丽火车站	无	文昌站	万宁站
公路等级（分值）	5	4	5	5	4	4	3	3	3	4	5	4
人口自然增长率（‰）	1.93	6.26	6.27	5.07	2.06	3.61	7.37	8.45	6.81	6.12	7.76	8.01
人口城市化率（%）	75.4	56	55	62.8	54	35.3	43	38.9	56.31	28.8	42	43.48
老龄化程度（65岁以上）（%）	0.61	13.04	7.12	4.59	14	9.74	14	7	8	8	13.14	8.84
华侨华人数量（万人）	11 09	20	86	210	54	75	86	70	2.1	16	120	30
万人大学生比例（分值）	4	4	4	4	4	4	3	3	3	3	4	4
科技教育投入（亿元）	14.24	2.97	8.54	20.5	1.25	6.37	7.35	0.99	2.08	8.39	7.39	8.83
图书馆数（分值）	2	1	3	2	2	4	3	1	2	2	4	1

数据来源：各省市统计年鉴、国民经济和社会发展统计公报及走访调研资料整理；表中部分数据根据调研资料直接赋分值。

表 3-4　侨乡科学发展能力评分值

侨乡	瑞安	青田	福清	晋江	恩平	开平	饶平	容县	瑞丽	腾冲	文昌	万宁
得分	70.1	62.8	72.6	85.6	60.1	64.1	53.4	49.1	52.3	61.1	62.9	62.5

2. 结果分析

对侨乡科学发展评分值进行聚类分析，根据聚类分析结果，所选侨乡（县域）科学发展能力可分为四个层次，见表 3-5。

表 3-5　侨乡科学发展能力聚类分析结果

类别	地区
第一类侨乡	晋江
第二类侨乡	福清、瑞安
第三类侨乡	青田、开平、恩平、文昌、万宁、腾冲
第四类侨乡	饶平、瑞丽、容县

从聚类分析结果看：晋江属于科学发展能力很高的侨乡（第一类侨乡），作为滨海工贸城市，各项指标发展较好，在土地集约化程度、产业效益、利用外资、华侨捐赠、区位条件、政府创新等因素方面，明显优于其他侨乡，单项指标平均值明显高于 12 个侨乡的平均水平。福清、瑞安属于科学能力较高的侨乡（第二类侨乡），二者均属于典型的滨海城市，资源较为丰富，经济水平较高，经济外向度高，交通便利，教育投资和华侨华人捐资指标值较高。青田、开平、恩平、文昌、万宁、腾冲属于科学发展能力中等侨乡（第三类侨乡），这些侨乡发展具有一定优势，但地理区位和产业基础不如晋江、福清和瑞安，限制因素也较突出，科学发展能力各项指标明显低于第一类、第二类侨乡，居于中等水平。饶平、瑞丽、容县属于发展能力较低的侨乡（第四类侨乡），这三个侨乡发展受自然条件、基础设施、人文环境等条件制约，产业结构单一，经济发展水平较低，利用外资、华侨捐赠和开发程度较低，科学发展能力较弱。

第三节　华侨华人对侨乡发展地域差异的影响

华侨华人对侨乡发展的影响是多层面的，主要表现在资金、技术和人才等方面。本研究选取利用外资水平、华侨华人捐赠、华侨华人数量、华侨华人联系等几项指标来分析华侨华人与侨乡科学发展之间的内在联系。

一　利用外资水平与侨乡发展指数的关系

新中国成立后，尤其是改革开放初期，海外华人投资是外资投资侨乡的先驱和主体，外资的利用促进了侨乡的对外开放和经济发展，具体表现在四个方面：一是弥补了建设资金的不足，促进了一些项目建设投产；二是华侨华人、港澳台同胞在侨乡投资办厂的过程中引进了先进的技术设备，加快了企业的技术改造，提高了企业的经济效益；三是外资投资企业涉及电器、机械、钢材、金属制品、纺织品及服装、食品、医药、化肥、矿产、水泥、大理石、花岗岩、木制品、工艺品、塑料制品、珠宝首饰、陶瓷等，这些企业成为侨乡出口创汇和发展外向型经济的一支重要力量；四是侨乡优惠政策吸引部分外资于贫困地区开发，促进了贫困地区发展①。但是，侨乡科学发展指标受到多种因素影响，而且，社会经济发展投资主要依靠中央补助，外资投资有限，所以，外资投资额与侨乡科学发展能力水平之间并没有呈现正相关的关系。在这 12 个侨乡（县）中，利用外资上亿的有腾冲（24.9 亿元）、晋江（11.29 亿）、福清（2.87 亿元）、容县（1.7 亿元）、万宁（1.42 亿元）；利用外资千万级的侨乡有恩平（0.8699 亿元）、瑞安（0.6367 亿元）、文昌（0.6085 亿元）、开平（0.55 亿元）、饶平（0.419 亿元）；利用外资低于千万的侨乡是青田（0.0752 亿元）和瑞丽（0.0349 亿元）。但是，侨乡科学发展能力指数前三个侨乡是晋江、福清、瑞安；其次是开平、文昌、青田、万宁、瑞丽、腾冲、恩平；再次是饶平、容县。利用外资水平与侨乡发展指数散点图见图 3-1。

二　华侨华人捐赠与侨乡发展指数的关系

华侨华人、港澳台同胞具有扶贫济困、造福桑梓的光荣传统，一百多

---

① 赵和曼：《海外华人与广西侨乡经济建设》，《八桂侨刊》2003 年第 3 期。

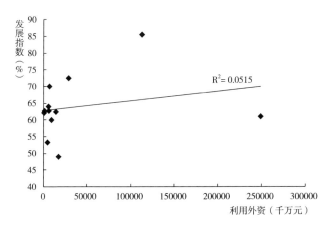

图 3-1　利用外资水平与侨乡发展指数散点图

年来，我国华侨华人一致热心于祖国、家乡的公益事业发展，积极捐资于文化、教育、体育、医疗、卫生及各种慈善事业，对于侨乡的公益事业和慈善事业发展做出了重要贡献，对于侨乡社会经济发展发挥了积极作用。研究结果表明，总体上华侨华人捐赠额高的侨乡，发展指数相对较高，如福清、晋江、开平的华侨捐赠分别为 19 亿、12 亿、12 亿，对应的科学发展指数为 72.6%、85.6% 和 64.1%；但是华侨华人捐赠对侨乡科学发展指数影响并不呈现正比关系，如饶平接受华侨捐赠 9.87 亿元，但其发展指数排倒数第二（53.4%），瑞安接受华侨捐赠并不高，其发展指数却排第三。华侨华人捐赠与侨乡发展指数关系见图 3-2。

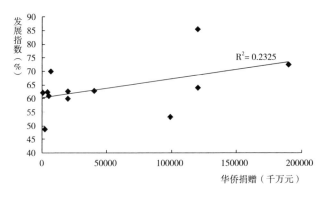

图 3-2　华侨华人捐赠与侨乡发展指数散点图

三　华侨华人数量与侨乡发展指数的关系

华侨华人数量与侨乡科学发展总体上呈现线性正相关关系。学界普遍以华侨华人数量作为衡量侨乡的一个重要指标。广东、福建两省的华侨华人数量在全国占绝对优势，因此两省的侨乡科学发展能力得分也相对较高。华侨华人数量在一定程度上与区域对外交流的便利性密切相关，这一点在下一阶段侨乡科学发展方面尤其重要。但是，境外华侨华人数量大并不一定说明侨乡科学发展水平就高，因为，其还与华侨华人在外自身的发展状况、同乡会、对家乡的情结等有关系。如瑞安的华侨虽然只有 11.09 万人，但是在外经商，经济实力较好，捐赠能力和投资能力较强，使瑞安的发展指数排名第三。

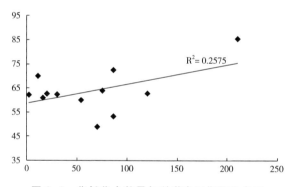

图 3-3　华侨华人数量与科学发展指数散点图

四　华侨华人联系与侨乡发展指数的关系

侨乡与境外华侨华人的联系程度，可用侨汇、文化交流互动频次、投资等表征，尤其是侨汇金额和项目投资额等，对侨乡的社会经济发展和社会稳定维系起了重要作用。但研究结果表明，华侨华人联系程度与侨乡科学发展指数之间并没有显著的线性正相关关系。

综上所述，利用外资水平、华侨华人捐赠、华侨华人数量、与华侨华人联系紧密程度对侨乡科学发展能力具有一定程度的影响，但是并没有呈现显著的正相关关系，华侨华人对侨乡发展还需要借助于其他因素共同发

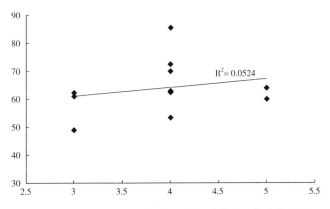

图 3-4　与华侨华人联系紧密程度与科学发展指数散点图

挥作用，才能确保侨乡实现健康、有序发展。

第四节　侨乡发展地域差异特征及成因

一　侨乡科学发展能力地域差异特征

根据表 3-4 侨乡科学发展能力评分值，以县域侨乡为基本评价单位进行地域空间差异分析，发现侨乡科学发展能力空间差异明显，并呈现以下特征。

1. 东西差距明显

腾冲、瑞丽、容县、文昌、万宁 5 个侨乡的科学发展能力评分值求算平均值为 57.58，而恩平、开平、饶平、晋江、福清、瑞安、青田的科学发展能力评分值求算平均值为 78.12，说明东部沿海的广东、福建、浙江三省的侨乡科学发展能力明显高于西部地区。

2. 滨海与内陆存在差异

晋江、瑞安、福清属于典型的滨海侨乡，资源丰富，交通区位较好，开放程度较高，产业经济较发达，科学发展能力较强；而腾冲、瑞丽、容县、文昌、万宁、恩平、开平、饶平、青田等侨乡相对处于各省的边沿或内陆地区，交通区位条件相对较差，科学发展能力相对薄弱。

3. 同一个省侨乡发展也不平衡

从广东、浙江、云南省的侨乡科学发展能力评分值可知，同一个省的不同地区的侨乡科学发展能力仍然存在一定的差异，如广东饶平地处闽粤交界处，区位条件和华侨华人社会资源等不如靠近珠三角的恩平、开平；浙江青田的交通条件、产业发展也不如沿海的瑞安；同样瑞丽的科学发展能力也不如腾冲。处于同一个省份距离较近的侨乡科学发展能力接近，以文昌与万宁最为明显；距离较远的侨乡科学发展能力有一定地域差异，如瑞安与青田、晋江与福清，两两对比呈现强弱之分；广东省内的侨乡地域差异最为明显，地理位置较为接近珠三角的恩平、开平的科学发展能力差异不大，而距离相对远的饶平则明显落后，呈现明显的侨乡城镇科学发展能力地域差异。

二　侨乡科学发展能力地域差异成因

造成侨乡科学发展能力在不同空间呈现明显差异的主要原因可以归结为以下几点。

1. 地理区位

一般来说，侨乡之所以成为侨乡，地理区位起到了决定性作用。最初华侨下南洋、金山梦无不与他们所处的沿海地理区位有关，而导致现有侨乡发展地域差异的原因也与地理区位关系紧密。地理区位包括自然因素、运输因素、集聚因素、劳动力因素、市场因素等，综合来看，广东、浙江、福建三省的地理区位明显优于广西和云南，直接导致广西和云南侨乡科学发展能力明显低于东南沿海的侨乡科学发展能力。

2. 区域背景

经济全球化导致区域之间由竞争转向协作，侨乡的发展与整个区域背景息息相关。因此从区域背景分析，珠三角、长三角和海西经济区都已经较为成熟，同时，早期国家宏观经济发展战略部署和对外开放的战略部署集中在中国东南沿海地区，而与此相对的北部湾经济区、滇中经济区和海南岛海洋经济区则还处于发展初级阶段，区域背景发展的成熟与否导致了各自区域内侨乡科学发展能力的地域差异。

3. 基础设施

华侨华人历来重视侨乡的基础设施建设，大部分的侨捐、侨汇都集中于道路建设、供水供电、医疗卫生等领域，这在侨乡发展之初起到了非常好的拉动作用。但是，基础设施的建设完善要求政府有长期稳定的财政投入。综合来看，广西、云南两地侨乡基础设施建设明显落后于其他地区，影响了两省的侨乡进一步科学发展。

4. 投资环境

随着改革开放的推进，全国各地都实行优惠政策进行招商引资，侨乡的政策优势不再，但是在从财政、税收、信贷和管理权限等方面，沿海地区有更多的优惠和自主权，这就成了中国东南沿海侨乡高速增长的动因，而云南、广西缺乏对外资的吸引力，投资预期没有东部沿海侨乡乐观，导致东西部侨乡科学发展能力差距在扩大。与此同时，企业遵循利益最大化的原则，导致华侨华人对侨乡的捐赠大于投资，只输血不造血的捐助行为导致侨乡的消费能力（物价、房价）过高，劳动力成本过高，引起投资环境的进一步恶化，致使资金向经济发达、基础设施完善和更加开放的地区（长三角、珠三角）倾斜，地域差异进一步拉大。

5. 智力因素

华侨华人影响下的侨乡都具有重视教育的传统，地方财政在科技教育方面的投入都比较积极，但资金大多集中于基础教育领域。而对社会有较大推动力的高校、科研单位等资源大多集中于广东、福建、浙江等经济发达的地区，科教系统的地域差异，导致了云南、广西两地侨乡的科学发展能力低于其他省份的侨乡。

6. 性格因素

广东、浙江、福建属于沿海地区，民族性格偏向于冒险拼搏有冲劲；而山区（云南、广西）和海岛（海南）的人民则略显保守与安于现状。这种性格方面的差异导致侨乡人民所从事的产业差异，引发了侨乡经济结构的分异，最终导致侨乡科学发展能力的地域差异。

三　侨乡科学发展差异性的启示

侨乡科学发展能力的地域差异是侨乡地理位置、社会经济环境等因素导致的必然现象。根据侨乡科学发展能力评价结果以及产生地域差异的原因，本研究提出以下可资借鉴的侨乡科学发展对策建议。

1. 第一类侨乡发挥辐射带动作用

第一类侨乡应当充分发挥其经济、科技、文化方面的优势，起到辐射带动作用。晋江作为福建省综合实力最强的县市，位于闽南金三角的核心，经济实力强劲、历史文化悠久、海外华侨华人众多、海陆空交通便利，具备区域中心的一切要素。晋江需要促进资金流、信息流、科技流、人才流等在区域间的流动，加强区域协作，促进区域经济整体发展，提高区域竞争力。同时需要注意的是做好总部经济，避免企业总部的外流，加强华侨华人联系，发挥政策优势为其创造良好的投资、创业、居住环境，维持区域中心的地位，发挥其应有的作用。

2. 第二类侨乡逐渐成长为第一类侨乡

第一类侨乡与第二类侨乡相比，最大的不同是第二类侨乡在整个区域内处于支配地位，而第一类侨乡则不具备这个特点。瑞安和福清作为温州与福州下辖的县级市，实力与温州和福州市区相比处于劣势，只能被称为区域强市（第二类侨乡），这一点与晋江在泉州处于全面领先的地位不同。因此，两地需要集中力量全面发展中心城区，聚集资金、技术、人才；同时优化产业结构，推动高新技术产业的发展；积极运用外部华侨华人资源，进行招商引资，逐步由第二类侨乡成长为第一类侨乡。

3. 第三类侨乡向特色旅游城市转变

第三类的侨乡普遍属于有各自特色却发展一般的县市，因此需要完成由一般县市向特色旅游县市的转变，凭借各自的优势与亮点，完善基础设施建设，着力打造各具特色的旅游产品，通过发展旅游带动一系列产业的发展，最终引领此类侨乡的可持续发展。例如：腾冲作为边境口岸发展边境贸易，开展边境旅游；开平以开平碉楼为名片，做大做强旅游；文昌作为卫星发射基地和三沙市后勤补给基地，开展特种旅游；恩平以森林、温泉为亮点，开展休闲疗养旅游；青田以青田石和石雕最为著名，已经形成较为完整的产业链；万宁以兴隆华侨农场为依托打造华侨主题旅游。

4. 第四类侨乡保持生态全力发展

第四类侨乡由于地理环境闭塞、基础设施不完善、产业链不完整等原因而发展滞后，但也是由于这些原因，此类侨乡普遍生态环境优美、民风淳朴、民俗完整。因此，对于饶平、瑞丽、容县三地来说，需要全力完善基础设施建设，保持自然生态、文化生态的完整性，做好承接上游产业链的准备，同时更要预留发展的余地，做到可持续发展。

第四章 典型侨乡发展模式比较

通过文献阅读和侨乡访谈调研，结合所选择 12 个侨乡的发展能力比较分析结论，将重点侨乡发展模式归结为晋江模式、开平模式、瑞丽模式、青田模式、容县模式等。

第一节 晋江模式：沿海老侨乡的转型之路

晋江模式的特点是开放性，形成了以侨资侨力为依托，以市场经济、外向型经济和股份合作制为主，多种经济成分共同发展的经济格局和运行机制，具有侨乡特色的外向型经济发展格局。改革开放以来，晋江经济一直保持高速增长的发展态势，年均增长率达 26.16%。GDP 从 1978 年的 1.45 亿元迅速增长为 1992 年的 33.9 亿元、2002 年的 330.16 亿元，2016 年为 1744.24 亿元，全市 GDP 连续 20 多年位居福建省各县（区、市）首位，2016 年第十六届全国县域经济基本竞争力百强县排行榜中连续五年位列第五。但是，在国际贸易环境恶化的情况下，晋江经济发展受到较大影响，亟须推进民营企业集团化发展，增强规模经济效益。

一 区域发展背景分析

晋江古称刺桐、瑞桐、泉安，位于福建省东南沿海，泉州市东南部，晋江下游南岸，三面临海。东北连泉州湾，东与泉州石狮市接壤，东南濒临台湾海峡，南与金门岛隔海相望，西与南安市交界，北和鲤城区相邻。受构造运动影响，地势由西北向东南倾斜。县境西北边缘与泉州市鲤城区交界，海拔 517.8 米的紫帽山，是晋江地势最高地区。地貌类型以台地、平原、丘陵为主，台地、平原、丘陵分别占县域面积的 57.50%、35.60%、6.90%。海岸线漫长曲折，大陆海岸线长 151.98 千米，曲折率为 1∶4.09，多港湾，多岛礁，滩涂面积大，浅海水域广阔。气候属南亚热带海洋性季风气候，年平均气温在 20~21℃，地处台湾山地的"雨影区"，各地年降水量平均达 911.7~1231.0 毫米。各地常年年蒸发量超过年降水量，气候上具有半湿润、半干旱特点，台风、暴雨、洪涝、低温等灾害性天气也时有发生。

晋江历史悠久，中原文化、海洋文化、闽南文化、华侨文化、宗教文化等多元文化在此相互交融、相映生辉，拥有安平桥、草庵、深沪湾海底古森林、龙山寺等 121 处市级以上文物保护单位。郑成功、施琅、朱熹、曾公亮、欧阳詹、俞大猷、张瑞图等著名历史人物，为晋江留下了丰富史迹和人文遗产。1992 年撤县建市，全市辖 6 个街道、13 个镇，市政府驻罗山街道。全市面积 721.7 平方千米，常住人口 209.2 万人。

晋江为福建省综合实力最强的县市，也是中国经济最发达的县（市）之一，其综合竞争力 2015 年位居全国百强县（市）第八位，全国中小城市最具投资潜力①第三位，经济实力连续 20 年位居八闽县级之首。2016 年实现地区生产总值 1744.24 亿元，比上年增长 7.8%，总量分别占全省、泉州市的 6.1% 和 26.2%。其中，第一产业增加值 20.96 亿元，增长 3.3%；第二产业增加值 1087.47 亿元，增长 6.5%，对经济增长的贡献率为 53.2%，拉动 GDP 增长 4.1 个百分点；第三产业增加值 635.81 亿元，增长 10.2%，对经济增长的贡献率为 46.3%，拉动 GDP 增长 3.6 个百分点。三次产业结构所占比例由上年的 1.2∶63.7∶35.1 调整为 1.2∶62.3∶36.5②。按常住人口计算，人均地区生产总值 83657 元（按世界银行标准，已经迈入世界中上等发达国家经济指标门槛），比上年增长 7.1%。

晋江是全国著名侨乡，也是台湾同胞的主要祖籍地之一。目前旅居海外和台、港、澳地区的晋江人后裔达 300 余万人，散布于全球五大洲 60

---

① 根据经济发展、社会进步、环境友好、政府效益指标。
② 晋江市政府网，晋江市 2016 年国民经济和社会发展统计公报，http://www.jinjiang.gov.cn/htm/2017-04-19/97010.html。

多个国家和我国的港、澳、台等地，相对集中于东南亚各国，尤其是菲律宾。全市归侨侨眷约 67 万人，占全市人口的 64%。海外乡亲较多的旅居地大多成立晋江籍宗亲社团，有的国家和地区还成立了镇、村级宗亲会、校友会等社团组织。

二　晋江市侨情分析

（一）侨乡晋江社会经济的发展

1. 侨乡晋江发展历程

晋江人多地少，人均耕地不足 0.5 亩，发展农业有先天的不足，而利用便利的港口、海运条件又受到台湾海峡两岸军事对峙的影响，难以发挥作用，因此，改革开放之前晋江属于全国典型的高产穷县。改革开放后经过近 40 年的发展，晋江依托侨乡优势与国家政策，已经基本上进入了工业化、城市化、现代化阶段，属于全国县域经济的领头兵。"晋江模式"也成为中国县域经济发展的典型之一。结合陆学艺和王春光[1]、张君良和唐春晓[2]的观点，本研究把晋江社会经济发展分为三个时期，分别冠以晋江模式时期（1978~1991 年）、新晋江模式时期（1992~2008 年）、创新型晋江模式时期（2009 年至今）。这三个时期晋江经济现代化、社会现代化、政府管理、文化价值变迁与人的现代化等都有质的飞跃。

2. 侨乡晋江发展经验

长期关注晋江社会、经济的学者陆学艺把晋江发展经验归纳为以下几点[3]。

（1）抓住工业化、城市化、现代化三个核心，以工业化推动现代化，以城市化承载现代化。改革开放之初，晋江利用"三闲"资源（闲资、闲房、闲人）和"海外关系"，创造了"三为主"的工业化发展模式，实现农村工业化的"晋江模式"，1991 年晋江进入全国百强县（市）第 55

[1]　陆学艺、王春光：《晋江模式新发展——中国县域现代化道路探索》，社会科学文献出版社，2007。

[2]　张君良、唐春晓：《解读晋江——改革开放 30 年晋江研究论文选集》，社会科学文献出版社，2008。

[3]　陆学艺、王春光：《晋江模式新发展——中国县域现代化道路探索》，社会科学文献出版社，2007。

表4-1　晋江社会经济发展历程

现代化内容		晋江模式时期（1978~1991年）	新晋江模式时期（1992~2008年）	创新型晋江模式时期（2009年至今）
经济现代化	市场化	中央没有确立全国市场经济体制，本地企业市场发展处于初级阶段，恶性竞争、质量难以保证。1986年晋江假药案就是一个典型案例	突出品牌经济发展，重点发展上市公司	市场创新能力增强，众多终端产品市场占有率居全国"霸主"地位，甚至在世界市场也有一定的影响力与控制力
	工业化	处于工业化的初期，以轻工业化为主体，特色乡镇也呈现雏形。以开放的、劳动密集型乡镇企业作为发展的重点。轻工业占整个工业产值的88%以上，产品结构以服装、塑料、食品、建材为支柱	从传统的家庭式企业过渡到现代企业制度；在区域经济整合过程中形成众多产业集聚，如服饰类产业集聚。工业化的升级发展也带动城市第三产业（交通、邮电、餐饮、酒店）的发展	加快产业发展方式转变和产业转型升级，传统六大支柱产业产业链分工越来越紧密，品牌化与国际化越来越高。新兴产业集聚也不断涌现，呈现良好的发展趋势。2008年金融危机以来，集群企业以实体与专业为根基，始终专注实体与专业实业，避免成千上万企业的"倒闭潮"
社会现代化	城市化	工业化带动城镇化，但是由于缺乏规划，城市化处于低水平的自发状态，属于半城市化	晋江撤县建市，城市面积扩大，工业区建设得到较大的发展，为吸引更多外来人口及满足本地市民的需求，全市居住、商业、休闲、生态得到较大的改善	围绕"提升"与"品质"，城镇化率已达65%以上，城市建设在强调高规格、高效能的同时，更加突出"品牌、商务、创业、体育、休闲"等内涵。空、陆、海交通便利，达到国家一级管理水平
	社会结构	乡镇企业吸纳的劳动力达16.5万人，约占总劳力的42%。在此基础上推动社会非农化发展	全市非农化基本完成，现代化的社会阶层结构初步显现	城乡民生改善成效显著，根据"全市统筹、城乡一体"和"保障全覆盖、待遇均等化"的思路，实现全市就业，每年全市新增财力用于民生建设60%的新增财力用于民生建设，保障性住房建设持续加大，登记失业率在0.3%以下。慈善事业走在全国前列

续表

现代化内容		晋江模式时期（1978～1991年）	新晋江模式时期（1992～2008年）	创新型晋江模式时期（2009年至今）
社会现代化	社会事业	城乡二元结构仍然占主导	城乡一体化，并覆盖外来移民、打工一族，政府探寻"政府—企业—民间"共担的建设格局	教育均衡、创新发展，2012年获"全省义务教育基本均衡发展先进市"称号，已引进2所高等职业教育大学，外来工子女教育同城化；获国家同城同城县（市）"体育先进县"等荣誉；医疗卫生服务持续改善，获全省"第三届文明城市"称号
政府管理		探索"小政府大社会"的管理理念，政府服务乡镇企业经济的意识浓厚	政府更多在规范、引导产业升级发展，为区域产业集群发展提供必要的公共服务	属于福建省唯一的全国社会管理创新综合试点城市，政府从服务企业转向服务社区，培育社区自我管理、自我服务能力，构建"政企互动、社会保障、流动人口管理、矛盾纠纷预防、公共安全保障"五个体系
文化价值变迁与人的现代化		利用"爱拼敢赢"的海商精神，勇于吸纳外来文化，并加以改造，成为晋江模式的精神动力	政府与企业、个人都重视"晋江精神"的提升，政府更多重视晋江文化产业、企业更多挖掘企业内涵文化、创新文化，共同推动晋江精神的发展	"鼓励竞争、崇尚创新、宽容失败、受挫会赢"的创新文化环境加之晋江地域"受挫会赢"的特质，形成"人人都能创业创新""人人都想创新"的环境氛围

位。1992 年后乘着撤县改市的东风，晋江加快工业化、城市化、现代化
的步伐，迎来产业转型、社会进步、环境优化的新局面，"新晋江模式"
不胫而走，2015 年进入全国百强县（市）第 8 位，经济发展潜力居全国
第 3 位，福建十强县（市）的榜首。

（2）地方政府持续、有效的经济、社会管理。晋江模式得力于晋江
市各级政府的持续、有效的组织与管理，改革开放 40 年来，晋江的领导
班子换了很多届，但是晋江走工业化、城市化、现代化的道路没有变，工
作思路也没有变。领导干部的稳定性保证了当地优良的工作作风，实现晋
江社会经济的持续发展。

（3）地方文化的作用。晋江人"善于学习""尊重知识与能力"的
地方文化为当地社会经济发展起到极大的推动作用。陆学艺（2012）认
为晋江人热情豪放、勤于创业、勇于进取、"宁当鸡头不当凤尾"。晋江
人的另外一面是求知若渴、求贤若渴，不少企业高薪聘请海内外专家学者
前来参加产品设计、创意、营销，2004 年晋江市政府就设立了博士后科
技工作站、高科技产业园区，投入百万年薪聘请博士（博士后）进驻
（站、厂）工作。

（二）华侨华人对晋江社会经济发展的作用

改革开放之初，晋江社会经济的发展受益于海外众多的侨亲社会关
系，具体表现如下。

1. 华侨为晋江企业发展提供了大量的启动资金和房产

1976～1983 年，晋江侨汇总额达 2.3 亿元，相当于同期晋江累计财政
总收入的 1.4 倍。1985 年晋江全市集资 1.5 亿元，其中一半是侨资。"六
五"期间，全市与侨商签订的"三来一补"合同 8300 多份，中外合资企
业 104 家，总投资达 2.1 亿元，其中侨资（外资）4500 万美元。与此同
时，地方政府落实华侨政策，主动归还了华侨及侨眷房屋，侨乡闲置的资
金与用房为晋江村级联户企业发展提供了最紧缺的资源。20 世纪 90 年代
晋江经济加速发展时期，当地政府仍积极引进侨资外资、先进技术和设
备，兴办"三资企业"。1998 年泉州全市已批准"三资企业"246 家，实
际利用外资 19.83 亿美元。

2. 海外华侨华人提供了大量海外市场信息、生产与管理方法

海外华侨华人通过"三来一补""三资企业"的方式，为晋江村级联户企业提供海外市场信息、生产与管理方法，为当地企业家学习现代企业经营、管理、技术提供难得的机会，激活当地企业家的学习精神与创新能力。

事实证明依附于血缘、亲缘、乡缘的信仰资本更能让当地企业家参与管理、接受技术，更为可贵的是晋江企业家把市场意识、拼搏精神内化于学习，使其短时间内掌握了企业生产经营的本领①。

3. 借助于海外华侨优势，打造侨乡各级专业市场

由于具有"侨"的优势，晋江侨乡不但可以从海外获得资金、技术、信息和现代化的企业管理方法，而且可以使侨乡商品经济"两头在外，辐射全国"，侨乡"侨"的软实力化为"洋"的硬件，实现晋江侨乡经济的良性循环②。全市形成三级市场：第一级市场为专业市场（如石狮服装市场、陈埭服饰市场、磁灶陶瓷市场）；第二级市场为国内市场（产品输往全国，成为国民喜欢的"洋货"）；第三级市场为国外市场（如输送意大利的羽绒服）③。

4. 发挥侨捐优势，促进晋江社会公益事业的发展

晋江侨胞身居海外，情系桑梓，积极为家乡公益事业建设尽心尽力。据初步统计，1979～2007 年晋江市仅侨赠公益事业的资金就达12.2 亿元人民币，有 200 多位乡亲捐资额逾百万元④。侨捐对当地教育起到重大引导作用，改革开放以来晋江籍海外侨亲每年捐赠 2752.9 万元人民币用于当地中小学教育，极大地促进了当地教育事业的发展⑤。

三　晋江社会经济转型的困难

（一）全球金融危机影响产品出口，传统工业发展陷入低谷

受国际市场波动的影响，晋江传统出口导向型企业受到较大的影响。

---

① 黄陵东：《中国县域发展：晋江经验》，社会科学文献出版社，2012。
② 林道周：《"晋江模式"发展战略初析》，《福建论坛》（经济社会版）1987 年第 7 期。
③ 林锦明：《论"晋江模式"》，《福建论坛》（经济社会版）1987 年第 1 期。
④ 1990～1996 年华侨、港、澳同胞捐款兴办公益事业情况：1990 年捐款 5041 万元；1991 年捐款 2034 万元；1992 年捐款 4617 万元；1993 年捐款 4357 万元；1994 年捐款5354 万元；1995 年捐款 5393 万元；1996 年捐款 11807 万元。
⑤ 王付兵：《清代侨汇之数额估计及社会影响》，《世界民族》2008 年第 3 期。

2013 年末，在全市法人单位中，全市共有从事第二产业和第三产业活动的法人单位 18457 个，比 2008 年末（2008 年是第二次全国经济普查年份，下同）增加 8922 个，增长 93.6%；产业活动单位 21876 个，增加 9932 个，增长 83.2%；个体经营户 118212 个，其中，有证照个体经营户 40830 个（详见表 4-2）。但是居产业龙头地位的第二产业（占 53.8%）比 2008 年末下降了 9.9 个百分点，第二产业法人单位从业人员占全部法人单位从业人员的 83.7%，比 2008 年末下降了 2.8 个百分点。

表 4-2　单位数与有证照个体经营户数

指标	单位数（个）	比重（%）
一、法人单位	18457	100.0
企业法人	16268	88.1
机关、事业法人	693	3.8
社会团体和其他法人	1496	8.1
二、产业活动单位	21876	100.0
第二产业	10013	45.8
第三产业	11863	54.2
三、有证照个体经营户	40830	100.0
第二产业	1559	3.8
第三产业	39271	96.2

注：表中产业活动单位包括第二、第三产业法人兼营的第一产业活动单位 20 个。
资料来源：晋江市统计局网站。

（二）产业结构调整困难，工业智造、电子商务发展较为滞后

目前，晋江已进入工业化中后期，但从三次产业结构比例考察，三次产业结构从 2008 年的 1.9∶64.4∶33.7 调整为 2014 年的 1.3∶67.2∶31.5。第二产业一直处于上升趋势，不仅远低于全国水平，也远低于全省水平。这种产业结构的逆向调整制约着第二产业的提升与产品竞争，受人才、资源、环境等瓶颈制约也日益突出，产业发展方式转变十分迫切①。

---

① 《2015 年晋江市政府工作报告》，晋江人大网，http：//www.jjrd.gov.cn/read.asp？id＝1730。

晋江有发达的制造业，但是在 2008 年之后，没有及时扶持工业智造、电子商务的发展，导致企业转型面临较大的压力。目前，晋江企业正利用泉州"领 SHOW 天地"创新产业孵化园为自己打造高端电子商务营销中心、产品制造研发中心。

（三）城市化发展内涵不足

城市化过程中过多依赖商业地产开发，城市科技孵化（创新创意）、社会与生态服务功能不够精致。放眼国内一、二线经济发达城市深圳、杭州、厦门，都以科技创新、先进互联网、文化旅游创意、休闲生态园建设等来提振传统经济，如腾讯、华为、欢乐谷、红树林湿地公园对深圳城市的转型升级作用明显，推动深圳成为"宜居、宜业、宜游"的现代化都市；阿里巴巴、宋城、杭州西湖、西溪湿地公园也提升了杭州的城市功能，吸引不少人气，推动杭州成为全国著名的"休闲创意之都"。

晋江在城市发展过程中缺乏对高科技园区（大学城、软件开发园、电子商务中心）的打造，所需科技人才大多需要从厦门、泉州等地引进，影响本地产业转型。晋江下游湿地公园、紫帽山生态旅游区等缺乏特色，环境整治离老百姓的期望仍有相当大的距离。而在前几年的房地产大潮中，许多实体企业与全国众多企业一样，把大量资金转移到房地产开发上，导致商业房地产畸形发展。2014 年在工业呈现低速增长的形势之下，晋江房地产仍获得 45% 的增长。

（四）外资、侨资企业影响进一步下降

进入 21 世纪以来，国有企业、国内民营企业发展较快，但是晋江外资、侨资企业引领作用正缓慢下降，2013 年末，晋江全市共有工业企业法人单位 9773 个，从业人员 758762 人，分别比 2008 年末增长 62.9% 和 21.2%。在工业企业法人单位中，内资企业 8612 个，占 88.1%；港、澳、台商投资企业 867 个，占 8.9%；外商（大部分为侨资）投资企业 294 个，占 3.0%。在工业企业法人单位从业人员中，内资企业占 57.8%，港、澳、台商投资企业占 30.3%，外商投资企业占 11.8%（详见表 4-3）。

表 4-3 按登记注册类型分组的工业企业法人单位和从业人员

登记注册类型	企业法人单位（个）	从业人员（人）
合　计	9773	758762
内资企业	8612	438824
国有企业	19	1603
集体企业	26	627
股份合作企业	26	2319
联营企业	6	129
有限责任公司	813	46128
股份有限公司	106	14708
私营企业	7221	366839
其他企业	395	6471
港、澳、台商投资企业	867	230111
外商投资企业	294	89827

资料来源：晋江市统计局网站，http：//www.qzjjtj.gov.cn/A/readnews.asp？id=1904。

　　华侨华人从"引资"转变为"引智"的转型较为困难。以方兴未艾的科学技术产业为例，2013 年末晋江市共有科学研究和技术服务业企业法人单位 143 个，从业人员 1469 人，分别比 2008 年末增长 550.0% 和225.7%。但是，在这一领域内，海外华侨华人涉及较少，港、澳、台商投资企业仅占 2.1%，从业人员仅占 0.5%（见表 4-4）。从福建省的侨乡调查来看，福建"海归"人才就业主要选择深圳、上海、杭州、厦门等地，晋江无法吸引"海归"人才，对此有关部门必须重视。

表 4-4 按登记注册类型分组的科学研究和技术服务业企业法人单位和从业人员

登记注册类型	企业法人单位（个）	从业人员（人）
合　计	143	1469
内资企业	140	1462
国有企业	1	10
集体企业	2	14

续表

登记注册类型	企业法人单位（个）	从业人员（人）
联营企业	1	12
有限责任公司	39	834
股份有限公司	15	39
私营企业	75	522
其他企业	7	31
港、澳、台商投资企业	3	7

资料来源：晋江市第三次全国经济普查主要数据公报（第三号），http：//www. jin-jiang. gov. cn/m/show. aspx？ctlgid＝471554&Id＝84518。

四　突破点：工业制造向工业智造转型

（一）借"一带一路"的东风，发挥海外（晋江）华侨华人的"带路"作用

2013 年以来我国实施"一带一路"建设，为我国新时期产业（高铁、港口建设、传统制造业等）走出去提供重要的指导作用。"一带一路"沿线国家大多为发展中国家，基础设施较为落后，轻工业等制造业起步较晚，发展前景广阔，晋江要充分利用"一带一路"沿线的华侨华人优势，发挥华侨华人的"带路"作用，把晋江过剩的传统制造业（服饰、食品、建材）等转移出去。

与此同时，晋江要充分利用泉州在全国"一带一路先行区"的政策优势，率先在晋江建立"一带一路"跨境电子商务中心、跨境物流中心，充分利用现代电子商务平台，拓展"一带一路"电子商务业务，以此来带动新增人口就业和晋江经济的转型升级。

（二）打造晋江工业智造 2025 版

2015 年 3 月 5 日，李克强总理在全国两会上作《政府工作报告》时首次提出"中国制造 2025"的宏大计划。2015 年 6 月 15 日，李克强总理还先后考察中国核电工程有限公司与工业和信息化部，在考察中，李克强总理说，中国制造在国家综合国力提升中功不可没，但要看到，我们在国际产业分工中总体还处于中低端水平。新形势下，实施"中国制造

2025"，推动制造业由大变强，不仅在一般消费品领域，更要在技术含量高的重大装备等先进制造领域勇于争先。晋江市要在国家的经济发展大潮中引领传统轻工业（服饰、石材、食品等）智造的大潮，建立示范基地。目前，晋江企业创新开始受到企业家的追捧，如信泰科技将开发出来的网布用于鞋材以外更为广泛的行业，如沙发、汽车坐垫、办公桌椅制造等行业；龙峰纺织斥巨资引进全球最先进的智能化生产设施，在节本增效的同时实现品牌高端化；贵人鸟集团实施"互联网+"战略，从传统体育用品制造企业迈向现代体育产业。但是晋江不少企业创新模式离"智造"模式还差距不小。

（三）打造民生工程，大力发展侨乡旅游产业

实施"旅游+制造业"战略，发展观光工厂①，是现代工业转型的途径之一。自2009年，晋江市启动工业旅游示范点评定工作以来，已经成功创建了六批共25家工业旅游示范点，其中省级工业旅游示范点5家。灵源药业是晋江最早一批被授予"省级工业旅游示范点"称号的企业之一，2013年，灵源药业把工业旅游示范点从企业的工厂搬到五店市传统街区。目前，平均每天的游客达两三千人次，在周末节假日，人数翻倍递增。灵源万应茶作为中国老字号和国家非物质文化遗产落户五店市街区，其发展与该传统街区的发展也是相得益彰的。

2015年，省旅游局取消工业旅游示范点的评定，改为评定观光工厂。2016年1月经福建省观光工厂评定委员会审核通过，福建七匹狼实业股份有限公司（七匹狼中国男装博物馆）、安踏（中国）有限公司、晋江恒盛玩具有限公司（爵士兔动漫创意文化产业孵化基地）入选福建省首批观光工厂②。福建省首批观光工厂共33家，泉州地区就有13家企业获评，而晋江占了3家。

---

① "观光工厂"源于日本，是指具有法人资格，并具有产业文化、教育、观光价值或地方特色，实际从事制造加工，将其产品、生产过程或场地、厂房提供给游客参观、游览、休憩的工厂。

② 《七匹狼安踏恒盛入选　各获40万元补贴》，晋江新闻网，http://www.jjjjb.com.cn/html/2016-01/06/content_ 355177. htm。

（四）借助"海上丝绸之路"申遗，保护侨乡"乡愁"元素，推动文化产业的发展

晋江作为历史悠久的侨乡，其古建筑、古街区、古村落、古港口、古车站，以及富有地方特色的地名等是海内外晋江人共同的文化记忆，必须倍加珍惜与爱护。

以晋江五店市为例。该地位于晋江老城区青阳的核心区，紧挨塘岸街，毗邻世纪大道，背靠青梅山，与晋江万达广场相连，和敏月公园相望，占地126亩。唐开元年间，青阳有"五店市"之称。五店市传统街区是晋江城区的发源地；晋江市区的青阳街道和梅岭街道的"青阳"和"梅岭"皆源于境内的青阳山（又称青梅山）。该街区独具闽南特色的"皇宫起"红砖建筑、中西合璧的洋楼等明清、民国至现代的特色建筑保存完好，是承载海外华侨华人回乡记忆与足迹的典型区域。2010年随着晋江城市建设的进行，五店市迎来了新的发展时期。2015年5月1日，经过保护性开发的五店市正式对外开放。2015年9月荣获国家4A级旅游景区。2016年央视元宵晚会在五店市取景，全面展示闽南元宵节民俗，如数宫灯、高甲戏、掌中木偶、好年冬、呛呛滚和夕阳红艺术团举红灯笼等，以及泉州闹元宵的特色情景画面，包括吃元宵、赏花灯、猜灯谜等，在全国影响巨大。但是据课题组调查，晋江五店市虽然保护与修复了一批早年的闽南建筑，改善了景观与休闲场所，但是文化活动营造不足，商业化氛围浓厚，目前主要的行业仍以餐饮、小吃为主，没有打造文化演艺曲目，本地居民地方认同不足，其命运最终有可能重复泉州源和1916、六井孔、锦绣庄等文化产业园发展持续低迷的路径。

在这一方面，台湾社区营造与文化创意能给晋江"乡愁"保护、文化产业发展提供丰富的借鉴。如晋江与金门可以共同策划闽南古大厝的保护模式、文化创意、民宿开发等，这也将惠及两岸闽南同胞，吸引广大华侨华人的关注。

五　研究小结

晋江是我国著名侨乡，与广东江门、汕头一样，属于传统老侨乡。其华侨华人在海外主要分布在东南亚一带，人数众多，经济实力雄厚，且与住在国社会经济发展紧密相连。晋江社会经济的发展与海外华侨华人的支持密不可分。

（1）晋江侨乡社会经济的发展陷入困境有其产业发展的路径依赖，更有周边环境的制约作用。产业发展的路径依赖体现在过度依赖劳动密集型产业、外延扩散型产业，以及三次产业中过度依赖第二产业。外界的制约是晋江依托的厦门、泉州等城市没有形成较完备的人才创新基地，城市发展各自为政，功能不全，大都市的雏形没有形成，晋江社会经济发展相对于其他百强县（市）前列的昆山（苏州市）、江阴（无锡市）、张家港（苏州市）、常熟（苏州市）而言，缺乏大都市的依托和"体量相似"的县域经济共同发展。目前，晋江市域经济"一枝独秀"，而排名第二的南安市经济总量不足晋江的一半，晋江经济在区域经济中面临"单打独斗"的窘境。探寻泉州区域内晋江、石狮、南安、泉州市辖区、惠安等区域协调发展必须有新举措。

（2）自然条件与历史条件赋予晋江社会经济外向型的特点，海外市场与海外华侨是晋江社会经济振兴的"法宝"。改革开放之初，借助于民间的联系，海外华侨与晋江经济形成命运共同体，晋江经济飞速发展；进入21世纪，国家层面通过"亚投行"等手段，促进中国传统产业沿"一带一路"走出去，晋江应当利用这一契机，发挥华侨华人在晋江社会经济"走出去"发展战略中的"带路"作用。

（3）晋江侨乡城镇化建设要满足市民的生产、生活、休闲需求，更要注意保护晋江生态与文化遗产，让海外的晋江人回到家乡祖籍地能记起"乡愁"。为此，晋江的城镇化建设，尤其是文化建设，必须有港澳台、海外晋江游子的参与和分享。

第二节　开平模式：旅游转向发展模式

开平、恩平发展模式是珠江模式，主要依托良好的区位优势，注重利用外资，大力发展两头在外的劳动密集型产业，通过"三资"企业的发展带动县域经济发展；但是这种模式产业整体规模偏小，产业结构层次不高，自主创新能力不强，调整产业结构难度和压力会较大，同时这种模式的经济发展容易受到人力成本增加和外贸环境的影响。地处粤西的开平、恩平和地处粤东的饶平，外贸出口和实际利用外资规模与珠三角县域相比，差距明显。

一　区域发展背景分析

开平设县于明末，因县治在开平屯而得名[①]。1993 年撤县设市。位于广东省中南部、珠江三角洲西南面，毗邻港澳，北距广州市 110 千米，地跨东经 112°13′~112°48′，北纬 21°56′~22°39′，属南亚热带季风海洋性气候区，年均气温 21.5℃，年降雨量 1700~2400 毫米；东北连新会，正北靠鹤山，东南近台山，西南接恩平，西北邻新兴。全市总面积 1659 平方千米，境内南北西部多低山丘陵，东、中部多丘陵平原，潭江自西向东横贯市腹，地势自南北两面向潭江河谷地带倾斜，海拔 50 米以下的平原面积占全市面积的 69%，丘陵面积占 29%，山地面积占 2%[②]。潭江、苍江相会，穿流而过，水深河宽，素有"小武汉"之称，历来是重要商埠和货物集散地。现辖月山、水口、沙塘、苍城、龙胜、大沙、马冈、塘口、赤坎、百合、蚬冈、金鸡、赤水等 13 个镇和三埠、长沙 2 个街道办事处以及 1 个省示范性产业转移工业园。全市共有 267 个村（社区）、2726 个自然村[③]。

2015 年，开平市地区生产总值 287.92 亿元（当年价），比上年增长 8.2%。其中：第一产业增加值 27.72 亿元，增长 3.2%；第二产业增加值 141.58 亿元，增长 8.5%；第三产业增加值 118.62 亿元，增长 8.9%。第一、二、三产业增加值的比重为 9.63∶49.18∶41.19。人均地区生产总值 4.07 万元；全年旅游业共接待国内外游客 573.07 万人次，比上年增长 5.59%，其中国内旅游者 491.54 万人次，比上年增长 6.30%；国际旅游者 81.53 万人次，比上年增长 1.50%；实现旅游总收入 52.09 亿元，增长

---

①　开平市地方志办公室：《开平县志》，中华书局，2002。

②　《开平概况》，开平地情网，http：//kps.gd-info.gov.cn/shtml/kps/gaik/2011/08/26/47663.shtml。

③　《开平概览》，中共开平市委市人民政府公众网，http：//www.kaiping.gov.cn/publicfiles//business/htmlfiles/kpgov2/zrdl/list.html。

18.01%。全市拥有星级酒店 4 家，其中五星级酒店 1 家，三星级 2 家，二星级 1 家。旅游饭店出租率 77%[①]。

二　开平市侨情分析

开平市是全国著名的侨乡，号称"海内海外两个开平"，"五洲各地均有邑人足迹"。据 2000 年全国人口普查数据，户籍人口共有 68.72 万；旅居海外的华侨、华人，以及港澳台同胞，至 2009 年底共 75 万人，分布在世界上 67 个国家和地区[②]，其中中国的香港和澳门约 20 万人，美国、加拿大约20 万人，澳大利亚、新西兰、欧洲、南美（秘鲁、巴西）等国家相对较多。全市归侨、侨眷和港澳同胞家属约占户籍人口的八成。

（一）开平市华侨华人发展历程

开平人富于冒险精神，海外谋生历史悠久，早在 16 世纪中叶，就开始有人离乡背井，冒着生命危险，乘三支桅船远渡重洋，到南洋群岛（爪哇、泗水、苏门答腊等地）一带谋生。鸦片战争以后，随着中国逐步沦为半殖民地半封建社会，小农经济开始解体，农民大批破产，生存维艰。开平也不例外，农民的颈上架着"'三把刀'：地租、税收、坐监牢"，处于"一穷二饿三抽丁，四走五乞六卖田，七丢孩儿八吊颈，九受压迫十分凄凉"的悲惨境地[③]。英、美、西、葡等帝国主义国家，则趁机把这些破产农民拐骗出国，作为发展资本主义的廉价劳动力。他们组织了贩卖人口公司，在中国沿海和香港、澳门一带，大量招募华工，以种种手段拐骗劳动人民充当"契约工人"（即"猪仔华工"）到海外去开矿、垦荒、筑铁路。比如，1848 年美国加州圣克门托发现金矿的消息传开后，在世界各国引起一股涌向加州掘金的热潮。轮船公司为了做生意，拼命宣传加州"遍地黄金"，"你一到加州，在大街上都能拾到金子"。无田可耕、走投无路的开平贫苦农民，听说"金山好捞"，纷纷到国外寻找

---

① 《开平市二〇一五年国民经济和社会发展统计公报》，开平统计信息网，http://kptj. kaiping. gov. cn/news/29/2016421154956. htm。

② 《开平概况》，开平地情网，http://kps. gd-info. gov. cn/shtml/kps/gaik/2011/08/26/47663. shtml。

③ 《开平华侨史话》，中国侨网，http://www. chinaqw. com/news/2006/0411/68/23875. shtml。

出路①。

中华人民共和国成立之前，由于军阀混战、国民党发动反共内战，以及日本对华步步紧逼，中国人民仍然处在水深火热之中，开平不少贫苦大众继续出国谋生。这些断断续续的移民活动，一直到太平洋战争爆发才停止。抗日战争胜利到新中国成立初期，美国、新西兰、加拿大、澳大利亚等国先后废除排华法案，尤其是美国，允许华裔退伍军人和单身华侨来中国娶妻带往美国，允许家庭团聚赴美，同时国民党政权再次发动内战，到处抓壮丁，致使开平又一次兴起移民高潮，移民出国者众多，不仅前往美洲的移民数量增加，东南亚及欧洲各国的华侨华人也随之增加。

中华人民共和国成立以后，东南亚各国实行限制华人入境政策，加上当时国内政策过左，使开平市正常出境者减少，而偷渡到港澳者增加，尤其在"文革"期间。这些偷渡客有的再由香港出境当了华侨②。改革开放以后，随着侨务政策的落实，开平市正常出境的人开始增多，除家庭团聚、继承财产者外，出国留学、经商、技术移民者也逐渐增加。据开平市外事侨务局提供的数据，改革开放以来，开平市出现了 10 万多新华侨华人，主要分布于美国、加拿大、秘鲁等国，多从事国际贸易，比如，将秘鲁等地的木材运至国内销售，将国内的小商品运到秘鲁等南美国家销售。

（二）　开平市侨情新动态

目前，海外开平籍华侨华人社团有 30 多个，大多联系密切。他们在沟通、凝聚乡情，帮助华侨华人争取社会地位方面发挥了重要作用。据开平市外事侨务局介绍，目前开平籍华侨华人出现了一些新情况。老华侨故乡情结浓厚，但渐趋凋零；华人新生代在所在国，特别是在美国、加拿大等国，参政意识增强，在政界影响力提高，但由于成长于所在国，他们对原乡认同降低，情感上不似老华侨浓烈；新华侨经济实力强，有钱就会移民，在国外起步快，与当地政界联系紧密，能迅速融入主流社会，与国内联系紧密，经济互动强。不同社团、新老侨乡、不同地区的华侨华人也存在着一定的矛盾。

---

① 《开平华侨史话》，中国侨网，http://www.chinaqw.com/news/2006/0411/68/23875.shtml。

② 《五邑华侨历史概况》，江门市人民政府门户网站，http://www.jiangmen.gov.cn/hq/wyqs/200510/t20051018_42979.html。

爱国爱乡是华侨的光荣传统（对华人来说是爱祖籍国和爱原籍乡），开平市华侨也不例外。他们在政治上关心国家的命运，在经济上大力支持家乡的各项建设事业，努力促进侨乡发展。改革开放以来，开平籍华侨华人共计捐献了约12亿元人民币帮助故乡发展，主要集中在教育、医疗卫生、公益、交通、自来水等领域。华侨华人在侨乡侨务外交、公共外交方面也发挥了独特的作用。在华侨华人的联络下，开平市与美国的美莎市、密尔布瑞市结为友好城市。开平市现有侨资企业380多家，主要集中在建筑、食品、纺织、制衣（牛仔服装）、水龙头等传统行业。

（三）开平市社会经济转型困境

近年来，开平侨资企业在经营方面出现了一些困难：由于侨资企业多集中于劳动密集型行业，技术含量较低，随着劳动力及原材料成本上升，侨资企业在运营方面普遍遇到一些困难。同时，次贷危机、欧债危机先后爆发，国际需求下降，一些侨资企业出现产品出口受阻、面对激烈的市场竞争的局面。此外，部分侨资企业经营者对国内政策理解不深，不熟悉政策优惠。侨资企业亟须转型升级。

三　发展新路径：发展遗产旅游

近年来，受全球金融危机影响，同时由于我国经济结构调整，开平市也如其他侨乡一样，面临产业转型的挑战，发展遭遇瓶颈，亟须寻求新的发展路径。旅游业作为关联度高、涉及面广、带动性强的现代服务业，在调结构、稳增长、促就业等方面具有重要的作用，随着我国旅游需求的不断释放，正成为越来越多的地方着力推动的新兴支柱产业。开平市作为著名的侨乡，区位条件较好、旅游资源富有特色，具有发展旅游业的良好条件。面对新的形势，开平市开始寻求旅游发展方面的突破，逐步提升旅游业的产业地位，采取多种措施大力发展旅游业，使得旅游业的产业规模不断增大，旅游知名度和竞争力不断提高，先后荣获"广东省县域旅游综合竞争力十强县"称号，并被评为中国最值得外国人去的50个地方之一，旅游业在国民经济中的重要性越来越强，旅游业正成为该市新的发展引擎。

（一）开平市旅游资源特色

开平属南亚热带季风海洋性气候区，年均气温 21.5℃，年降雨量1700～2400mm，境内旅游资源丰富，有开平碉楼、立园、赤坎欧陆风情街、南楼纪念公园、梁金山风景旅游区、孔雀湖旅游区、开元塔公园、风采堂、旅游购物街、加拿大村、周文雍陈铁军烈士陵园等景区景点，具有发展旅游业的优越条件。特别是开平的乡村格局、碉楼群落，融自然村落和人文景观于一体，不仅是中西合璧、别具侨乡特色的建筑遗产，更表现为一种因特殊的自然和社会背景、动因、过程而形成的乡土文化。开平的村落多临河而建，枕山面水，水塘、竹林、古榕、田畴、民居建筑、宗祠或灯寮、晒场等，形成了情趣独特的空间结构和景观。中西合璧的碉楼与民居，与周边的农田、林木、河塘融为一体，又与河流、山脉等自然风景组成更大的景观。

开平现存碉楼 1833 座，主要分布于塘口、百合、赤坎、蚬冈等镇。这些碉楼，最早的建于 400 年以前的明朝中后期，大规模兴建于清末民初，是 20 世纪开平华侨与村民把外国建筑文化与本土建筑文化相结合的文化结晶，既有中国传统建筑的飞檐、雕栏、硬山顶、悬山顶，又具有欧陆建筑风情，从古希腊建筑到古罗马、中世纪的拜占庭和哥特式建筑，到文艺复兴时期的欧洲建筑；从基督教建筑到伊斯兰教建筑，从欧美建筑到亚洲印度次大陆建筑，都可以在开平碉楼中找到影子[1]。2007 年 6 月，"开平碉楼与村落"被联合国教科文组织列入《世界遗产名录》，开平由此成为闻名遐迩的旅游热点。开平的自力村入选全国第二批历史文化名村，赤坎镇入选全国第三批历史文化名镇。因为别具特色，赤坎镇曾被50 余部影视作品作为外景地。独特的人居环境、侨乡文化，也使得开平先后被评为"中国曲艺之乡""中国摄影之乡""中国碉楼之乡"。

开平非物质文化遗产丰富，有国家级的产浒村灯会，广东省级的金声狮鼓制作技艺，江门市级的司徒浩毛笔、开平民歌、开平卖鸡调、广合腐乳，开平市的梅花百咏、水井民歌、楼冈网圩、赤坎豆腐角、马山的传说、马冈竹器、潭碧冬瓜、水口新风龙舟、马冈鹅、舞草龙、灰雕、壁

---

① 陈松文：《开平碉楼与村落》，《广东史志》2015 年第 3 期。

画、马冈濑粉、赤坎大梧火龙、杜冈冲澄龙舟、镇濠泥鸡等非物质文化遗产①。此外，开平还有金山火蒜、潭碧冬瓜、潭碧猪仔薯、金鸡番葛、金鸡西坑茶、水口白菜、马冈黑叶荔枝、六合蒲瓜、莲塘慈姑、联竹果蔗、新联大头菜等地方土特产②。

（二）开平市旅游业发展概况

开平市旅游业始于外事接待。1956 年，当时的开平县成立华侨旅行服务站（后更名为华侨旅行社），接待华侨及港澳同胞回乡观光。除 1966年遭受短暂冲击停业外，开平接待华侨及港澳同胞回乡观光的旅游业一直没有停顿。

1978 年，随着改革开放政策的实施，开平县委县政府根据旅游业发展的需要，将开平县华侨旅行社更名为开平县中国旅行社，与华侨大厦、华侨服务社合署办公，又做出开发梁金山的决定，并成立了梁金山旅游开发公司，专门负责梁金山旅游区的开发工作。1981 年，开平县成立开平县小车公司，为旅游者提供交通服务。同时，修葺立园和开发翠园，并决定通过向海外筹款和县拨款兴建园林式的侨园宾馆。1983 年 1 月，成立开平县旅游公司。1985 年 9 月，成立开平县旅游局，下辖旅游公司，包括开平县旅游公司和开平县中国旅行社。其主要业务范围是代办香港、澳门、海外游和经营国内游③。1993 年撤县改市后，开平旅游业继续稳步发展。进入 21 世纪以来，开平市旅游业更是步入发展快车道。据统计，2005 年开平市接待游客 169.44 万人次，旅游总收入 6.76 亿元，旅游创汇 1221.12 万美元。全市有旅行社 2 家，营业部 4 家。旅游饭店 4 家，其中五星级 1 家，四星级 1 家，三星级 1 家，标准床位 700 多张④；至 2014年，共接待国内外游客 542.74 万人次，其中国内旅游者 462.43 万人次，比上年增长 7.04%；国际旅游者 80.31 万人次，比上年增长 2.31%；实现

---

①　开平年鉴编纂委员会：《开平年鉴（2008~2009 创刊号）》，广东人民出版社，2012。

②　《开平土特产》，开平地情网，http：//kps.gd-info.gov.cn/shtml/kps/tec/2011/08/26/47659.shtml。

③　开平市地情网，http：//kps.gd-info.gov.cn/books/dtree/showbook.jsp？stype=v&paths=14783&siteid=kps&sitename=。

④　《2005 年开平年鉴》，中共开平市委市人民政府公众网，http：//www.kaiping.gov.cn/publicfiles/business/htmlfiles/kpgov2/kpnj/201504/158854.html。

旅游总收入 44.14 亿元，比上年增长 16.10%。全市拥有星级酒店 5 家，其中五星级酒店 1 家，三星级 2 家，二星级 2 家，旅游饭店出租率 76%①（见表 4-5）。

表 4-5 2005~2015 年开平市旅游业主要指标

类别 年份	接待游客（万人次）	旅游总收入（亿元人民币）
2005	169.44	6.67
2006	174	6.97
2007	218.9	11.02
2008	297	15.1
2009	328.82	17.53
2010	371.3	20.37
2011	435.96	26.88
2012	436	26.9
2013	466.52	30.94
2014	542.74	44.14
2015	573.07	52.09

注：根据中共开平市委市人民政府公众网发布的历年《开平年鉴》《政府工作报告》及开平统计信息网整理。

（三）开平市发展旅游业的经验

1. 抓住核心特色，整合旅游资源，打造特色旅游产品和旅游线路

开平是著名的侨乡，其旅游资源最核心的特色在于"侨"字。无论是风景园林、地方特产，还是建筑遗存、人居环境、非物质文化遗产，大多因侨而起，缘侨而兴，中外合璧，别具特色。开平市的旅游业也是由于接待华侨及港澳台同胞而发端。为此，开平市始终抓住"侨"字特色，

---

① 《2014 年政府工作报告》，中共开平市委市人民政府公众网，http://www.kaiping. gov.cn/publicfiles/business/htmlfiles/kpgov2/zfgzbg/201505/191349.html。

发展旅游业。

首先，积极申遗，扩大侨乡知名度。2007 年，经过多方努力，"开平碉楼与村落"被联合国教科文组织列入《世界遗产名录》，使得开平市的知名度大为提升，为发展旅游业打下了良好的基础。

其次，整合旅游资源，打造特色旅游产品和旅游线路。2008 年，开平市提出全面整合旅游资源，立足自力村碉楼群、立园、三门里碉楼群、赤坎古镇、马降龙村碉楼群、周文雍陈铁军烈士陵园、锦江里碉楼群、南楼、荻海风采堂等旅游优势，串联打造开平碉楼旅游黄金线路。2009 年，开通开平碉楼——澳门世界文化遗产旅游专线车①。2010 年，成立开平碉楼旅游发展公司，建设碉楼文化展示区②。2015 年，开平市又提出，围绕"碉楼、古镇、生态"三大核心特色资源，全力打响"广东旅游看碉楼"；整合立园、自力村碉楼群和马降龙古村落组成开平碉楼文化旅游区，使其通过国家 5A 级景区评审。2016 年，《开平市政府工作报告》进一步提出，"十三五"期间，实施旅游强市战略，擦亮"广东旅游看碉楼"品牌，以开平碉楼与村落景区和赤坎古镇保护开发项目为核心区域，带动大沙生态旅游、金鸡中微子科普旅游、赤水温泉旅游项目建设，打造中国最具影响力的华侨文化旅游目的地、中国国际特色旅游目的地③。

再次，用好华侨华人社会资本。华侨华人社会资本在开平旅游业发展中的作用主要体现在以下方面。一是改革开放初期，因为国内经济尚未起步，资金紧张，一些旅游基础设施的建设，得到了海外华侨华人的捐赠、资助。如 1981 年，为了发展旅游业，开平县政府通过向海外筹款 600 万元、县拨款 600 多万元，兴建了占地 9 万多平方米的园林式侨园宾馆④。

---

① 《开平年鉴（2008~2009）》，开平市地情网，http：//kps. gd-info. gov. cn/books/dtree/showbook. jsp？stype = v&paths = 16217&siteid = kps&sitename = 。
② 《开平年鉴（2010~2011）》，开平市地情网，http：//kps. gd info. gov. cn/books/dtree/showbook. jsp？stype = v&paths = 20258&siteid = kps&sitename = 。
③ 《2016 开平市政府工作报告》，中国招生考试网，http：//www. chinazhaokao. com/wen-dang/baogao/209711. html。
④ 开平市地情网，http：//kps. gd-info. gov. cn/books/dtree/showbook. jsp？stype = v&paths = 14783&siteid = kps&sitename = 。

二是侨领热心参与、海外华侨华人积极宣传开平，为开平提高国际知名度和认可度贡献甚大，特别是在"开平碉楼与村落"申报世界文化遗产过程中，华侨华人功不可没。三是旅游业的发展，激发了华侨华人回到祖居地寻根的热情，使他们成为开平重要的海外客源。

最后，处理好华侨华人关切问题，做好品牌资源的保护与开发。开平市最为核心的旅游资源在于侨乡特色和侨乡文化。侨乡特色与侨乡文化最直观地体现为星罗棋布的"碉楼"。这些碉楼多为华侨华人于20世纪初兴建。经过近百年的社会变迁，这些房主大多举家移居海外，其后代与故乡联系稀疏。这就遗留下房屋的产权、保护等诸多问题。改革开放以来，开平在侨务政策落实方面较为领先，落实侨房工作整体上虽然较好，但在一些祠堂、宗祠方面，因为特定的历史原因，也有部分华侨华人不满。比如，还有一些侨房，土改时候被划为封建资产，至今还未落实。为此，开平市政府经过多方工作，使华侨华人对开平发展旅游业，经历了从最初的不了解，到逐步了解，再到认同，最后到参与的转变，从而很好地解决了碉楼的产权问题，华侨华人屋主纷纷将房屋交给政府托管，由政府统一修缮、保护，进行合理的旅游利用。较为典型的案例是开平著名旅游景区立园。立园是当地旅美华侨谢维立于1926年兴建的私人园林。中华人民共和国成立前，立园历遭劫难，几近荒芜。中华人民共和国成立后，为了接待华侨和港澳同胞，开平县政府先后对其进行了一定的整治修葺。1999年，园主夫人谢余瑶琼女士欣然将立园委托政府管理。开平市政府遂首期投资1300多万元对其整体进行修葺，使其得以重放昔日光彩，成为今日的4A级景区。

2. 与时俱进，提升旅游业产业地位，多业态协调发展

开平市旅游业发端于中华人民共和国成立后，最初只是承担接待华侨及港澳同胞的任务，产业地位并不突出。改革开放后，开平市旅游业稳步发展，产业地位逐渐增强。21世纪以来，特别是2005年以来，随着我国旅游业日渐发展，产业地位日渐提升，开平市对旅游业的产业定位也日渐提高。2011年，开平市提出，"十二五"期间要以碉楼文化旅游为龙头，加快发展休闲旅游。当年的《开平市政府工作报告》也把"做强做大旅游产业"作为加快发展第三产业的手段之一，提出充分发挥侨乡优势，

打响开平碉楼与村落世界文化遗产品牌，着力打造"黄金绿道"和"黄金水道"，形成"群楼效应"，努力打造具有丰富文化内涵的文化遗产旅游目的地。2015 年，开平市又提出，将旅游产业作为新兴支柱产业来打造，并着手编制《开平市旅游业发展总体规划》。2016 年，开平市进一步提出，"十三五"期间要实施旅游强市战略，将旅游业作为重要产业来打造，构建"一核两翼"发展新格局，打造中国最具影响力的华侨文化旅游目的地、中国国际特色旅游目的地，并提出当好"台开恩"旅游联盟"盟主"，共同打造"台开恩"世遗文化旅游度假区。

与此同时，开平市也根据旅游业发展的新形势，围绕"碉楼、古镇、生态"三大核心特色，促进旅游业多业态协调发展。为此，开平市先后提出，要加强碉楼文化旅游区建设，力争成功创建国家 5A 级旅游景区，扩大世界文化遗产影响力；加紧赤坎古镇项目建设，着力推进赤坎旧圩镇改建开发，建设赤坎古镇华侨文化展示旅游项目；引入环境国旅等知名企业，对侨乡民居和生态旅游资源进行升级开发；串联碉楼村落、古镇、生态特色旅游资源，打造 220 千米"潮人径"，形成黄金步道网；加快塘口荣桂坊、天露山最美乡村、开平碉楼小镇温泉度假区、百合汽车露营地等项目建设；积极发展度假酒店、民宿民居、侨乡灯火、文化创意园等项目，优化旅游配套体系建设；大力发展水上旅游项目；积极引进房车、纪念品、户外用品等旅游产品的加工制造企业；继续办好大沙梅花节、马冈鹅美食节、金鸡乡土文化节等活动，打响旅游节庆品牌。

3. 多举措旅游营销

开平市通过开展一系列的旅游宣传、评比、促销活动，使碉楼旅游的知名度和美誉度大大提高。一是积极开展旅游宣传。依托中央电视台、广东卫视、南方卫视、旅游卫视、亚洲卫视等电视媒体，全面宣传开平旅游特色，并通过在高速公路旁设置"开平碉楼与村落"广告牌、开通"开平碉楼旅游网"等举措，大力宣传碉楼资源和旅游景点。二是积极参与旅游评比活动。通过参加"广东旅游十大首创之星""广东自驾游十佳线路""选美广东""我最喜欢的乡镇"等活动，扩大开平旅游的知名度和影响力。三是积极参加旅游推介活动。通过组织多家旅游企业参加广东旅游展销会、广州国际旅游展览会、中国旅游交易会、香港国际旅游展销会、澳门旅游展销会、东南亚"一程多站"旅游促销会，以及河南郑州、广西梧州、江西、台湾等系列专题推介会，大范围宣传推介碉楼旅游。四是借力影视作品做宣传。开平是50多部影视剧的外景地，为此，以电影，特别是有影响的电影——如《让子弹飞》《一代宗师》等——主景地为主题多渠道投放广告，使节假日旅游景区客流大增。五是积极拓展客源市场。针对香港和澳门市场，加强与香港、澳门、丹霞山的区域合作，打造"港澳—开平碉楼—丹霞山"金三角线路；针对大陆市场，加强与邻近地区的旅游合作，抓住"海边的碉楼"这一卖点，与台山上、下川岛一起联合促销，成功开拓了湖南、湖北、四川、重庆、江西等地市场；针对台湾市场，全力推进"开门见山"（开平、金门、厦门、江门、澳门、中山）线路；针对华侨市场，加大力度打造华侨寻根之旅。六是举办旅游节庆促销。近年来，开平市先后多次举办了"开平碉楼文化旅游节"，广邀海外社团代表、社会各界人士参与。旅游节期间，还先后举办了碉楼旅游博客大赛、旅游饭店技能大赛、侨乡文化艺术展演、华侨发展史展览、碉楼万人游、嘉年华大巡游、旅游美食节、广东开平碉楼与村落导游词大赛等一系列活动，吸引游客参加。

4. 加强旅游市场管理和旅游安全管理

开平市着力建立健全旅游监管体系，督促各旅游企业完善服务标准，加强旅游服务质量监督管理和旅游投诉处理；完善旅游服务质量管理，促进旅游市场循序规范化；加强旅游业精神文明建设和行风建设，制订旅游培训教育工作规划，着力培育高质素旅游企业、高质量旅游产品和高水平旅游服务人员；加大力度开展旅游星级饭店品牌建设，协助和引导星级酒店提高管理水平。通过举办"导游大赛""中式烹调师和面点师大赛"等技能大赛，提高旅游从业人员的服务质量、服务技能；通过举办饭店星级标准宣贯培训班、"开平碉楼——由旅游业带动社区发展"培训课程、导游专题讲座、乡土文化培训班等，提高旅游从业人员素质，促进旅游产业可持续发展。通过开平市旅游行业协会行业社团，促进旅游行业自律管理、诚信经营、公平竞争和有序发展。通过落实安全生产责任制、举办多种形式的安全生产活动、加强安全检查等措施，强化旅游安全生产工作，落实安全生产有关法律法规，加大旅游企业安全生产的监督管理，健全、完善、落实安全生产责任制。

四　研究小结

我国经济已经从高速增长向中高速增长转变，从要素驱动、投资驱动向创新驱动转变，进入经济结构不断优化升级的"新常态"，侨乡如何挖掘自身潜力，寻求新的发展路径，保证国民经济持续、健康发展，是一个需要深入思考的问题。新的形势下，开平市寻求旅游转向，大力发展旅游业，取得了一定的成效，为侨乡的发展提供了值得借鉴的经验。开平市的旅游转向，也有一些值得思考的地方。

首先，"新常态"下，侨乡需要充分挖掘自身的特色和潜力，精准定位，打好"侨"牌，因地制宜、因时制宜，探求国民经济持续、健康发展的策略、路径。开平市的"旅游转向"，正是在挖掘、依托本地富有特色的侨乡文化、侨乡景观的基础上，在妥善解决华侨华人关切的问题的前提下，在征得他们理解、认同的情况下，在实践中不断探索、丰富、完善起来的新的发展路径。这种发展路径，对其他侨乡也具有一定的借鉴意义。

其次，"新常态"下，如何帮助、引导华侨华人企业参与本地经济发展，共同实现"中国梦"，也是一个亟须破解的问题。改革开放以来，华侨华人企业对侨乡发展助益良多，这无须多言。然而，在新的形势下，一些华侨华人企业因为自身的产品结构、市场结构、管理水平，以及传统优惠政策的丧失，经营上出现了一些问题，难以为继。在侨乡发展转型的过程中，根据侨乡新的发展路径，需要采取措施，引导华侨华人企业、华侨华人资本优化产业结构、参与侨乡发展。以开平市为例，在当前"旅游转向"过程中，可以采取多种措施，鼓励、引导、帮助华侨华人投资、参股或入股本地旅游景区、旅游产品的创意、生产、研发，或者参与本地的旅游服务接待，使他们能够由此调整本地产业结构，享受旅游发展红利。

再次，如何让本地的发展惠及更多华侨华人，也是一个需要思考的问题。以开平市为例，当前的"侨情"出现了一些新变化，侨务工作的重点，也转向联络"三新四有"人士，即新华侨华人、华裔新生代、社团新力量，以及政治上有影响、社会上有地位、经济上有实力、专业上有造诣的华侨华人。其中，华裔新生代因为生长于国外，很多与祖籍地的联系已经日渐疏远，对祖籍地缺乏认识和了解，认同感淡化。因此，需要思考如何借助旅游业发展的契机，做好"寻根之旅"，为其提供服务，加深他们对侨乡的了解，重塑侨乡在他们心目中的形象，维持他们的侨乡情结。此外，开平籍的华侨社团虽然众多，但不同的社团之间，以及新老侨、不同地区身份的华侨华人之间也存在一定的矛盾。同样需要思考的是，如何以旅游为纽带，通过"旅游+"活动，消弭部分华侨华人之间的上述矛盾，促进他们共圆"中国梦"？

最后，在"新常态"下，侨乡寻求发展转型需要有一定的前瞻性、战略性，不能被动因应。就开平市来看，近年来虽然开始"旅游转向"，不断提升旅游业在本地经济中的产业地位，加大发展旅游业的力度，但这种转向更多是被动的，是形势推动其向这方面转变，主动性、前瞻性并不强烈。开平市发展旅游业的基础良好，但开平市直至2016年才提出"旅游强市战略"，并且在官方的战略定位中，仍未将旅游业进一步提升为本地支柱产业，甚至未将其定位为现代服务业中的支柱产业，只是将其作为现代服务业中的一个部分，显然滞后于发展需要。再如，开平市直到2015年才对全市的旅游业进行总体规划，显然也滞后于形势的发展。此外，开平市政府的官方网站，有关本地旅游业、旅游资源、旅游产品的介绍偏少，相关信息更新也不及时，开平市旅游局甚至连一个官方网站也没有，相关旅游信息很难为外界获取。这些都表明，本地在发展旅游业方面，还需要进一步提升战略性思维，把相关工作做得更细致、更坚实。

第三节　青田模式：沿海发达地区
山区侨乡发展模式

青田模式是依托华侨华人捐赠、侨汇，进行环境整治和基础设施建设，发展文化创意和旅游休闲产业的新侨乡创新创业发展模式。但这种模式亟待扩大规模效应。

一　区域发展背景分析

青田县位于浙江省东南部，瓯江中下游，东连温州，行政上隶属丽水市，现辖 3 个街道、9 个镇、21 个乡、414 个行政村，全境总面积 2493.34 平方千米，其中低山丘陵 2228 平方千米，约占 90%；河、溪、塘、库 124 平方千米，约占 5%；平地 132 平方千米，约占 5%，有"九山半水半分田"之称。属中亚热带季风气候，四季分明，雨量充沛，温暖湿润。气候垂直分布明显，平均气温 18.5℃，年均降水量 1739.8 毫米。常有台风、洪涝、干旱等灾害性天气发生。

根据中国社会科学院《中国县域经济发展报告 2015》，青田位居全国县域经济竞争力百强县第 85 位。全县 2015 年实现生产总值 192.60 亿元，按可比价格计算，增长 8.2%，增速列全市第三。其中，第一产业增加值 7.71 亿元，增长 2.0%；第二产业增加值 109.99 亿元，增长 7.2%；第三产业实现增加值 74.90 亿元，增长 10.8%。2015 年青田县规模以上工业总产值累计完成 385.5 亿元，同比增长 1.1%，2015 年，全年实现服务业增加值 74.9 亿元，按可比价计算，增长 10.8%，分别比上半年和前三季度提高 2.8 个和 2.2 个百分点，呈现稳步上升趋势。从行业发展情况看，其他服务业①贡献最大，全年其他服务业增长 17.1%，其中，营利性服务业增长 32.6%，非营利性服务业增长 11.7%，分别拉动全部服务业增长 2.7 个和 2.8 个百分点，是拉动县域服务业增长的主力；其次是金融业以及批发和零售业，分别拉动服务业增长 1.8 个和 1.7 个百分点。旅游业异军突起，2015 年全县共接待国内外游客 700.63 万人次，同比增长 20.8%，实现旅游总收入 114.85 亿元，总量列全市第一位，首次突破百亿元大关，同比增长 28.0%。

据青田县统计局资料，2015 年末，青田县户籍人口总户数为 17.59

---

①　其他服务业包括交通运输、仓储和邮政业，信息传输、软件和信息技术服务业，金融业，房地产业，租赁和商务服务业，科学研究和技术服务业，居民服务、修理和其他服务业，水利环境和公共设施管理业，教育、卫生和社会工作，文化体育和娱乐业等行业。

万户，比上年年末增加 0.44 万户，户籍人口总数已达 54.55 万人，人口总量有所扩大，比上年末增加 0.97 万人。其中男性人口 28.27 万人，女性人口 26.28 万人，分别占总人口的 51.8% 和 48.2%，男女性别比为 107.6∶100。

二　青田县侨情分析

据县侨情调查统计，民国时期是青田第一次出国高潮时期，当时仅旅居欧洲的青田人就达 1.7 万人左右（当时欧洲华侨约 5 万人），青田人占了欧洲华侨的 1/3 强，彰显了青田华侨在欧洲华侨史上的重要地位。民国时期，青田华侨分布在 44 个国家和地区，主要集中在欧洲的法国、俄罗斯、荷兰、德国、意大利、奥地利，美洲的美国、巴西，亚洲的日本、新加坡、越南。侨居国的社会、政治、经济、文化等影响着海外青田人的谋生方式和经济生活，并形成了不同的地域特征。

中共十一届三中全会后，中国大陆实行改革开放政策，青田人出国形成了空前的高潮，侨居国分布更加广泛，非洲和大洋洲也成了青田华侨的经济活动区域。新时期青田华侨地域分布的特点是分布广泛且集中，分布的国家和地区由原来的 40 多个增加到 120 多个，华侨数量也剧增，现有青田华侨 25 万人。

最初，青田侨乡主要分布在东南部的青田石产地及周围地区。改革开放后，侨乡地域由县境的东南地带向西北和西南扩展，新的侨乡不断涌现。随着侨情的不断变化，青田由一般侨乡变成了重点侨乡。但是青田作为重点侨乡，其发展还面临一系列困境。

（一）侨乡新农村建设人才缺乏

青田人具有强烈的移民意识。改革开放后的第一个十年（1979~1988年），青田出国的人数就达 16206 人，是前 30 年总和的 22 倍。目前，海外青田侨胞骤增至约 25 万人。

本课题组 2014 年 7 月 20~23 日及 2015 年 12 月 1~3 日分别对青田侨乡进行实地调查，发现青田侨乡农村留守侨眷当中，大部分为老人和儿童。例如，青田华侨发祥地之一的方山乡龙现村，全村不到 1000 人，就有 650 余人走出国门，侨居世界 50 多个国家和地区，留守家里的多是老人和儿童，因此该村有"联合国村"之称。为了改变国内贫困的生活状态，很多青田人在青年时就选择出国创业，这些青年人刚到异国他乡，先要辛苦打拼，根本没有条件和能力将年幼的子女带在身边，很大一部分会将子女留在家乡让年老的父母或亲属帮忙抚养。这些留守儿童的教育、成长问题日益凸显。通过入户调查我们发现，除了极少数比较懂事的孩子学习成绩还不错外，75.5%的孩子学习成绩不好。另外，许多村干部的年龄偏大，理论知识水平和创新能力都不高，村集体经济实力比较薄弱，农村还相对落后，历年来，广大青田华侨也力图通过捐资改变家乡农村的落后面貌，但是财力的支持并没有改变侨乡人才缺乏的颓势及农村的落后。

（二）侨乡市场对侨资引导薄弱

改革开放以前，青田华侨大部分以侨捐的形式服务家乡建设，直到改革开放以后，国内经济快速发展，给海外侨胞回国投资创业提供了难得的机遇。青田县政府一直鼓励海外侨胞回乡投资。一部分在海外创业有成的华侨，从20世纪80年代开始逐步进军国内市场，在家乡"试水"。青田华侨在家乡的投资主要集中在以下方面。

1. 投资服务性行业

青田华侨重点在旅店饮食、金融保险、邮电运输和旅游业等服务性行业进行投资。因为青田华侨在国外较多从事餐饮住宿业，特别是餐饮行业。中国饮食文化源远流长，受世界各国人民喜爱，青田人移居国外后，资金稍有积累，便发展餐饮业。19世纪末，法国巴黎就出现青田侨胞开设的中餐馆。1925年，巴西青田侨胞三人合开中餐馆。20世纪50年代，青田侨胞开始在德国、比利时开设中国餐馆。60年代，意大利的中餐餐饮业也开始萌芽。1975~1978年，青田侨胞在奥地利先后开设10家餐馆。20世纪80~90年代，中餐业成为青田华侨首选的从业目标和基础产业。再者，青田人在出国前和回国探亲时，都要在青田的主要交通要地——县城中转和停留休息，这给县城的旅店饮食、金融保险、邮电运输等行业带来了新的商机。所以这个需求大、投资小、见效快的行业受到了华侨的青睐。至2005年，县城有大小咖啡吧、茶座50余家，均有华侨投资。但是，20世纪90年代后县城城镇化提升，高档服务业不断涌现，侨资旅游餐饮业服务设施相对老化，不能满足人们的生活需求。另外，经过实地调查我们了解到，2013 年以来中国大陆经济下行及国内反腐等相关活动的开展，使得这些餐饮业业绩下滑明显，有些业主甚至还面临亏本的窘况。

2. 投资房地产

青田的房地产主要依靠侨资的融入。据了解，2001～2007 年青田华侨房产开发公司就有 11 家。青田华侨在房地产领域投资、融资、购房资金达数十亿之多。

3. 投资工业企业

改革开放初期，华侨在家乡投资兴办企业较少。20 世纪 90 年代后，欧洲经济不振，青田华侨出现了回乡投资的热潮。1997 年，全县创办"三资"企业 67 家，累计协议利用外资 1.4 亿元人民币。2001 年，青田县引进侨资、外资 237 万美元，又创办"三资"企业 7 家。1998～2001年，侨胞在县内投资兴办企业规模较大的有温溪皮鞋加工厂、腊口浙南油茶开发有限公司、高岗你好电器有限公司、灵通服饰有限公司、纳可服饰有限公司、盟邦制衣有限公司、麦丽制衣有限公司和开衣制衣有限公司等。至 2005 年，全县有侨资企业 69 家，累计投资 5.7 亿元。但是通过深度调查，我们了解到，华侨投资青田工业企业的效益不佳，一是由于山区自然环境、自然资源的制约，二是由于技术工人的缺乏，三是由于华侨对国内政策环境缺乏深入了解。

虽然青田华侨从 20 世纪 80 年代后陆续回乡进行投资，而且投资额逐年增长，但是政府引导华侨投资不够细致，缺乏量身定做，华侨投资家乡还存在一些困境。由于青田自然环境的制约，部分回乡创业的青田侨胞在家乡无法充分施展自身优势，而此时其他省市为了振兴自己的地方经济，只要青田侨胞到访便纷纷为其提供较为有利的投资条件，因此相比青田侨胞在青田以外全国各地的投资，其在家乡的投资还处于比较低的水平。如旅居南美圭业那的华侨郭胜华于 2002 年在青田投资 7000 万元开发房地产，而他在杭州、金华等地投资已达 2 亿元。1998～2001 年，全县共引进企业 168 家，其中侨资企业仅 22 家。2001 年引进企业 55 家，其中华侨投资的仅为 7 家。这说明青田在吸引华侨投资上还需要进一步思考：如何给予正确的引导？如何进行华侨投资机制的创新？如何在政策上给予优惠以降低华侨回乡投资的风险？

（三）侨乡地域文化受西方文化冲击

地域文化是在一定的地域范围内长期形成的历史遗存、文化形态、社会习俗、生产生活方式等。在对青田侨乡进行田野调查时我们发现，青田的生活方式和思想观念逐渐"西化"，特别是消费方式和宗教信仰。在青田的农贸市场，曾经流通着各个国家的货币：德国马克、法国法郎、意大利里拉、英镑、美元、比利时法郎、奥地利先令、荷兰盾、芬兰马克、葡萄牙埃斯库多、西班牙比塞塔等。直到 1992 年，欧元成为大家普遍使用的货币，青田菜市场上多样的货币才趋于单一化。现在青田人也经常以欧元作为平时生活消费流通的货币。近年来，随着青田华侨华人来往的频繁和归侨、侨眷的增多，县城出现特殊的消费文化，据课题组在 2015 年 12 月的统计，仅青田县城就涌现了 100 多家特色咖啡美食酒吧，形成了具有欧洲风情的临江路和华庭街，欧洲地名（街道名、店名）、欧洲名人雕塑或者欧式风格景观小品随处可见（见图 4-1、图 4-2）。现在的青田人已养成"吃西餐、喝咖啡和品红酒"的生活习惯，吃的是"洋餐"，用的是"洋货"，甚至连最基本的生活日用品（如洗衣液、牙膏、洗发水等）也是来自国外。

图 4-1 青田县城环城路城市小品

图 4-2 青田县县城酒吧

在宗教信仰方面，青田人受远在国外的华侨亲属影响，改变了自己原来的宗教信仰，开始信奉基督教，在青田随处可见大大小小的基督教堂，就连地处偏远的方山乡龙现村，一个常住人口不到 300 人的山村，就有 3 座教堂（见图 4-3），而且每个教堂的日常工作都由信徒们自发组织参与，教堂日常工作井井有条。而原来祖辈们信奉的道教和佛教建筑在这个青田农村几乎消失。

另外，华侨们在国外完成了原始财富积累后，为了光宗耀祖，很多人回乡买地建房或者对原来的旧宅进行翻新，这些新建的住宅绝大部分是欧式建筑。这些欧美式建筑的传入客观上对中西建筑文化融合做出一些贡献，但是与传统的中国古朴农村相比，这些建筑又显得突兀。据龙山村一位村干部介绍，有些华侨的老宅是具有地域特色的传统中国建筑，在国家留住乡愁、保护传统村落和古民居的政策背景下，村干部试图说服这些华侨放弃翻建老宅，但并没有得到华侨的认同，这使得部分传统建筑无法存留。不仅如此，对于本地的一些社会风俗，比如婚丧喜庆、修筑祖坟（见图 4-4）等，人们都喜欢大操大办，并形成了一股讲排场、摆阔气、互相攀比的不良现象。

图 4-3　青田方山乡龙现村基督教堂　　图 4-4　青田方山乡龙现村田间祖坟

三　转型新路径：发展跨境电商，完善华侨村干部治理

针对如何发挥青田华侨华人的优势，青田县政府积极推出了一系列举措，包括引导华侨消费建设华侨商品交易城；引导华侨游资、华侨金融业发展华侨金融服务中心，服务地方经济建设；保护传统技艺，发展稻田养鱼农业遗产旅游、青田石雕文化创意旅游；探索华侨华人参与基层管理的

新模式，鼓励华侨担任村干部等。

（一）借助华侨华人全球网络与跨境电商建立侨乡商品城

2014年下半年，青田县立足侨乡优势，抓住欧洲经济疲软的商机，成立国有独资公司，投入1000多万元，建设青田侨乡进口商品城（见图4-5），根据规划，整个商品城分为两期，其中一期有5个市场。青田县政府以店租补贴优惠政策，向海外华侨频抛招商"橄榄枝"，通过引进侨资，汇聚全球精品，至今，吸引了来自欧洲、美洲等43个国家和地区的近百家侨商企业入驻。2015年1月27日，商品城第一市场开业，该市场建筑面积约15000平方米，地下一层主要经营红酒和国外进口食品，并设有咖啡美食休闲广场；地上一层经营保健品、日化用品、服装鞋帽、家居百货等原装进口商品。第二市场于2015年11月7日开业，该市场总投资约500万元，总建筑面积约8000平方米，分上下两层，共有48间商铺，目前入驻企业20家，主要经营国外原装食品、保健品和日用百货等，比起第一市场，第二市场是以批发为主，结合零售、电子商务等销售方式的商贸综合体，并且新增了一万多种商品。第三市场也于2016年9月30日开始营业，分为两个部分——石锦路区块和绿洲、巴黎花园区块。石锦路区块分百货区、食品区和服饰区，并且有德国馆、比利时馆、保加利亚馆、乌克兰进口馆等侨商企业的加盟，不断丰富着商品城的国家馆种类。建立侨乡商品城，打造国际名品集散中心，青田不仅"铺路筑桥"吸引侨商回归，还更加注重真心实意地扶商、留商。青田在商品城开业前就成立了配套机构——青田县电子商务公共服务中心，由第三方公司运营，通过网商培训、技术指导、电子商务平台建设和本土特色品牌营销等培育服务，为入驻商家提供线上支持，提升企业和个人的电子商务应用能力。据课题组在商品城的调研，一家小小的果品商店每天就要与3000多家微商建立商品贸易联系。便捷的电子商务与物流为青田华侨商品城插上腾飞的翅膀。

另外，青田投资500万元建设了面积达6800平方米的保税仓库，该仓库于2015年11月8日落成，包括恒温仓库和普通仓库，适合进口红酒、食品、日用百货等保税商品的仓储。为了拓展营销渠道，打造侨乡进口商品城这个著名侨乡青田的"金名片"，商会还开展了"三大"营销策

图4-5 青田侨乡进口商品城

略。一是利用商品城现有的场地优势，采取多种形式，举办了各种大型的
促销活动，如春节、元宵节、情人节、儿童节等节日促销活动和品酒会、
展销会等活动。二是实施"走出去"的营销策略。商会积极组织理事企
业走出青田，前往长沙、上海、郑州、杭州、宁波、上虞和温州等地进行
市场考察、调研，寻找意向伙伴，准备联销、分销，以经销的形式开辟新
的营销渠道。三是实施"传进来"的营销策略。侨乡进口商品城在本省
和全国一些省份已经有了一定的知名度和认知度，商会以高度的热情邀请
本省和其他省份的商户前来考察及洽谈合作。

商品城建设至今，聚集了2亿多元的侨资，实现了超亿元的销售
额。可以说，青田侨乡进口商品城的建设是青田县顺应时代潮流，发挥
侨乡优势，有效整合华侨资源，挖掘商贸潜力的硕果。该商品城为青田
侨乡经济注入新的活力，更进一步促进了侨乡商贸的发展和侨乡经济的
转型升级。

(二) 打造侨乡金融升级版，实施金融强县战略

在青田，旅居海外者约 25 万人，他们遍布世界 120 多个国家和地区。每年他们汇回青田的外汇数额巨大。这些资金一部分成为县城 100 多家金融单位的争取对象，另一些存在于民间信贷市场。这些资金若充分利用将为青田经济的转型升级提供难得的机遇。

2008 年以来，青田县政府借助侨汇优势，大力实施“金融强县”战略。首先，加快金融机构发展，引导农村信用联社（如青田农商银行、青田华侨城市信用社）向股份制银行转型，适度引进有实力的国有、商业银行，不仅引进了中国银行、中国建设银行、中国工商银行、中国农业银行等国有商业银行，还引进了浦发银行和中信银行，以及浙江泰隆商业银行和浙江稠州商业银行等区域性商业银行（见图 4-6~4-8）。这些银行立足于青田侨乡特色开展相关业务，比如中国农业银行推出农行个人外汇贷款业务，贷款可用于本人或其家庭成员在境外经常项目的开支，支持海外亲属创业和个人贸易支付，贷款币种有欧元、美元等。扶持发展村镇银行、小额贷款公司，如浙江青田建信华侨村镇银行、汇通小额贷款公司。大力引进和培育证券、期货、保险、信托、租赁、基金公司等非银行业金融机构，引进了中国银河证券、中国人民保险股份有限公司、中国人寿保险公司、天安保险股份有限公司等。大力培育和发展财富管理、信用中介服务、会计师事务所、资产评估等中介机构，创建了青田县侨乡民间融资管理服务中心，成立了青田侨商财富投资咨询有限公司（该公司成立于 2013 年，旨在为投资者提供安全可靠的贵金属投资平台以及网上的行情走势咨询服务）。

其次，推进金融创新，建立财富中心。青田作为侨乡，侨汇多，人民生活富裕，与之相对的是当地安全优质的投资理财渠道却不多，不少人过去投资地产、矿业等损失惨重。为此，2015 年青田县政府牵头创立了青田财富中心（见图 4-9），中心位于青田县城文化会展中心，该中心汇聚了 17 家银行、保险公司、资产管理公司等金融机构。财富中心的建立有利于为侨乡小微企业提供便捷的小额贷款服务，并为侨乡居民提供一站式、多样化的金融理财选择。为了确保资金的安全，财富中心仅接受国资、上市公司入驻，但在“互联网+”的背景下，财富中心特邀了一家互

联网金融平台——东方汇，使得青田财富中心形成了银行机构和互联网金融平台共同面对客户选择的局面，引入互联网金融平台，必将为青田当地的金融生态带来新活力。总体而言，多样的金融机构，创新的金融平台，都将为青田县充分利用外汇、深入实施金融强县提供强有力的支撑，为侨乡经济转型升级助力。

图 4-6　浙江稠州商业银行

图 4-7　青田农商银行

图 4-8　浙江青田建信华侨村镇银行

图 4-9　青田财富中心

（三）整合侨乡遗产资源，发展乡村特色旅游

青田县旅游资源丰富，除了华侨文化旅游资源外，还有列入全球农业文化遗产（联合国粮农组织，FAO）的"青田稻鱼共生系统"，以及闻名遐迩的青田石。目前拥有 4A 景区 2 家，3A 景区 5 家。2011 年旅游总人次 250.65 万，旅游总收入 37.22 亿元；2012 年旅游总人次

330.92 万，总收入 49.25 亿元；2013 年旅游总人次 469.04 万，总收入 69.28 亿元；2014 年旅游总人次 579.85 万，总收入 89.7 亿元；2015 年全县共接待国内外游客突破 700 万人次大关，旅游收入达到 114.85 亿元，总量居丽水市第一位。2011~2015 年，旅游总人数和总收入呈现稳步增长态势。

发展乡村旅游，保护传统农业遗产。青田稻鱼共生系统有着 1200 年的悠久历史，是一种稻鱼互利共生的种养模式（见图 4-10）。2005 年 6 月，"青田稻鱼共生系统"被联合国粮农组织列为首批 GIAHS 保护项目试点，这种"传统稻鱼共生农业系统"吸引了许多中外游客，方山、仁庄、鹤城、高湖、小舟山等乡镇相继推出捕田鱼比赛、舞鱼灯，辅以插秧、磨豆腐、犁田、耘田等农作活动的特色旅游项目。该系统贴近生活，富有创意，新鲜有趣，参与性强，使游客从中感受到"田鱼之乡"的农业生态旅游带来的乐趣。2014 年青田县延伸乡村旅游，突破稻田养鱼单一种养业模式的瓶颈，建设休闲观光农业基地，立足"全球重要农业文化遗产"品牌地的资源优势，发挥生态优势，以鱼为载体，形成特色鲜明的田鱼民俗、田鱼艺术、田鱼饮食礼仪，通过观鱼、抓鱼、尝鱼吸引客人，发展集赏鱼、钓鱼、吃农家菜、住农家房于一体的休闲农业旅游，打造乡村旅游金名片，以此推动"稻田养鱼"农业遗产的保护。

除此以外，青田石雕是当地的品牌，是世代青田人走闯江湖、跨出国门的"传家宝"。1992 年，青田石雕被邮电部选为特种邮票发行；2001 年，与寿山石、昌化石、巴林石并称为中国四大名石，同时率先取得全国首家石刻类原产地证明商标；2006 年，荣登"中国第一批非物质文化遗产保护名录"；以青田石雕为主题已建设国家 4A 级旅游景区——中国石雕文化旅游区，地域范围横跨鹤城、山口两大镇，目前，景区由石雕博物馆、中国石雕城、千丝岩石文化公园三个节点构成，二期还将建设矿山公园、大师艺术馆群、石雕原石市场等旅游项目。前来选购、观摩青田石雕的顾客络绎不绝（见图 4-11~图 4-13）。

图 4-10 稻田养鱼

图 4-11 青田稻田主题餐厅

图 4-12 雕艺城石雕

图 4-13 顾客在选购石雕

（四）设华侨村干部，开创华侨参政新形式

多年来，青田华侨回国参政议政的形式，主要表现为在有关部门担任重要职务，成为各级人大代表、政协委员，而华侨回乡参与村级基层组织管理的较少，只是个别现象。作为具有悠久华侨历史的重点侨乡，"侨"是青田的一大特色和优势。当地政府重视发挥"侨"的作用。从 2007 年到 2009 年，青田县委、县政府根据当地经济发展和新农村建设的需要，依托华侨优势，搭建侨资回流平台、侨心回归平台。根据华侨热心家乡新农村建设的强烈愿望，推出了"百个侨团助百村、千名华侨扶千户""百名侨领家乡新农村西部行"等活动。这些活动促进了华侨的侨心回归，增进了华侨和乡民的联系，也为华侨担任村干部奠定了民意基础。青田县近年还出台新政策，允许华侨回国后重办身份证、重新落户口，并拥有选

举权和被选举权。2008 年正值各村村民委员会 3 年换届，不少想进一步为家乡做点实事的华侨积极参选，这些参选华侨年龄多在 50 岁左右，正值人生的"换频道时期"，他们在海外已积累了一定的财富，儿女已成年独立发展，本人尚处壮年，愿意当村干部来实现后半辈子的人生价值。在 2008 年青田全县村两委换届选举中，有 36 名男性华侨通过民主竞选，担任了村支部书记和村委会主任、委员等职务。青田开启了华侨参政议政的新形式，吸收了一批华侨担任村支部书记和村委会主任、委员等职务，涌现了一批"华侨村干部"。2009 年 5 月，又增补 2 名华侨任村委会主任和村支部副书记。2011 年的换届选举中，华侨参与村干部选举的乡镇更多，涉及 16 个乡镇。到 2015 年底全县华侨村干部有 146 人。可见，青田华侨回乡竞选村干部的人数不但没有减少，反而呈稳步增长趋势，特别是越来越多的年轻华侨开始参与家乡建设与发展。

华侨村干部具有一些不同于本地村干部的特征，他们理念新、视野广，他们将自己在海外学习的先进理念和管理模式带到乡村的治理中。比如，华侨村干部普遍重视村庄的环境保护和公益事业，也特别关注留守老人的生活。连续两届任小令村村民委员会主任的保加利亚归国华侨徐文俊（见图 4-14）关注村庄的环境卫生，热心公益事业。在小令村河道的治理中，他发动村两委干部、亲属，雇用劳动力下河道清理，用镰刀为他人开路，用热情为人民做实事。他带领人们花了两天时间清理完责任河道。在徐文俊的积极推动下，小令村还出资 45000 元，配置了垃圾车，购买了 15 个大垃圾桶和 100 个家庭生活垃圾桶，使村内平均 15 米就有一个大垃圾桶，每户都有一个生活小垃圾桶。此外还临时雇用了 3 个卫生保洁员，使村内卫生保洁员增加到 4 个，及时清理村里长期积累的生活垃圾及卫生死角，使小令村的村容村貌焕然一新。徐文俊不仅办事讲效率，而且善于吸纳新鲜事物，敢于"触网"。他在 2011 年 1 月开通了"青田仁庄镇小令村"村务微博，通过微博及时广播有关村里的大事、小事和新鲜事。在他的带动下，不少村民养成了看微博、发微博的习惯，如今小令村还开通了自己的网站，方便村民第一时间了解小令村务动态资讯和发布农产品出售信息等。徐文俊还创建小令村、华侨村干部等微信公众群（见图4-15），经常在自己的朋友圈发布村里的最新动态，这些举动不仅让村民，也让在外地及远在海外的小令村民，实时了解家乡的变化发展。

华侨村干部的新理念、新想法正不断推动着青田新农村建设的开展，带动着侨乡农村的转型升级。

图 4-14　华侨村干部徐文俊（右一）在访谈中

图 4-15　华侨村干部徐文俊 3 个微信公众平台

（五）培养未来小侨民，传承乡土文化

据调查，很多留守青少年不仅学习成绩不理想，而且受到侨乡多元化社会环境及特殊监护人状况的影响，形成了一些不良的习惯，如抽烟、喝酒等。针对这个问题，青田地方政府和社会各界想出了许多办法。最终他

们对这些留守青少年——可能的未来侨民进行合理的引导，带领他们学习融入青田的乡土文化，依托地域优势，培养他们的乡土情结，让乡土文化得以传承。以方山乡为例，当地是著名的田鱼之乡、华侨之乡。当地乡村学校于 2003 年 3 月开始组建"青田鱼灯·鱼戏莲花"少年鱼灯队，在这支队伍中，"留守儿童"约占总人数的 70%。经过几年的发展，这支队伍多次参加重大文艺活动，受到各级领导的充分肯定和社会各界的普遍好评。学校在抓好少年鱼灯队建设的同时，还邀请专家进行指导，编撰校本教材《话说田鱼》，教材内容丰富、通俗易懂、富含侨乡特色，是传承乡土文化的好教材。中国传统文化博大精深，方山乡中心小学提出每位学生都要学会一种乐器的做法，以此为载体来培养侨乡青少年的爱乡、爱国情结。

四　研究小结

总之，青田县是浙江省乃至中国著名的侨乡，目前虽然面临着人才缺乏、对侨资引导薄弱及文化受到冲击等困境，但是海内外青田人依托侨乡特色，做足"侨"文章，推动着青田侨乡的转型升级，主要启示如下。

（1）侨乡青田成功转型发展的经验说明侨乡是特定的自然、社会、经济、文化地域系统，有着较大的组织能力。如侨乡经济通过"互联网+金融"形式开创金融强县新局面；扭转侨乡畸形消费的模式，建立侨乡商品城；华侨村干部推动乡村社会治理与发展；保护与传承传统文化遗产，保护侨乡下一代的"乡愁"。

（2）侨乡青田转型发展得益于侨乡在全球化过程中社会网络的作用。现代山区侨乡的发展必须突破传统自然、交通条件的瓶颈，突出社会网络关系在经济发展中的作用。这种社会网络关系体现出全球化过程中青田海外老华侨、新华侨与侨乡的千丝万缕的社会、经济联系。若没有新老华侨在欧洲、美洲等地与青田侨乡的全天候无缝联系，当地就无法获得欧美等地第一手的商品信息。而侨乡飞速发展的电子商务、航空、高铁又使青田侨乡的社会网络优势转变为经济优势。

（3）山区侨乡发展政策要突出重点，关注侨乡"下一代"的教育与"乡愁"。在目前全国经济下行压力较大的情况下，青田县政府重点要建设侨乡商品城、建立金融服务中心，提升侨乡经济发展。但是，从长远来看，如何扶持华侨服务乡村治理（华侨村干部），如何教育侨乡留守儿童，如何留住乡村"乡愁"文化，打造有特色的侨乡景观，考验青田各级政府的智慧与胆识。

第四节　瑞丽模式：边境侨乡发展模式

瑞丽具有地处中华经济圈、东盟经济圈和南亚经济圈的交汇点，三面与缅甸接壤的特殊地域优势，拥有两个国家级口岸，这造就了瑞丽边境贸易的经济发展模式，形成了以边境贸易为主，一般贸易、加工贸易、对外经济技术合作等多层次、宽领域贸易方式并存的格局。但是，基础设施薄弱、口岸的功能不全、产业规模较小、综合竞争力较低，亟须加大开放力度，整合区域资源，改善投资环境，招商投资大项目，做大特色产业。

一　区域发展背景分析

云南省总面积约为 39 万平方千米，国境线长 4060 千米，处于我国西南部，与缅甸、老挝、越南接壤。云南是中国第五大侨乡，250 多万云南籍华侨华人居住在海外。瑞丽市位于云南省西南部，隶属德宏傣族景颇族自治州，距省会昆明 730 千米，距州府芒市 99 千米，是古代南方丝绸之路的重要通道，是云南省边境口岸城市，同时也是滇缅公路与中印公路（史迪威公路）的交汇处。瑞丽作为我国面向南亚、东南亚开放的重要门户，属中国沿边开放城市，东连芒市，北接陇川，西北、西南、东南三面与缅甸山水相连，国境线长占市周边边长的 70%；毗邻缅甸国家级口岸木姐。瑞丽国土面积约 1020 平方千米，辖三乡、三镇、两个经济开发区。全市总人口 17 万多人，其中傣、景颇、德昂等少数民族人口占 58%；农业人口占 60%，非农业人口占 40%。2012 年国务院办公厅正式确定瑞丽为国家重点开发开放试验区，对瑞丽经济社会生态文化建设及发展都起到了极为重要的作用。

瑞丽市属南亚热带湿润性季风性气候，受地形和气候及水资源的影响，瑞丽全年基本无霜，冬无严寒，夏无酷暑，花开四季，果结终年，是适宜人类居住的天然大氧吧。

2010~2014 年，瑞丽市的地区生产总值从 28.74 亿元增长为 55.22 亿元，其中第一、二、三产业所占 GDP 比重从 2010 年的 19.9%、20.1%、60%变为 2014 年的 17%、26%和 57%。2014 年，瑞丽市第一产业实现增加值 9.31 亿元，较 2010 年增长 5.6%；第二产业实现增加值 14.11 亿元，增长 47.4%；第三产业实现增加值 31.79 亿元，增长 9.0%（见图 4-16）。

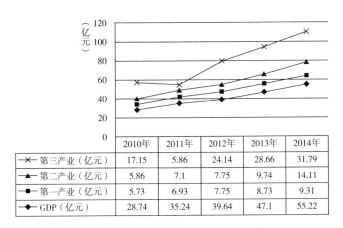

（亿元）	2010年	2011年	2012年	2013年	2014年
—×— 第三产业（亿元）	17.15	5.86	24.14	28.66	31.79
—▲— 第二产业（亿元）	5.86	7.1	7.75	9.74	14.11
—■— 第一产业（亿元）	5.73	6.93	7.75	8.73	9.31
—◆— GDP（亿元）	28.74	35.24	39.64	47.1	55.22

图 4-16 瑞丽市经济总量和产业结构

瑞丽的产业结构经过了长期发展，现已形成的主要格局呈现"三二一"的发展趋势，传统产业与特殊优势产业并存。在省、州政府推进试验区的建设中，瑞丽的制糖业、食品加工业和制药业等传统工业得到了巩固，香料、石斛和水果等特色产业得到了较快发展，并积极引进汽车、电视、制药等加工产业技术进行出口贸易，珠宝玉石、橡胶产业的深加工也同时推进，大力推进产业结构的良性发展。同时，瑞丽市借助生态资源、地理区位及历史文化资源优势，积极开发生态旅游业与休闲中心等第三产业，开通瑞丽与缅甸部分地区的旅游线路，结合瑞丽地区的多民族特色及历史文化，规划建设遗址公园、民族公园、旅游度假区和休闲地带等。总体来说，瑞丽市第一产业规模较小，第二产业发展层次较低，支柱产业较单一，第三产业主要为贸易业及旅游业，第二和第三产业的关联度较低。

政府一再强调瑞丽市黄金口岸的作用，加大中央、省政府对外贸易发展的政策扶持，对口岸基础设施建设的投入力度逐年增加，完善口岸的硬件设施。随着瑞丽市公路、铁路及空运等多种交通条件的不断改善，如大瑞铁路、龙瑞高速公路、中缅输油气管道项目的建成，瑞丽可依托国际大通道，构建国际物流中心，将口岸提升为航空、铁路、公路综合口岸，其通关速度和服务水平将得到很大的提升。

截至 2014 年底，瑞丽拥有公路总里程 705 千米，初步形成了以国道、省道为主线，以市区为中心、市乡公路为支线的公路辐射网络，构成了"四出境"的公路运输网络。目前瑞丽市的交通建设紧紧围绕印度洋国际大通道建设全力推进。在水运方面，全市共有通航总里程 86.3 千米，经市政府批准认定的渡口 19 道，共有合法营运船舶 31 艘，2014 年共完成客运量 30.62 万人次，完成进出口货运量 117.37 万吨。便利的水运条件是瑞丽市水运事业持续稳定发展的坚实基础，成为方便中缅边民相互往来、发展边境小额贸易陆路不可替代的水运平台。在铁路方面，云南省政府与铁道部加大了对瑞丽的铁路交通支持力度，合资建设了大瑞铁路（大理—瑞丽），这是内昆铁路建设之后投资最大的铁路建设项目。大瑞铁路是我国中长期铁路规划的重点项目，在泛亚铁路西线中占有重要的地位，同时也是云南省铁路网中的重要出境通道之一。大瑞铁路建成通车后，将连通中缅，成为中缅铁路通道的重要干线。大瑞铁路对推动沿线地区经济社会发展，推进中国与东南亚、南亚国家的交流与合作，及打造云南西南部的交通运输格局都将产生重大而深远的影响，云南的桥头堡作用也会因此而愈加凸显。

二 瑞丽侨情分析

（一）瑞丽侨乡历史演变

1. "蜀身毒道"开通，开启滇西往来通道

战国时期，滇西通往南亚、东南亚的通道即"蜀身毒道"已成功开通，蜀身毒道是从成都往南，经邛崃、汉源，到云南沿横断山南下，经昭通、曲靖、大理、保山、腾冲，在瑞丽往西，经过野人山，再沿喜马拉雅山往西最后到达印度。蜀身毒道的开通促进了滇西与南亚东南亚等国家的往来，使之成为古老中国最早的"改革开放"前沿。汉、唐、元朝时期，滇西凭借独特的区位政策优势与东南亚国家一直保持着商贸往来。唐朝时

期，云南处于南诏国统治下，南诏国政权主张与缅甸发展经济贸易关系，人口流通大大加快。而宋代，由于云南与东南亚相近，滇西与缅甸相邻，大理段氏家族统治下的云南主张向南发展，加强了滇西与东南亚一带的交往。在其后的明清两朝，滇西与边境国家的经济贸易得到了更进一步的发展。如明弘治十二年巡按云南御使谢明宣奏称："臣闻蛮暮等处，乃水陆汇通之地，夷方器用咸自此出……透漏边情，不止恭门，段和而已，又有江西、云南大理逋逃之民多赴之。"①据此，在明朝时期已经有一定数量的居民移居到缅甸，与缅甸人生活在一个屋檐下。云南省与其他国家的贸易往来变得频繁，一些贸易中心和货物集散地在中缅、中越等边境地区出现。滇西地区是中国与南亚、东南亚的贸易中转站和货物集散地。作为贸易中转站，一些华商在这里向缅甸输出日用器物，从缅甸收购货物如棉花、玉石、宝石等，而一些商人就在缅甸定居，其后代成为华侨。华商与当地妇女通婚是当时华人生根落地的重要因素②。明清时期受战乱及"三藩之乱""改土归流"等影响，中国军民落籍缅甸的数量骤增，而后在清朝前期政府颁布的移民垦殖政策，使缅甸华侨明显增多，同时促进了各省到云南的移民活动，他们将云南作为中转站，由此前往缅甸经商，从事贸易行业，后在缅甸定居，成为华侨。由于当时中缅双方货物互补，华商的存在很有必要并很受欢迎，而缅甸的政策也鼓励华侨定居，双方经济都得到了发展。

2. 殖民统治与侵略，成就滇缅交流贸易

在清朝后期，清政府奉行闭关锁国政策，政府颁布律令禁止国民私自越境，清政府防止内地人民循陆路出国的禁令也日渐严厉，对私越边境的商贾居民施以重刑，或是斩首，或是充军。但是在上层，缅甸请求清廷开关互市，并愿意定期向清朝政府纳贡。由于我国长期处于自给自足的自然经济阶段，居民的移居、侨乡的发展更多受政治的影响。在鸦片战争爆发之后，我国领土不断地被西方列强侵蚀，长期以来的自给自足的自然经济遭到了严重破坏，开始沦为半殖民地半封建社会，国内阶级矛盾、民族矛

---

① （明）朱孟震：《西南夷风土记》，云南大学出版社，1998。
② 陈俊：《试论清前期缅甸华侨的骤增》，《云南师范大学学报》（哲学社会科学版）2006年第5期。

盾日益尖锐，经济发展不健康。云南省虽处在中国边疆地区，但是其政治经济与内地大致相同。当时的南亚、东南亚国家如缅甸、泰国已被西方殖民者侵略，在英、法等国商人的驱动下，缅甸、泰国等国家急需廉价劳动力，内外环境驱使触发了当时滇西地区的大规模的移民移居现象。在清光绪二十年（1894），英、缅官方同清廷签订了《中英续订缅甸界商务条款》。此后滇西和缅甸的贸易快速增长，滇西地区的经济社会发展得到了促进。1938 年滇缅公路的通车，使得瑞丽成为滇缅公路西段的中枢要冲、进出口贸易物资的集散地，其战略位置极为重要。当时英国统治的缅甸经济发展程度是亚洲第二，仅次于日本，而英国作为当时文明的代表，其社会文化、科学技术都比其他地方领先。因此居住在缅甸的滇西侨民学习到先进现代文明。在抗日战争中，滇西侨乡侨民热爱祖国，与祖国共存亡，侨民运送物资，争取战争胜利，侨乡人民为修滇缅公路做出了重大的贡献。1939 年南洋华侨机工响应陈嘉庚先生的号召，毅然回到中国，与敌人浴血奋战，广大爱国侨胞的力量是滇西侨乡抗日胜利的重要因素。在鸦片战争爆发到中华人民共和国成立的这个阶段，滇西作为面对南亚、东南亚的大前方，侨乡得到了进一步发展，侨民为祖国的未来也做出了巨大的贡献。

3. 改革开放浪潮，促进边贸快速发展

中华人民共和国成立以后，瑞丽市作为云南省新型侨乡的面貌发生了巨大改变。在中华人民共和国成立初期，瑞丽市仅有几百户人家，以傣族、景颇族、德昂族、傈僳族和汉族居多数。2005 年瑞丽市发展到了35521 户 117019 人，人口迅速增加。瑞丽市得益于改革开放的契机，社会经济得到了快速的发展。1978 年，国家设立瑞丽口岸为国家级口岸，1990 年瑞丽口岸对第三国开放。1992 年，云南省撤销瑞丽县成立瑞丽市，国务院进一步加快其对外开放的步伐，设立瑞丽市为国家边境开放城市，有力促进了瑞丽市发展和开放程度。经过一代又一代人的努力，瑞丽市从经济发展落后的西南边陲小镇发展为全国对外开放的前沿。在西部大开发建设的推进下，为了加快沿边地区的建设，我国政府赋予了瑞丽特殊的优惠政策。2000 年 8 月瑞丽姐告边境贸易区作为海关实施特殊监管的区域，实行了"境内关外"的特殊管理模式。"境内关外"即国内所有的货物越过姐告大桥中心横线以后进入姐告区视为出口，出口货物可以在姐告区内对外进行批发零售，不再受海关监管；进口货物可以直接从缅甸进入姐告区内，在未越过姐告大桥中心横线进入市区前，可免于向海关申报。瑞丽市乘着改革开放的东风，充分发挥自身优势，抓住各种机遇，结合各项优惠政策，坚持对外开放、对内搞活的战略方针，解放思想，与时俱进，不断深化改革，加大同南亚、东南亚国家的经济贸易往来。近年来，我国不断完善与缅甸地方政府互信合作机制，加强了瑞丽与缅甸经济贸易联系。在城市建设、跨境农业、边境旅游、教育环境、科技文化、人力资源、医疗卫生、信息通信、禁毒防艾、警务司法等领域瑞丽与缅甸加强交流合作。在文化交流方面，瑞丽成立了中缅文化交流协会，进一步加强了中缅边境文化交流、合作、传承、发展。

自蜀身毒道开通到今天，瑞丽市一次次开放创新，一次次借着政策、区位、资源等优势，从一个不知名的地方成为如今中国面向南亚、东南亚的桥头堡。在瑞丽作为新型侨乡的发展中，政府和人民的参与起到了极大的作用。在政府和人民的齐力合作下，瑞丽市经济、社会得到了快速的发展，跨入了小康社会。爱国华侨不忘祖国，为瑞丽的发展也贡献出了自己的力量。随着中国"一带一路"倡议的提出，国家加强了与南亚、东南亚各国的联系，瑞丽市将又一次借着政策、区位等优势，坚决落实国家政策，坚持改革开放，大力促进产业创新，争取完成生态、经济可持续发展，人民生活更加富裕，社会更加和谐。

（二）侨乡经济建设

1. 开发格局加大，形成多层次、跨领域经济发展模式

瑞丽凭借独特的地理区位优势造就了瑞丽边境贸易的经济发展模式，形成了以边境贸易为主，一般贸易、加工贸易、对外经济技术合作等多层次、宽领域贸易经济模式。

从图4-17可以看出，瑞丽市进出口贸易总额大致呈上升的趋势。瑞丽市依托自身资源、区位条件等优势，发展口岸经济历史悠久。1985年瑞丽市制定了"以贸易为先导，以农业为基础，以工业为后盾，以贸补农，以贸促工，贸工农全面发展"的战略方针，使得瑞丽市口岸经济与贸易得到了快速发展，进出口总金额由1985年的4484.22万元到2014年

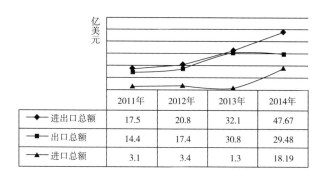

	2011年	2012年	2013年	2014年
◆ 进出口总额	17.5	20.8	32.1	47.67
■ 出口总额	14.4	17.4	30.8	29.48
▲ 进口总额	3.1	3.4	1.3	18.19

图 4-17　瑞丽市进出口贸易总额

281.74 亿元。瑞丽市保持着 15 年间进出口金额稳步上升的趋势，这得益于政府的正确指导和瑞丽市民敢于奋斗的精神。在瑞丽的口岸经济中，与缅甸的合作占了最大的比例。

中缅双方注重沟通与合作，2001 年，云南省外经贸厅与缅甸贸易部边贸司签订了每年在中国姐告和缅甸木姐轮流举办边贸交易会的协议，随着两国经济合作的加深，两国贸易金额提升和商品种类得到优化。2009 年两国签订了《中缅边境开立人民币结算账户协议》，解决了双方贸易结算的问题。德宏州政府充分利用瑞丽作为我国对缅甸最大的陆路黄金口岸的优势，扩大其开放程度，积极引导政府各个部门共同参与，定期与缅甸商务部、旅游部跨境会晤，指导瑞丽市各个产业进行跨境合作，加大瑞丽各种工农业产品在缅甸人生活中的影响力，使得缅甸人驾瑞丽汽车、骑瑞丽摩托、看瑞丽电视、打瑞丽手机。经过近年来的不断发展，瑞丽口岸对缅贸易的交易商品由传统不足百种的生活消费品扩展到现代生活消费品及工农业生产资料 2000 多个品种，对缅甸的影响不断扩大。由最初的以边民为主体、单一的边民互市发展为由两国边民个体、私营、国有、股份、合作和集体公司等多种经济主体参与进行，边境贸易、一般贸易、对外经济技术合作、外商投资等综合的口岸经济格局，对瑞丽市乃至德宏州的经济快速发展起到了如虎添翼的作用。

瑞丽市的瑞丽和畹町口岸是中国对缅最大的陆路综合性国家级口岸，这里还有中国唯一实施"境内关外"特殊监管模式的姐告边境贸易区。

随着建设我国向西南开放的桥头堡战略的实施，瑞丽作为国家重点开发开放试验区，面向南亚、东南亚"金大门"的口岸优势更加明显。畹町芒满通道与缅对开、章凤口岸升格为国家一类口岸，姐告国门第四通道建设及瑞丽、畹町获批成为进境粮食指定口岸，章凤获批成为进境水果指定口岸等工作的开展，都极大地推动了瑞丽开发开放试验区建设，瑞丽市通关便利化得到了不断的提速。瑞丽与缅甸的合作得到了加深，形成了相互沟通与合作的跨境合作机制。

2. 旅游、珠宝、文化等第三产业成为经济的主导力量

瑞丽依托独特的旅游资源及区位优势，在 1978 年已树立大力鼓励发展旅游的超前战略意识，充分利用国家批准瑞丽为"对外旅游开放县""沿边开放城市"等政策，瑞丽市的旅游经济得到快速发展。瑞丽旅游资源极为丰富，不仅有秀丽的自然风光，也有充满民族风情、底蕴浓厚的人文景观和神奇独特的边地文化。

瑞丽政府具有旅游带动经济的超前意识，大力鼓励瑞丽发展旅游，加大资金投入，加强景点景区建设。瑞丽市依托边境优势，大力发展边境旅游，是德宏州第一个开通中缅边境旅游的县（市），也是我国首批开通境外一日游的城市之一。瑞丽市与缅甸旅游部深层合作，推出了各种旅游线路及配套设施，满足游客的多层次需求。除此以外，瑞丽市政府重视边境旅游的治安工作，加大对边境旅游的监督力度，监管出境旅游团队，查处旅游违法事件，为边境旅游的健康发展保驾护航。

瑞丽市的边境旅游不仅体现在旅游产品线路上，其旅游商品及充满边境风情的民俗也是吸引游客的重要因素。瑞丽物产丰富，是我国最大的珠宝玉石集散中心。瑞丽市的旅游产品既有充满少数民族风情民俗的工艺品如傣锦、竹编、树化玉、树化石等，还有具有缅甸、泰国等东南亚地区风情的土产和食品如奶茶、虾米、干鱼、腰果等。中缅双方在 2001 年确定每年在姐告和缅甸轮流举办中缅边境经济贸易交易会，而中缅胞波狂欢节及目瑙纵歌节也为瑞丽市的边境旅游增加了魅力。在资源、区位、双方政府等各个方面的推动下，瑞丽市旅游经济飞速发展，瑞丽市经济实现了绿色可持续发展。瑞丽市在未来的边境旅游战略中，将加强国内外旅游互动，着力打造边境、民族风情、珠宝购物、生态和休闲度假五大旅游品

牌，培育具有南亚、东南亚区域民族特色的文化产业群。

3. 房地产经济与城乡建设相辅相成，共同发展

自改革开放以来，瑞丽市人口与经济都得到了不同程度的增长，随之而来的是人们对居住用房的需求也不断增大，而瑞丽市拥有优良的空气环境、区位条件及政策扶持的优势，因此瑞丽市依据"森林式、生态型花果园林城市，候鸟型旅居城市，区域性国际商贸旅游城市"的发展定位，大力促进房地产产业。瑞丽市政府凭借自身优秀的资源环境、区位优势，其城市建设进入了一个大步发展的阶段，大力拉动了经济的发展。在瑞丽人民的人均可支配收入、人口的不断增长及城市建设完善的趋势下，人们对住房的现实需求大大增加。瑞丽市政府鼓励房地产规范、健康发展，1995 年开始推行住房公积金制度，1999 年启用国家统一制作防伪房屋权属登记产权证书，在 2002 年成立了瑞丽市房地产交易中心，促使瑞丽市房地产产业的正规化和合法化。

瑞丽市房地产的发展与其边贸经济和旅游业发展、人们收入的增多及华侨华人强烈的归属感保持着正相关关系。瑞丽市成为国家重点开发开放试验区以后，作为中国面对南亚、东南亚的桥头堡，其城市拥有了更广阔的市场前景和机遇，带动了当地的商业和投资的发展，从而拉动了瑞丽市房地产产业。瑞丽市外来从商的人口也不断增多。统计资料显示，瑞丽市主要购房力量为当地农商经营者及华侨华人和归侨侨眷，除此以外，瑞丽市在成为国家开发开放试验区后，外来人口大量增加，约 6 万名。这些人员的购房需求较大，带动了房地产产业的快速发展，对瑞丽市城镇化建设起到了积极作用。

（三）侨乡社会发展

1. 侨务资源丰富

瑞丽具有"一个坝子，两个国家，六座城市"的地理优势，也是中缅贸易、文化交流的重要通道，境外华侨华人回国参观考察、探亲访友、投资经商的聚集地和著名侨乡，具有深厚的侨界资源，是全国第一批设立的三个重点开发开放试验区之一。据不完全统计，瑞丽市现有归侨侨眷 2 万余人，在瑞丽长期居留的海外华人华侨 3 万余人，分别来自 10 多个国家和地区。瑞丽市归侨侨眷主要分布在 6 个乡镇，沿边乡镇较多，瑞丽籍

华侨华人 85%分布在缅甸，其他分布在东南亚国家，在西方国家的甚少。瑞丽市侨联侨办通过民间外交工作，积极开展对外联谊，深度涵养侨务资源，目前已经与 30 多个侨团、36 所侨校、300 多位重要侨领保持密切联系，工作范围辐射东南亚、欧美及港澳台地区，对外联谊的框架基本构成。

2. 侨资企业助力侨乡经济

近年来，瑞丽不断加大对华侨的扶持力度，依法维护华侨、归侨的权益，并鼓励华侨华人来瑞丽投资置业，吸引大批侨民、侨商到瑞丽发展，为当地经济发展做出了重要贡献。瑞丽市利用侨资始于 1992 年，至 2012年底累计成立外商投资企业 24 家，其中合资 1 家、独资 23 家（其中缅甸侨胞独资 15 家），投资总额 7364.745 万美元。其中缅甸侨胞投资5792.145 万美元，占外商投资的 78.6%，目前累计成立侨资企业 36 家，企业主要以房地产开发、珠宝加工、进出口贸易、木材加工、宾馆服务业为主。侨资企业在瑞丽注册程序简单，但财会审计比较复杂，不再享受特殊政策，已地方化。侨办企业为推动当地的就业、经济发展起到了重要作用。政府针对瑞丽市侨界的各种问题出台了多项政策，并大力鼓励侨商投资，给予税收、人才等政策支持。

（四）侨乡文化建设

1. 璀璨独特的少数民族文化

瑞丽历史文化悠久，民俗文化丰富。早在 4000 年前人类就在瑞丽繁衍生息。公元前 364 年，勐卯果占璧王国就已在瑞丽建立。而瑞丽的古城勐卯有"祥瑞美丽之地"的含义。瑞丽是傣族的发祥地，傣文史籍《嘿勐沽勐》记载着傣族先民的勐卯果占璧王国是在今天的瑞丽江河谷建立的。除此以外，瑞丽还是滇越乘象国、勐卯古国、麓川古国三大古国的国都。在古代南方丝绸之路的通道上，瑞丽也是重要的城市。而在第二次世界大战期间，瑞丽是被誉为"抗日战争生命线"的滇缅公路在中国境内的终点，是中国中央飞机制造厂紧急从武汉转移的大后方，也是 10 万名中国远征军踏出国门入缅对日抗战的见证者。

瑞丽拥有浓郁的东南亚、南亚民族风情。受区位的影响，中缅两国边民跨境而居、同宗同族、同语同俗，这里有傣族、景颇族、德昂族、傈僳族、阿昌族等世居少数民族。瑞丽的少数民族人口占总人口 60%以上。

长期以来，瑞丽市各民族和谐共处，多元文化交相辉映，由于历史、自然条件和民族风俗习惯等方面原因，这里形成了"傣近水住坝，德昂住半坡，景颇、傈僳住山顶，汉族杂居"的居住习惯。长期以来，各民族在生产上互相支援，经济上互通有无，文化上相互交流，生活上相互依存，形成了彼此水乳交融、不可分离的关系，在历史上的反帝反封建斗争中互相支持，在新中国成立后的建设事业中，并肩作战，携手合作，形成了平等、团结、互助的新型社会主义民族关系，发展了共同的经济和文化，揭开了各民族共同繁荣、共同进步的历史新篇章。

各民族相互融合并保持着自己的独立性，而由于与缅甸相邻的区位因素，各族的歌舞、建筑、服饰和绘画等方面均具有别具一格的文化特色。例如歌舞方面，傣族的孔雀舞享誉全球、温柔如水，在我国首批被列入世界非物质文化遗产名录；景颇族的目瑙纵歌团结有力、热情似火，在每年的正月十五都会举办"景颇族目瑙纵歌节"；德昂族的水鼓原始神秘、充满了边陲风情。每年 4 月 13 日前后的"傣族泼水节暨红木文化节"、十一黄金周期间的"中缅胞波狂欢节暨国际珠宝文化节"、元旦前后的"中缅边境贸易交易会"等节日已成为瑞丽最靓丽、最具有影响力的城市文化名片，吸引了中国乃至世界的八方来客。

2. 保家卫国的爱国主义精神

瑞丽畹町系傣语译音，意味"太阳当顶的地方"，含阳光普照、万物生长之意，是中国西南之门户，位于该区南缘畹町河上的畹町桥，是滇缅公路、中印公路的交汇点，也是中缅两国的界河桥。畹町桥作为在抗日战争时候所付出的血与泪的标志，一直激励着人们要不忘国耻，共聚一心，为中国的复兴贡献自己的一份力量。1942 年中国远征军为了维护当时作为唯一支援中国物资的通道——滇缅公路的畅通，踏上了中缅印战区。因为英国盟军配合不力以及战略指挥上的错误，远征军虽然与日军作战两个月，但还是失败了，6 万远征军战士埋骨他乡。

在抗日战争爆发后，华北、华中、华南相继失陷，日军逐步对华进行海岸线封锁，企图彻底切断中国抗战军民与外部世界的联系。这时，抢修滇缅公路、保住最后一条陆上"生命线"就变得尤为重要。于是，经过 8 个月的奋力抢修，1938 年底，滇缅公路终于修通，日本吞灭中国的狼子野心被有力扼制。然而这时，另一个问题凸显：虽然物资补给能够通过滇缅公路运往国内，可在当时没多少人会开车，滇缅公路发挥不了预期的作用。正是在这样的背景下，一大批懂技术且尤其擅长驾驶的南洋华侨机工在陈嘉庚先生的号召下返回祖国。他们虽然没有扛枪作战，但在滇缅公路上，用车轮滚出了另一块"血肉丰碑"。从1939年2月17日至抗战结束，3200名华侨机工为中国抗日战争的胜利做出了巨大贡献。

1944年，经过重新武装二次入缅的中国远征军彻底扭转了缅甸战局，这是中国近代史上第一次在出境作战过程中取得的全面胜利，但是在这两次赴缅作战中中国军队伤亡近20万人。当时由于种种原因，许多年轻战士不能归国，被迫留在当地，但是这段可歌可泣的历史没有被人们遗忘。为了纪念这些赤子的功勋，德宏州在瑞丽建立了南侨技工抗日纪念公园，希望人们能够一直铭记这段历史。

3. 繁荣灿烂的边贸文化

中国与缅甸自古以来就是亲密的友好邻邦，具有一个坝子（勐卯坝）、两个国家（中国和缅甸）、三大国家级口岸（中国瑞丽口岸和畹町口岸、缅甸木姐口岸）、五座城市（中国瑞丽、畹町，缅甸木姐、南坎、九谷）的独特优势。勐卯坝地势平缓开阔，无天然屏障，瑞丽国境线长169.8千米，有大小渡口和通道64个、界碑97座，瑞丽与木姐田筹交错，村寨相望，两国边民同赶一条街，共饮一井水，通婚互市，和睦相处，胞波情谊，源远流长，形成"一院两国""一井两国""一寨两国"的独特人文地理景观。无论是数千年的"马帮时代"，还是现代的"黄金口岸"，瑞丽在中缅经贸交往中都具有举足轻重的地位。历史上的"滇缅公路"和"史迪威公路"都经瑞丽出境。如今的杭瑞高速公路、泛亚铁路西线、中缅油气管道也由瑞丽出境。瑞丽拥有全国唯一实行"境内关外"特殊监管的边境贸易区。2010年国家把瑞丽规划为国家重点开发开放试验区，并于2012年7月9日正式批准了《云南瑞丽重点开发开放试验区建设实施方案》，其发展定位是中缅边境经济贸易中心、西南开放重要国际陆港、国际文化交流窗口、沿边统筹城乡展示示范区和睦邻安邻富邻示范区。

中缅贸易往来，早在秦代就已经开始，在漫长的历史长河中虽有兴有衰，但从未中断。但由于畹町、瑞丽历史上长期仍完整地保留着封建领主经济制度和自给自足的自然经济，由马帮驮运为主的商业仅是过境或通道贸易，对当地的经济社会发展进步影响不大。德宏人在自己生存的土地上经营中缅贸易进出口业务者甚微，国外的商品集散地多在江头城（八莫）、木邦、密支那，国内又多在腾冲、保山、下关、昆明集散，直到1938年始有转机，滇缅公路全线通车，大批商界人士迁入滇缅公路沿线经商，畹町、九谷成为中缅贸易的主要商品和物资集散地。随着国际运输线逐步取代古商道，机车运输逐渐取代马帮驮运，滇缅贸易重心开始由腾冲向畹町转移，1946年国民政府海关年刊指出"进口洋货约百分之七十，经由滇缅公路运转，在畹町分关完税"。从此瑞丽开始逐渐确立了中缅贸易陆路口岸中心的地位。

中华人民共和国成立后，中缅边境贸易仅是为了两国边境居民在经济生活上的方便和作为当地历史上延续下来的边民互市传统习惯而保留下来，其目的是两国边民互通有无，调节余缺，交换生产资料和生活必需品。边境地方政府出于"经济必须服务于政治斗争"的需要，也以商号或公司的名义开展边境贸易，但并不以赢利为目的，只是服务于边民生产生活需要，由于政策多变，边境贸易也起伏不定。直到1980年前中缅边境贸易每年的进出口贸易总额只是在1000万元内徘徊。党的十一届三中全会以后，瑞丽迎来了改革开放的春天，瑞丽的边境贸易进入了一个全新发展的阶段，特别是1985年德宏全州开放为边境贸易区，瑞丽的决策者以解放思想、实事求是、与时俱进的勇气和胆识，改变了只把边疆看作国防前沿，先政治、后经济的传统思维，树立了边境即是国防前沿又是改革开放前沿的现代边境观念，以敢为人先的精神，毅然提出"以贸易为先导"的振兴边疆民族经济的战略，率先吹响了对外开放的号角，使边境贸易成为瑞丽腾飞的发动机，边境贸易开拓了地方财源，唤醒了边民的商品和市场意识，边境贸易给瑞丽聚集了资金、技术、人才和先进的管理经验，富裕了瑞丽各族人民，增进了民族团结，巩固了边疆稳定，加深了我国与缅甸的睦邻友好关系。2011年瑞丽成为全国最大的对缅贸易陆路口岸，进出口总额突破百亿元大关，口岸进出口货量、出入境车流量及人流量居云南省第一位。历史机遇确立了瑞丽在中缅边境贸易中的重要地位，创造了无限的发展空间。瑞丽市区位优势独特，边境和谐安宁，民族文化资源丰富，生态环境优，依托区位优势，充分发挥境内境外两个市场、两种资源，打造中缅边境经济贸易中心、西南开放重要国际陆港、国际文化交流中心，使昔日默默无闻的落后边陲小县，迅速发展为闻名遐迩的国际商贸城。

（五）侨乡政策优势

1. 国家政策加大扶持

1987 年瑞丽被国务院批准为国家一级口岸，1990 年 7 月 9 日获准对第三国开放；1992 年 6 月国务院批准瑞丽为边境开发城市，享受沿边经济开发区政策。2000 年 8 月国务院批准将瑞丽姐告边境贸易区作为海关实施特殊监管的区域，实行"境内关外"的特殊管理模式，即国内所有的货物越过姐告大桥中心横线以后进入姐告区视为出口，出口货物可以在姐告区内对外进行批发零售，不再受海关监管；进口货物可以直接从缅甸进入姐告区内，在未越过姐告大桥中心横线进入市区前，可免于向海关申报。在姐告区，除国家明令禁止的商品，所有的商品均可在区内展示销售。国内进出口企业可以通过开展过境贸易和转口贸易将姐告视为"第三国"的目的港，从别国进口商品后再转口到其他国家。中国—东盟自由贸易区（CAFTA）在 2010 年 1 月 1 日正式启动，对地处我国西南的瑞丽市的发展具有巨大的积极推动作用。

2011 年 5 月 6 日，国务院以国发〔2011〕11 号文件印发《关于支持云南省加快建设面向西南开放重要桥头堡的意见》（以下简称《意见》）。《意见》从基础设施建设、产业体系完善、开放型经济发展、对外交流合作、城乡居民收入、基本公共服务等方面确立了云南 2015 年及 2020 年的发展目标。并确定了强化基础设施建设，提高支撑保障能力；依托重点城市和内外信道，优化区域发展布局；加强经贸交流合作，全面提升开放水平；立足资源和区位优势，建设外向型特色产业基地；加强生态建设和环境保护，实现可持续发展；大力发展社会事业，切实保障和改善民生；加快扶贫致富步伐，建设稳定繁荣边疆七个方面的重要任务和工作重点。

在经济全球化曲折发展、国际区域经济合作不断深化和国家进一步深入实施西部大开发战略的新形势下，紧紧把握重大历史机遇，加快把云南省建设成为面向西南开放的重要桥头堡，有利于构建我国通往东南亚、南亚的陆路国际大通道；有利于提升我国沿边地域的开放规模和水平，进一步形成全方位对外开放新格局，加强与周边国家的互利合作，促进共同发展，增进睦邻友好；有利于促进区域协调发展，加快边远地区脱贫致富，推动云南经济社会又好又快发展，实现各族群众共同富裕和边疆和谐稳定。

国务院有关部门按照职能分工，正进一步细化各项政策措施，加大对桥头堡建设的支持力度。国家发改委会同云南省人民政府编制桥头堡建设的相关规划，并与全国主体功能区规划和相关专项规划做好衔接。建立由国务院有关部门和云南省人民政府参加的协调机制，加强对桥头堡建设的指导和综合协调，帮助解决实际工作中出现的困难和问题。国家和省委提出要把云南作为中国面向南亚、东南亚开放的桥头堡重点建设，是国家开放战略的重要部署，是云南加快发展的重要机遇。通过推行面向印度洋的开放战略进而扩大我国与印度洋周边国家的经贸合作是建设核心，这将使得我国与东南亚南亚国家的交流合作得到提升。

2. 地方政策积极响应

2011年国家提出将瑞丽作为我国重点开发开放试验区建设，省政府、德宏州政府积极响应国家政策的号召，随后出台了一系列针对瑞丽市的政策，加大对瑞丽的扶持力度，积极促进瑞丽市经济良性健康发展。瑞丽市政府围绕省政府颁布的政策，研究制定了更为详细的实施方案和实施细则，进一步理顺和规范了瑞丽市行政管理体制。

瑞丽成为国家重点开发开放试验区后，以瑞丽为核心，芒市、陇川为两翼的项目准备和政策研究已覆盖德宏傣族景颇族自治州全州。省委、省政府把德宏作为桥头堡建设的突破口、引擎和增长极，有针对性地先行先试了一些重大改革开放措施和特殊优惠政策。2012年以来，德宏州创新体制机制，与省金融办签订了金融支持试验区建设战略合作协议，启动了瑞丽次区域跨境人民币金融服务中心建设，拓宽了金融服务渠道；探索了以"走出去"为主的开放模式，结合自身优势，突出进出口加工业、特色优势产业和旅游文化产业的发展，以产业的发展支撑试验区的开发和开放。交通航运口岸等基础设施建设全面提速，招商引资提质增效，为加快建设瑞丽国家重点开发开放试验区打下了坚实的基础。2016 年在云南省科技工作会议上，瑞丽试验区管委会获得"云南省可持续发展实验区"授牌，由此瑞丽实验区获得了进一步的政策和资金支持。

三 创新路径：边境侨乡的持续开放发展模式

瑞丽，国家重点开发开放试验区，是中国西南最大的内陆口岸、重要的珠宝集散中心，是中国 17 个国际陆港城市之一，也是中缅油气管道进入中国的第一站。瑞丽不仅具有天然的地理区位优势，还有优越的政策优势。我国在加入 WTO 之后，经济发展模式发生了巨大变化，我国对外开放的广度和深度也得到了重要调整，由梯度开放转变为全面开放，国家积极发挥沿边城市推动区域经济发展的作用。新时期，云南作为"一带一路"建设支点，需要认真贯彻国家建设构想，依托区位优势，切实找准在国家"一带一路"建设中的定位，努力融入"一带一路"建设规划，为推进"一带一路"建设发挥好重要的作用。瑞丽侨乡模式概括地说，就是"内涵于广大瑞丽华侨华人中的强烈归属感和兼容并蓄精神，外延于日益繁荣的边贸经济贸易和国际文化交流"的"边境和谐共荣"侨乡发展道路。

（一）生态环境培育为魂

瑞丽市集沿江、沿边、沿口岸于一体，生态环境和空气质量优良，生物资源丰富，自然风景优美，适宜人居，瑞丽江区域为国家级风景名胜区，是全国优秀旅游城市，被誉为"口岸明珠""东方珠宝城"。瑞丽地处南亚热带低纬度雨林型地带，自然风景优美，夏无酷暑，冬无严寒，热量充足，雨量充沛，土地肥沃，光热水土资源丰富，孕育着品种繁多的生物、水能、地热和矿产资源，多民族文化融合的旅游资源优势突出。优良的资源赋存是瑞丽市发展的灵魂与基础，是瑞丽可持续发展赖以生存的支撑条件。新时期，瑞丽市应集中优势，树立生态立市战略，把发展绿色经济放在更加突出地位，把创新发展与绿色发展有机结合起来，加强资源管理，集约利用资源，加快形成节约能源资源、保护生态环境和适应气候变化的产业结构、增长方式和消费方式。

（二）边境贸易经济驱动

瑞丽市是大中华经济圈、南亚经济圈、东盟经济圈的交汇点，瑞丽口岸、畹町口岸是国家一级口岸，姐告边境贸易区是云南省第一个经国家批准的经贸、旅游型的经济开发实验区，是中国第一个经国务院批准设立的实行"境内关外"特殊管理模式的边贸特区，它不仅是中缅两国边境贸易的物流中心、中缅两国贸易的中转站和集散地，而且是中国对缅甸贸易最大的陆路口岸，集贸易、加工、仓储、旅游为一体的面向东南亚、南亚的大通道。新时期，瑞丽应全力推进桥头堡战略实施，加快瑞丽国家重点开发开放实验区建设。以推进建设中国面向西南开放的桥头堡战略为核心，以战略大通道、合作大平台、特色产业基地、交流窗口建设为突破口，充分发挥瑞丽国家开放开发试验区和桥头堡黄金口岸的重要门户作用，加快建设立足滇缅、服务西南、沟通印度洋周边、跨越式发展的国家重点开发开放试验区，提升瑞丽在全省开放开发格局中的战略地位，建设更加开放、更具活力的瑞丽，实现内外区域合作共赢的发展格局，实现对内对外开放的重大突破。

（三）国际文化交流共生

瑞丽正在建设中国向西南开发的国际文化窗口，在"一带一路"倡议背景下，积极推动与周边地区的文化交流，创新文化发展模式。瑞丽在推进与缅甸经济、贸易合作与交流的同时，利用地缘、边民优势，以中缅两国边民同根同源、文化同宗这一特点，加强民间文化交流合作，维护边境和谐稳定，促进边境贸易持续健康快速发展。一方面，积极开展文化搭台、边贸唱戏等活动，不断深化中缅两国"好邻居、好朋友、好伙伴、好兄弟"全面战略伙伴关系；采取"走出去，请进来"的办法，邀请缅甸缅中友好协会，缅甸著名作家、艺术家到德宏瑞丽参观学习，进行交流合作，同时组织中方相关人员赴缅甸参观学习，构建了共同研究、相互交流的平台，挖掘、整理、编撰出版专家学者对边疆民族文化、民族历史等方面的研究成果。另一方面，大力发展文化创意、文化会展、影视制作、演艺娱乐、动漫游戏等各类文化产业，积极培育具有南亚、东南亚区域民族特色的文化产业群。积极举办大型旅游文化演出和节庆活动，提升

"中缅胞波狂欢节""中国瑞丽国际珠宝文化节"的层次与水平，办好泼水节、目瑙纵歌节等重要节会。争取举办国际山地汽车拉力赛、国际公路自行车赛、高尔夫球职业巡回赛等体育赛事。

（四）华侨华人与"一带一路"

新时期，云南省确定"一带一路"发展思路，即以孟中印缅经济走廊、大湄公河次区域合作为重要抓手，以重筑南方丝绸之路、推进互联互通为重点内容，以多边、双边合作项目为基本载体，推动投资贸易、产业发展、能源合作、人文交流，把云南建设成为连接印度洋的战略通道，沟通丝绸之路经济带和海上丝绸之路的枢纽，成为连接丝绸之路经济带西南方向的重要支点和经济增长极。

华侨华人在侨乡城市转型的过程中，对产业结构调整、资本技术、企业经营管理、社会影响、文化发展等多方面产生重要影响。华商在缅甸经济中的地位不容小觑，在中缅双边贸易中也扮演着重要的角色。中缅在"一带一路"建设中有很大的合作空间，在合作的推进中，如能善用华侨华人资源，是大有裨益的。就缅甸政府而言，应鼓励当地华商参与中缅投资合作项目，制定鼓励性政策，创造良好的投资环境。就缅华社群而言，"一带一路"下的中缅合作带来发展机遇，应发挥既有优势，同时开拓新领域。事实上，缅甸对外开放后，不少缅甸华商成为中国企业在缅商贸、制造、加工及服务业的重要合作伙伴。就中国而言，华侨华人当是搭建中缅"一带一路"民心基础的重要桥梁。"一带一路"在缅甸官方反响极佳，但在该国民众中的认可度则未若预期。近年来，缅甸非政府组织及私人媒体迅猛发展，若干组织通过传媒宣传，影响缅甸民众对中国的态度，不利于中缅传统的"胞波"情谊。有鉴于中缅民间往来将影响"一带一路"的落实，中国应推动双方对两国经贸合作、文化往来建言献策，并扩大交流活动，从而深化缅甸人民对中国以及中华文化的了解与信任。

四 研究小结

近年来瑞丽的总体经济均实现较快增长，经济实力有所提升，同时第三产业特别是旅游业发展潜力很大，因此瑞丽可以利用自身区位优势发展旅游业，开发边境旅游产品，推广自驾游、自助游；瑞丽是少数民族的聚居地，民族特色突出，可以吸引游客体验不同的民族风情。

瑞丽作为少数民族居住地，文化包容性强，政府创新能力较强。政府通过对城市发展进行投入，优化产业结构，增加就业岗位，逐步健全社会保障体系，人民生活质量得到提高。2011 年国家提出将瑞丽建设为我国重点开发开放试验区，省政府、德宏州政府积极响应国家政策的号召，随后出台了一系列针对瑞丽市的政策，加大对瑞丽的扶持力度，积极促进瑞丽市经济良性健康发展。瑞丽市政府积极应对，围绕省政府颁布的政策，研究制定了更为详细的实施细则和实施方案，进一步理顺和规范了瑞丽市行政管理体制。瑞丽少数民族众多，民族融合发展的状况体现了瑞丽人民包容、开放的侨乡精神。在中缅双方政策的推动下，瑞丽现已成为归侨侨眷和华侨华人来往较多的新兴侨乡之一。广大归侨侨眷和海外侨胞对瑞丽市扩大对外开放、宣传瑞丽、发展瑞丽起到了重要作用，但是，由于中缅外交关系的几度变迁，中缅经济、文化等交流存在一些制度上和体制上的障碍，华侨华人对于侨乡发展的贡献有限。另外，因为新老华侨的断层问题，与华侨华人的联系一直是瑞丽侨务工作的重点，瑞丽应该继续扎实工作，做好华侨华人工作，增强华侨华人的归属感、认同感，促进华侨华人对侨乡建设发展的反哺和贡献。

瑞丽的空气质量、环境质量都较好，适宜人们居住。瑞丽应继续保持良好的发展态势，在不破坏环境的前提下，发展绿色产业，避免污染企业的进入。瑞丽的森林面积约为 47603.5 公顷，森林覆盖率为 55.02%，垂直地带性分布特点鲜明。热带山地雨林、亚热带季风常绿阔叶林、亚热带山地落叶阔叶林、针叶林和竹林是瑞丽市的主要森林类型。但应减少树木的砍伐，增加植被覆盖率；应充分利用土地资源，保护文化遗产；继续控制污染源，做好节能减排工作；使城市建成区绿地面积、人均绿地面积、森林覆盖率都稳步提升。良好的环境是居民高质量生活的保障，因此，保持好城市环境对城市发展尤为重要。

瑞丽地处西南边陲，经济发展水平低于东南沿海地区，基础设施不完善；交通网络体系不健全，加之受地形地势影响，对交通网的完善工作也困难重重。随着瑞丽国家重点"开发开放试验区"和云南"桥头堡"建设的启动，人流、物流、资金流、信息流加速汇集，在大建设、大发展的背景下，瑞丽市道路运输及相关业务被推上了前所未有的高速发展轨道。作为边境、商贸、旅游城市，公路、铁路、航空等立体交通网络的完善对瑞丽市经济社会实现可持续发展，推动中国与南亚、东南亚的经济文化交流具有积极作用，因此在瑞丽市未来的发展中，完善基础设施是实现瑞丽市经济再增长的重要条件。目前瑞丽市正在对公路、铁路及空中航线进行不断的完善。公路方面，瑞丽市在未来的发展战略中立足发展立体交通网络，形成以国道、省道为主线，以市区为中心，市乡公路为支线的战略方针。如龙瑞高速、瑞陇高速的修建，将有效缩短云南省会到瑞丽的时间距离。铁路方面，我国有关部门已意识到瑞丽铁路修建对其经济发展的重要性，将大理至瑞丽的铁路线确定为《中长期铁路网规划》中的重点项目，该线是泛亚铁路西线的重要组成部分。大瑞铁路将成为我国连通缅甸的重要干线，是中缅国际铁路中国境内的"最后一段"，对瑞丽市发展沿线口岸经济、口岸旅游等都具有极大的促进作用。在空中航线方面，瑞丽市政府认识到空中航线对发展的重要性，联合云南景成集团构建瑞丽景成直升机公司。在未来几年中，瑞丽景成直升机公司的建成与发展将高效服务于瑞丽市桥头堡和国家重点开发开放试验区建设，加速瑞丽经济社会发展。在今后的发展过程中，政府应对公共服务设施加大政策支持和资金投入，完善基础设施，进一步完善道路交通运输网络，提高可进入性，确保全市生产生活与出行的便捷高效；制订道路运输市场发展计划，从源头上规范道路运输行为；同时做好节能减排工作，推动整个交通经济又好又快发展，创造良好的市场条件。

瑞丽人才培养机制稍显落后，城市发展缺乏智力支撑。边境地区更应当把教育放在突出地位，这即是最大的民生。加强对科技教育投入、修建服务于全民的图书馆、加大对大学生的奖励机制都是促进教育发展的重要途径。除此之外，市科技局、市科协、市知识产权局也应当以瑞丽试验区建设为契机，围绕中心，服务大局，突出创新驱动，狠抓特色亮点，着重抓公民科学素质建设，做好农村科普、青少年科普、社区科普，培养专业人才，留住人才，为瑞丽发展提供智力支持。

第五节　容县模式：资源向产业联动转型发展模式

一　区域发展背景

（一）自然地理概况

容县古称容州，地处广西东南部，属于广西壮族自治区玉林市辖县，东与梧州市、广东省相邻，南与北海市、广东省毗连，西与钦州市、南宁市交界，北与贵港市接壤，地理坐标为东经110°15′～110°53′、北纬22°27′～23°07′，国土面积2257.39平方千米。

容县位于"云开古陆"西北侧，经历了加里东、华历西、印支、燕山及喜马拉雅山五个构造发展阶段，多期的构造和岩浆活动给它增添了丰富多彩的内容，构成了现今复杂的地质构造与地形面貌。容县东西南三面高，中部和东北部低，由南向东北微坡倾斜，平缓下降。容县境内重峦叠嶂，岭谷相间，河谷交错，丘陵起伏，是一个丘陵山地占优势的县。境内地貌类型复杂，各种地类兼备，有堆积平原、台地、丘陵、山地等。河流两岸为狭小的平原台地，山地丘陵向中部逐渐下降，呈山地、丘陵、台地、平原递次分布，在中部的槽谷地带，丘陵起伏，沟谷纵横，地表切割强烈，无平坦辽阔的平原。

容县地处南亚热带季风气候，年平均气温21.3℃；7月最高，平均气温28.2℃；1月最低，平均气温12.2℃；年平均降雨量1698.9毫米；年平均无霜期335天以上。主要气象灾害有洪涝、台风、干旱、寒露风、倒春寒、冰雹等。境内河流由东南西三面汇集绣江，经南向东北流入藤具境内。县西北部有大容山，东北至西南走向，长约35千米。西南有天堂山，是云开大山支脉，西北至东南走向，长约35千米。中部有都峤山，方圆34.19平方千米，其山体表面为风化后的生物残迹膜，呈紫黛色，为特殊的丹霞地貌，山内奇峰挺拔，峡谷幽深，洞壁相间，丹宫异彩，是容县主要旅游景观。全县土壤以发育于花岗岩、沙页岩冲积物母质土壤为主，分为赤红壤、水稻土、冲积土、红壤、黄壤、紫壤6大类。

容县拥有"广西三宝"之首、古代列为朝廷贡品、原产于松山镇沙田村的沙田柚;有以肉香、骨软、色黄而饮誉海内外,特产于石寨下烟村的霞烟鸡;有味甘芳香、畅销欧美的玉桂、大红八角以及荔枝、龙眼、红菇、松脂、茶叶、桑蚕、中草药等。蕴藏有锡、萤石、石灰石、花岗岩、高岭土、氟石金、铀矿等20多种战略矿产,其中高岭土储量达1000万吨以上,为容县陶瓷产业奠定了物质基础。

(二) 社会经济概况

根据容县2014年国民经济和社会发展统计公报,2014年末,容县总人口为85.04万人,其中男性45.16万人,女性39.88万人,男女性别比为113.1:100。年内出生人口7337人,死亡人口3955人,人口自然增长率为15.2‰。常住人口为65.4万人,城镇人口为25.78万人,城镇人口比重为39.42%[1]。

2013年1月,根据自治区人民政府文件批复,同意容县十里乡、容西乡、浪水乡由乡建制改为镇建制。容县十里、容西和浪水三个乡相继举行了撤乡建镇揭牌仪式,建镇后名称分别为十里镇、容西镇和浪水镇,撤乡设镇后原所辖行政区域不变。至此容县15个乡镇全部为建制镇:容州镇、十里镇、石寨镇、浪水镇、杨梅镇、杨村镇、黎村镇、灵山镇、容西镇、松山镇、六王镇、罗江镇、县底镇、石头镇、自良镇。

三次产业协调发展,经济结构不断优化。全县地区生产总值由2010年的86.4亿元增加到2015年的172.3亿元,年均增长9.7%;三产结构由2010年的25.7:48.4:25.9优化调整为2015年的19.9:50.8:29.3[2]。容县粮食生产效益持续增长,沙田柚、铁皮石斛、野生红菇、兰花种植、林下养鸡、规模养猪等品牌特色农业发展迅速,农业产业逐步与二、三产业融合,农业总产值从2010年37.52亿元增加到2015年60.93亿元。积极推进园区经济建设,不断促进工业发展,健康食品、电子信息、林产化工、机械制造、日用陶瓷、皮革皮具等六大支柱产业保持良好发展势头,全县工业总产值由2010年的108.4亿元增加到256.8亿元,年均增长22.9%,增长了2.4倍。第三产业以旅游产业为龙头,带动餐饮娱乐、交通物流、电

---

① 2014年容县国民经济和社会发展统计公报。
② 2015年容县国民经济和社会发展统计公报。

子商务、健康养老、金融等现代服务业快速发展，旅游总收入由 2010 年的 10.4 亿元增至 2015 年的 44.4 亿元，旅游产业支柱地位凸显。

（三）侨乡发展优势

1. 区位交通优越

容县地处北部湾经济区和珠三角经济区的交汇地带，是北部湾经济区 "4+2" 城市之一玉林的东大门，洛湛铁路、南广高速公路、324 国道容县路段，成为粤港澳西进参与西部大开发、区内外内陆腹地南连北部湾经济区的重要便捷通道。独特的区位优势为容县参与区域合作、对接东部产业转移、集聚生产要素拓展了空间。

2. 工业基础扎实

容县以发展园区经济为突破口，积极开展 "容县经济开发区提质扩容" 和基础设施建设，不断增强工业园区的吸引力、集聚力和承载力，承接东部产业转移承载能力有效提升。巧借 "侨力" 发展电子产业，由海外华侨投资 30 亿元人民币建设的容县 "华侨高科技产业园" 项目已落户容县，全国电子行业综合实力排第七的无锡晶石电子集团公司投资 4 亿元人民币在容县建设生产基地，共引进了 27 家电子企业，初步形成了集聚态势；世界三大选种育种公司之一——法国古尔蒙公司与广西佳佳食品有限公司合作，投资 2.1 亿元建立法国优质家禽种苗（容县）繁殖基地和鹅肥肝加工基地。容县初步发展形成了电子、健康、林产化工、机械制造、陶瓷建材五大支柱产业集群，工业经济保持了快速发展的良好势头。容县年工业总产值达 256.8 亿元，有望成为临海大工业的后方产业配套基地、配送中心，广西北部湾经济区的发展腹地。

3. 侨力资源丰富

容县是全国著名、广西最大的侨乡，旅居海外的华侨、华人和港澳台同胞共 70 多万人，分布在东南亚及欧美 29 个国家和地区。世界各国和各地区现共有广西同乡会 82 个，与容县经常联系的有 50 个，由容县籍华侨创办、超过百年历史的会馆有新加坡广西暨高州会馆、马来西亚雪隆广西会馆、马来西亚文冬广西会馆 3 个会馆，这些会馆、联谊会为容县经济发展招商引资、引智发展经济奠定了牢固的物质与智力保障。容县有县人大财经农村华侨工委、县外事侨务办、县政协文教群卫宗教联谊委、县侨联、致公党县委会等 5 个涉侨机构（统称"五侨"）。"五侨"各自拥有不同的社会资源，可以集中各类侨力资源有针对性地开展各类侨务工作，服务国家"一带一路"建设。

4. 投资环境良好

首先，容县地处南亚热带气候宜人的丘陵地带，森林覆盖率达66.6%，生态环境良好，拥有丰富的历史文化遗产和得天独厚的自然资源：真武阁（名楼）、杨贵妃（名人）、都峤山（名山）、绣江沙、沙田柚、野生红菇、霞烟鸡、鹅肥肝等。其次，容县自西晋置县至今已有1700 多年历史，历代名人辈出，是中国古代四大美女之一的杨贵妃、世界壮学和岭南民族历史文化研究先驱徐松石的故乡。抗日战争前后，曾出现了黄绍竑、黄旭初、夏威、伍廷飏、杨愿公等 5 位省主席，将军级以上将领 76 人，其他军政要员 380 多人。再次，容县是驰名中外的沙田柚原产地，沙田柚、野生红菇、霞烟鸡、鹅肥肝等多种名特优产品闻名，还拥有森林公园、天堂湖温泉度假山庄、将军河漂流、望君山奇石公园等景区。另外，洛湛铁路、南广高速公路、324 国道经过容县。容县按照区城同建、景城同建的理念抓城区建设，城乡交通条件和人居环境良好。容县出台一系列扶持政策，投资环境日趋优化。

二　容县侨情分析

容县侨乡的形成与发展与广西重点侨乡的形成具有在政治、经济、文化等方面相同的背景，根据侨乡形成与发展的时代特征，我们将容县侨乡演进过程划分为形成阶段、发展阶段和提升阶段。

（一）容县华侨社会初步形成

自南宋至鸦片战争爆发前，西方列强对东南亚的一些殖民地尚未进行大规模开发，在这段历史年代中，广西有少部分人移居越南，但未形成规模。鸦片战争后，我国沦为半殖民地、半封建社会，自给自足的自然经济体系被西方列强的入侵破坏了，大批农民和手工业者破产而被迫到国外从事修铁路、采矿、种植等工作，以谋求生计。19 世纪后半期，广西和其他省一样，阶级矛盾尖锐，民族危机严重，清末容县农民范亚音起义，成为太平天国起义的一部分。在太平天国运动失败后，清政府进行残酷镇压，一些义军战士和亲属为了逃避清政府的杀戮，远走他乡。例如，周免带领 19 名太平天国战士逃到越南，后经香港转到印度尼西亚、马来西亚等地做工、开锡矿。1927 年"四一二"反革命政变后，广西军阀镇压农民运动，一些革命群众被迫走出国门，而且，在此期间，军阀混战、天灾人祸，人民为了生存，被迫逃到海外打工。也有部分有远见的人，远赴他乡留学，寻求强国新路。这段时间，容县出国人数快速增加。

广大侨胞异地谋生，为了联络乡情，在社交中相互帮忙，组织成立了许多宗亲会、同乡会和会馆等。例如最早建立的新加坡三和会馆（1883年）以及马来西亚文冬广西会馆（1909 年），世界广西同乡联谊会等。这些社团组织与广西有联系的有 40 个，由容县华侨、华人充任创建人或领导人的有 20 多个①。

容县籍华人、华侨凭借刻苦勤劳的美德和艰苦创业精神，在居住国从事橡胶种植业、采矿业、园艺业等，还有不少人经营工商业、服务业，开设店铺，兴办工厂，开设酒店，经营旅游业。他们关注后辈的培养教育，特别注重家教，并依托会馆开设华语学校，为会员子女设置奖学金，为培养华人人才创造条件。

1886 年广东商人陈庆昌、谭日章回国投资开采贵县三岔山、平天山银矿，兴办华兴公司，对今后吸引侨资、促进侨乡资源开发与经济发展，起了示范作用。

（二）容县华侨社会快速发展

自 20 世纪初至抗日战争结束，是广西重点侨乡社会发展阶段。在这一阶段，桂东南地区受封建剥削、外敌掠夺加剧、军阀混战、连年天灾等多重因素影响。外国殖民者在东南亚开发规模扩大，涉及的领域多，急需大批劳动力，尤其是在 1920 年至 1940 年，容县、北流、岑溪到马来西亚的人数猛增，达到 20 多万②，移居的国家和地区也呈现多元化特点。

1907 年，广西巡抚张鸣岐派刘士骥到海外筹款，并向华侨宣传投资广西。1908 年，祖籍广东的旅美华侨叶恩、刘义任等人集银 300 万两，

---

① 徐杰舜、何月华：《广西侨乡容县现状考察》，《广西文史》2004 年第 1 期。
② 赵和曼：《广西重点侨乡的形成和发展》，《八桂侨史》1991 年第 4 期。

在贵县成立"振华公司",开采大小平天山银矿,从海外引进人才、技术与设备,修路 50 余里,安设长途电话,开设医院。1925 年新桂系统一广西后,采取了吸引侨资的不少措施,从而使华侨投资广西的热潮在 20 世纪 30 年代一度出现,从而带动了侨资投资地的机器工业、电力、交通运输、建筑、商业、教育、卫生的发展。

在此期间侨乡社会与海外亲人的联系也趋向密切。表现在一是侨汇增多,一些侨汇庄机构创建;二是海外广西籍侨团增多,如马来西亚成立文冬广西会、金宝广西分会、玲珑广西分会、新加坡三合会馆等,这些侨团的成立进一步加强了海外华侨与侨乡的联系;三是在这一时期,容县侨乡的海外乡亲与家乡人并肩战斗,为辛亥革命做出了突出贡献;四是在抗日战争期间,侨汇基本断绝,容县侨乡与海外联系被削弱,但桂籍侨胞积极支援祖国抗战,如马来亚的桂侨为广西将士募捐雨衣、胶鞋,南洋华侨以汽车司机与机修工为骨干,组成 3000 多人的机工大队回国支援抗战,其中容县籍华侨有 60 人。抗战胜利后,侨汇又恢复并增长,容县的侨汇庄发展到七八间,部分逃难在海外的人重返家园,但生活困难。

(三) 容县侨乡社会全面发展

中华人民共和国成立后,特别是党的十一届三中全会以来,容县侨乡社会得到全面发展。容县华侨对家乡怀有深厚的感情,对家乡的建设事业充满热忱。改革开放前,他们主要是以侨汇的形式给亲人提供资金,用于赡养亲属和建设家园。根据容县侨汇统计的数据,1950~1958 年平均每年的侨汇收入为 79 万元人民币;1959~1978 年平均每年的侨汇收入下降为 30 万元;1979~1990 年平均每年的侨汇收入又上升为 86.5 万元[①]。改革开放后,侨务政策得以落实,侨汇政策得到保护,侨汇收入回升并呈现继续增长的态势,这些更加有利于提高人民生活水平,促进生产发展。

近二十年来,海外华人、华侨对家乡的公益事业关怀备至,为慈善、教育、卫生等公益事业投资的热情比过去高涨了许多,越来越多的华人、华侨到祖国内地投资办厂。容县侨办提供的非公有制经济调查资料显示,容县现有侨属非公有制企业 27 家,其中港、澳、台胞投资的企业有 22

---

① 徐杰舜、何月华:《广西侨乡容县现状考察》,《广西文史》2004 年第 1 期。

家，由新、马、泰侨胞、归侨或侨眷投资的企业只有 5 家，分别是容县嘉美食品工业有限公司、容县浪水集源植物油料厂、容县光明机械厂、容县祖立洒饼厂以及容县脱谷机械制造厂。通过侨胞的引领，由海外华侨投资 30 亿元人民币建设的容县"华侨高科技产业园"项目已落户容县。容县侨乡社会呈现多元化、提质增效的发展特征。

三　容县社会经济转型发展

（一）经济建设与发展现状

1. 综合实力显著提升

根据对容县近十年政府工作报告数据的整理分析，我们发现容县经济保持快速发展态势，综合实力增幅明显。2015 年与 2006 年比，全县地区生产总值翻了两番，由 42.13 亿元增加到 172.3 亿元，年均增长 16.92%；财政收入突破 10 亿大关，由 3.1077 亿元增加到 12.26 亿元，年均增长 6.47%；全社会固定资产投资由 18.39 亿元增加到 145.2 亿元，年均增长 25.81%；规模以上工业总产值由 2007 年的 47.23 亿元增加到 242.2 亿元，年均增长 22.67%；社会消费品零售总额由 2006 年的 16.27 亿元增加到 57.9 亿元，年均增长 15.15%。各项指标统计值见表 4-6。

表 4-6　容县近十年综合实力经济指标

单位：亿元人民币

年份	地区生产总值	财政收入	固定资产投资	工业总产值	社会消费品零售总额
2006	42.13	3.1077	18.39	—	16.27
2007	50.3	3.7055	24.37	47.23	19.11
2008	59.98	3.9416	33.06	61.08	23.52
2009	68.32	4.54	50.26	68.54	27.29
2010	86.4	5.6	74	108.4	29.85
2011	109.41	6.88	92.14	148.3	35.23
2012	118.25	8.455	116.31	163.14	40.94
2013	132.4	9.78	108.2	190.9	46.64
2014	144.9	11.11	126.6	233	52.63
2015	172.3	12.26	145.2	242.2	57.90

注：资料根据容县近十年政府工作报告数据整理。

2. 产业结构逐步优化

自 2011 年至 2015 年末，容县共投入 235 亿元推进传统产业升级改造，完成了南山瓷器煤改气、高林林业生产线、城乡电网提升改造等 80 多个技术改造项目，推进三大产业结构不断优化，由 2010 年的 25.7 ： 48.4 ： 25.9 优化调整为 2015 年的 19.9 ： 50.8 ： 29.3。

（1）农业发展现状。以农业基础设施建设和农业品牌创建为重点，推进黑五类食品公司等农业龙头企业不断发展壮大，推动全区高效生态循环农业发展，积极培育新型农业经营主体，规划建设现代农业特色示范区，创建农业专业合作社，与此同时，积极推动农村土地合理流转，引导农业产业向二、三产业融合发展，沙田柚、铁皮石斛、野生红菇、兰花种植、林下养鸡、规模养猪等品牌特色农业发展迅速，实现农业总产值从 2007 年的 27.03 亿元增加到 2015 年的 60.93 亿元。

（2）工业发展现状。以可持续发展作为产业结构调整优化的指导原则，逐步淘汰了万力造纸厂、容州水泥厂以及乡镇造纸小企业等一批高污染、高能耗企业，以自治区级的经济开发区为重点，积极开展"园区提质扩容"和基础设施建设，承接东部产业转移承载能力有效提升，健康食品、电子信息、林产化工、机械制造、日用陶瓷、皮革皮具等六大支柱产业保持良好发展势头，与此同时，华润风能、国电风能、米勒电动汽车、太阳能热水器等环保产业正在逐步成长，全县工业总产值由 2007 年的 47.23 亿元增加到 242.2 亿元。

（3）第三产业发展现状。为满足居民消费、工业发展和休闲观光的需要，容县第三产业重点推进商贸业、生产性服务业和旅游产业。都峤山庆寿岩景区、大容山森林公园、黎村温泉、南方黑芝麻博物馆、抗日烈士纪念馆、自良中平现代特色农业沙田柚产业（核心）示范区等特色景区开发建设，以及全国摩托车友庆典、沙田柚花旅游文化节、东盟友好城市龙舟邀请赛、沙田柚美食文化节等旅游节庆活动举办，"天下奇楼·千姿容州"旅游品牌价值逐渐凸显，旅游总收入由 2010 年的 10.4 亿元增至 2015 年的 44.4 亿元，旅游产业正逐步成为容县新的支柱产业。在旅游产业的带动下，餐饮娱乐、交通物流、电子商务、健康养老、金融等现代服务业呈现良好发展态势。

（二）社会建设与发展

1. 人居环境明显改善

按照区城同建、景城同建的理念，全面建设"一江两岸四新区"，通过建设绣江北岸生态文化带状公园和绣江南岸提升改造工程打造城市滨水绿带；火车站站前大道、站前广场成为城西新区建设支点，容州新城、汇丰国际、万盛广场正在汇聚人气；高速路引线拓宽改造，城东路、育才路及东大街改造提升带动城东片区建设；城南新区把园区道路建设、绿化亮化工程与江南御景、容州商业城、宽华农业物流园等项目高度融合，引进、建设容州国际大酒店、富豪大酒店、村镇银行、实验小学、公安消防等提升城市服务功能，打造产城融合的城南新区；建设仿古特色街区和真武阁景区提升工程，打造容县历史文化特色新区；加快江北旧城区的路网改造提升，持续开展兴容街、中环路、太爷巷、城南街改造提升工程，城区街道小巷五年内全部硬化并安装路灯，容州宾馆商业街和新建成的东风大楼进一步促进了城区商贸的繁荣。容县采用"网格化"管理模式有效提升城市管理水平，有效改善城区环境卫生。在持续开展道路修平补齐、水泥路面改沥青"白改黑"工程，以及道路标识设置等硬件设施建设的基础上，逐步实施中心城区三轮车限行政策，有效缓解交通拥堵，城市面貌焕然一新。城区面积从 15 平方千米扩大到 16.8 平方千米，城镇人口由 16 万人增加到 18.5 万人，城镇化率从 2010 年的 33.9% 提升到 2015 年的 40.9%。

完成十里、浪水、容西撤乡改镇，容州镇撤村改居；推进杨梅镇、黎村镇、石寨镇、石头镇等重点圩镇建设，完成黎村至温泉、松山至石头和罗秀、马塘至自良等二级公路全面建设；灵山、六王、杨梅农民集中居住区带动农民向城镇集中；深入开展"美丽容县"乡村建设活动，累计投入资金 2 亿多元，成功创建一批"绿色村屯""生态示范村屯"，新建一批垃圾中转站、垃圾焚烧站、乡镇污水处理厂，有效推广"村收镇运县处理"垃圾处理模式，城乡环境持续改善。

2. 民生事业有序发展

自 2011 年来，累计投入教育资金 4.1 亿元建设教育项目 175 个；学前教育入园率高于全区水平，义务教育不断巩固，荣获全国"两基"工作先进单位；投入 6300 万元建设卫生项目 135 个，村卫生室"一元看病，免费供药"模式全面推开，疾病控制、妇幼保健、新农合等多项工作处于全市、全区先进水平；投入 3400 万元建设 88 个村级公共服务中心和 220 个文体项目，"村村通"广播电视建设任务全面完成；分别投入 2.1 亿元和 1.3 亿元推进保障性安居工程和危房改造；率先成立县级社会保险事业管理中心，全面推进"五险合一"，强化残疾人社会保障体系建设，城乡群众保障水平进一步提升；累计投入城乡最低生活保障资金 3.1 亿元，抚恤优待资金 1.1 亿元，五保供养资金 8900 万元，医疗救助资金 2400 万元，1.6 万高龄老人领到政府津贴。革命老区建设取得阶段性成果，15 个镇全部被认定并纳入建设管理范围。

3. 城市营销成果丰硕

容县获全国国土资源节约集约模范县、国家生猪调出大县等国家级荣誉，使在土地指标和生猪补贴上占领先机；通过国家卫生县城、中国长寿之乡、中国铁皮石斛之乡、中国深呼吸小城、中国十佳宜居县等名片有效提升容县形象；通过全国诗词之乡、中国楹联文化县、中国最具海外影响力明星县、全国农村中医药先进县、全国科技进步考核先进县、国家餐饮服务食品安全示范县等名片提升容县品位。容县城市营销成果丰硕，知名度和影响力不断扩大。

（三）文化建设与发展

1. 组织机构与机制创新

原广西容州旅游投资公司、原城投公司和原小城投公司整合组建成广西容州旅游投资发展有限责任公司，整合旅游融资平台，注资 2500 万元，激活了投融资平台功能，为文化旅游资源保护与开发建设提供有力的组织保障。

2. 文化旅游快速发展

容县具有优越的文化旅游资源、悠久的历史资源优势和深厚的人文资源优势。依托丰富的文化旅游资源，容县先后打造了都峤山庆寿岩风景区、自良镇观音山风景区等文化旅游景区景点，有力促进了经济社会的发展。近年来开工建了投资 80 亿元的真武阁景区旅游提升工程、都峤山文化生态旅游景区、桂系抗日爱国将军历史文化博物馆（主题公园）、容县爱国将军故居群等 9 大重点旅游项目。全县文化旅游景区基础设施不断完善，品位不断提高，"天下奇楼·千姿容州"文化旅游知名度大大提升。容县利用得天独厚的文化旅游资源，打造了颇具特色的文化旅游产业，成为玉林的"旅游龙头县"，2013 年获得"中国最佳生态文化旅游县"金字招牌。2015 年全年，容县接待国内外游客 520.8 万人次，同比增长29.71%；旅游收入突破 44 亿元，同比增长 27.91%，增幅和总量均排在玉林市第一。

3. 加快文化场馆建设

容县以创建广西特色旅游名县和创建国家公共文化服务体系示范区为契机，投资 9000 多万建设博物馆、图书馆、文化馆及工人文化宫等文化场馆。其中，博物馆规划占地面积 8.05 亩，规划建筑面积 6260 平方米；图书馆、文化馆迁建工程预算总投资 1500 万元，总建筑面积 6680 平方米。这些文化场馆将成为容县举办文体活动的重要场所，提升人民群众生活水平的重要平台，展示城市精神风貌的重要窗口。

4. 举办特色文化节庆

涉外旅游文化交流不断增强，成功与泰国勿洞市建立友好城市，举办了东盟友好城市龙舟邀请赛、全国摩托车友庆典、沙田柚花旅游文化节、沙田柚旅游美食文化节、海外华侨华人恳亲大会等旅游节庆活动，提升了容县文化旅游知名度，扩大容县文化产业的影响力。

5. 重视公共文化体系建设

2014 年，容县相继出台《容县创建国家公共文化服务体系示范区建设规划》和《容县创建国家公共文化服务体系示范区工作方案》，积极推进农家书屋和乡镇综合文化站等设施建设，全力培育容县的特色文化，打造容县的文化品牌。与此同时，通过积极鼓励社会力量的参与，促进服务资源共建共享，容县民营文艺团体、民间文艺社团和农民自办文化繁荣发展，初具规模，成为县、镇、村三级公共文化服务的重要补充。

（四）华侨华人在侨乡发展中的作用

1. 侨乡扶持政策的原动力

容县享受国家西部大开发、泛北部湾开发等多方面的优惠政策，在税收方面，则出让属于地方分享部分的企业所得税，对北部湾经济区内享受西部大开发相关税收优惠政策以及"两免三减半"（前两年免征、后三年减半征收）中减半征收期内税收优惠政策的企业，再免征部分属于地方分享的企业所得税；在财政支持方面，自治区财政将从 2009 年开始，每年安排一定资金（逐年增长）专项用于经济区市政公共基础设施建设与维修。还包括金融支持、外经贸发展、人力资源和科技开发、优化投资环境等方面的一系列优惠政策，并对支柱产业、龙头企业在技术创新、争创名牌、项目投资等方面进行奖励扶持。2009 年，广西出台扶持侨资企业度过金融危机的政策；2016 年，广西部署"十三五"贫困归侨侨眷脱贫攻坚计划。2014 年容县通过地方优惠政策、《关于投资办企业的优惠办法》和《关于鼓励各界人士招商引项目的奖励办法》等文件，对重点企业实施"扶强、扶优、扶新"的"三扶"政策，在用水、用电、用地、收费等方面给予投资者最大限度的优惠。这些扶持政策，激活了容县产业的发展。

以上国家、省、市、县对侨乡发展的扶持政策出台主要是因为广西是中国与东盟国家既有陆地接壤又有海上通道的省区，是对东盟开放合作的前沿和窗口，成为连接多区域的国际大通道、交流大桥梁、合作大平台。在这些东盟国家分布有众多的广西籍华侨华人，侨力资源是这些政策出台和实施的重要依托。归侨、侨眷生活富裕，侨乡可持续发展，海外华侨华人安居乐业，以及共同实现"中国梦"，是侨乡扶持政策出台的出发点和根本原因。

2. 侨乡产业发展的引领人

容县侨界经济活跃，能人辈出，是促进全县经济发展不可忽视的重要力量。容县侨办提供的非公有制经济调查资料显示，2000 年前，容县有侨属非公有制企业 27 家，其中港、澳、台胞投资的企业有 22 家，新、马、泰侨胞、归侨或侨眷投资的企业只有 5 家，分别是容县嘉美食品工业有限公司、容县浪水集源植物油料厂、容县光明机械厂、容县祖立酒饼厂以及容县脱谷机械制造厂。这些企业以生产食品、日用品、农机械、农产品为主，虽然规模不是很大，效益也不是很好，但依然是容县工业经济发展的先导性企业。

2004 年成立了广西第一家县级"容县侨商会"，并以侨乡经济开发区

（2006年改名为广西容县经济开发区）为载体，一批侨资、侨属企业在容县迅速崛起、壮大，带动了容县社会经济的发展。例如，32年前马来西亚归侨韦清文、李汉荣、李汉朝三人成立了广西容县南方儿童食品厂。如今，当年的小企业已发展成为总资产25亿元、净资产20亿元、以黑芝麻产业为主的黑五类集团。为回报家乡，该集团在容县进行二次创业，在新城区投资20多亿元建设一个占地约500亩的现代化的黑五类产业园，涵盖现代化的食品生产基地、食品研发中心、黑芝麻博物馆、黑五类大厦、容州国际大酒店、容州商业广场、容州家居中心及高端居住社区。再如，泰国归侨龚增森将1992年开办的南山瓷器有限公司打造为国内外极具影响力的陶瓷企业；2013年末容县侨资、侨属企业已发展到78家。在华侨华人投资创办企业的引领下，香港新兴盛集团投资5亿元兴办的容县菱通竞业电子公司已正式投产；由海外华侨计划投资30多亿元建设的"广西华侨创意文化园"项目已正式落户容县，容县已初步形成电子信息、食品制药、林产化工、机械制造、皮具制作和陶瓷建材六大产业集群，极大地促进地方经济的发展。

3. 侨乡公益事业的贡献者

近十年来海外华人、华侨对家乡的公益事业关怀备至，为慈善、教育、卫生等公益事业投资的热情比过去高涨了许多。据不完全统计，改革开放以来，旅居海外的华侨华人先后捐赠容县公益事业超过1.6亿元，这些捐款大多数用来兴建学校、改善侨联工作环境、建设体育场和图书馆等，其中捐赠给各级政府和企事业单位大、小汽车共35辆，捐建侨心小学项目80个，资助贫困学生1万多人，还包括修桥、铺路等公益事业捐助。如2015年，泰国华侨到侨乡广西容县捐资助学，向容县高中捐赠一批价值12万元的教学设备。海外侨胞对容县公益事业的捐建，为构建容县和谐社区发挥了积极的作用。

4. 侨乡文化传播的主力军

早期出国的华侨通过艰苦创业衣锦还乡，在容县建设了一批标志性建筑并创建了300多所学堂，促进了当地文化与海外文化交融。侨乡文化在海外群体中呈现极强的故乡归属感和地区文化认同性，绣江、都峤山、采茶歌、木偶戏等独具容县特色的文化元素作为容县的特定符号，在海外华侨中具有很强的吸引力，成为连接海外侨胞和家乡人民的精神纽带。依托世界各国和各地区82个广西同乡会及其所拥有的资源，容县地域特色文化从桂东南向东南亚快速传播。

依托侨联资源，容县建有广西首个"华文教育基地"，成为容县与海内外开展文化交流的重要平台。自2007年，容县外事侨务办连续8年承办了20期海外华裔青少年"中国寻根之旅"夏（冬）令营活动①。活动吸引了来自9个国家和地区的1500多名华裔青少年参加。他们在侨乡容县观摩，学习书法、音乐、舞蹈、武术、国画、剪纸、茶道等课程；参观享有盛誉的"中华古瓷"和精美绝伦的陶瓷艺术；走进结对子家中重温祖先足迹、体验农家生活和当地的风土人情，增进了对中华文化的了解和热爱，培养了"根"的感情。

为进一步打造侨乡文化品牌，容县政府与容县华侨决定投资建设广西华侨创意文化产业园项目。项目以挖掘、保护和传承侨乡文化为主题，以展现华侨旅居地建筑风格和华侨风情文化为特色，致力于打造一个商业娱乐与文化品鉴互动、休闲购物与寻根教育互动、全面展现侨乡文明源远流长和博大精深的标志性主题园区。项目建成后，将成为玉林市、广西乃至全国华侨相互沟通联系的桥梁和纽带，对营造亲情侨乡环境，提高侨乡文化产业竞争力，推动区域旅游发展都具有重要意义。

四　研究小结

（一）发展模式

近年来，容县把握国际国内产业转移的总体趋势，发挥侨乡、历史文化（名县）和区位独特三大优势，围绕创建广西东部产业转移示范县的社会经济发展目标，初步形成了电子信息、食品制药、林产化工、机械制造、陶瓷建材五大产业集群。侨乡容县发展模式表现为"资源型"向"产业联动"发展模式转变，即容县早期以资源为导向，依托资源、利用资源、开发资源，市场的概念和产业链延伸较少，逐渐转向通过产业联动

---

① 中国县域经济报，广西容县打"侨"牌促发展，http://www.xyshjj.cn/bz/xyjj/sib/201609/86298.html。

来促进县域产业结构的优化升级和经济竞争力的提升式发展，使得处在产业链中不同环节的企业，突破企业界限、产业界限、区域界限，能够实现企业关系、产业关系和区域关系的优化，获得"1+1>2"的协同效应，容县侨乡经济发展驶入快车道。

（二）模式特征

1. 念好"山"字经，发展现代农业

容县依托"一峤山"和"一绣水"生态资源优势，重视现代特色农业建设，强化农业科技创新，鼓励和支持承包土地向专业大户、家庭农场、农民合作社流转，进一步加快主导种养产业集聚，有效地促进现代农业的快速发展。近年来，容县发展壮大沙田柚、铁皮石斛、野生红菇、黑芝麻糊系列食品等特色农业产业，多措并举推动农业稳定增长，已发展国家级农业龙头企业1家，区级农业龙头企业5家；已成立合作社284家，种植业协会150家，现代特色农业（核心）示范区14个，示范区的规模连片300亩以上，扩展区500亩以上，辐射1000亩以上。如容县中平将万亩沙田柚种植园打造成农业科技示范基地和休闲农庄，发展观光乡村游；容县杨村将20000亩的平贯生态旅游示范园打造成集茶园观光、风能发电、休闲生态旅游于一体的综合产业园。此外，禹华梦幻侨乡生态乡村旅游度假区、都峤山水田园农业旅游观光景区、富来康大荣牧业有限公司和奇昌种猪养殖有限公司休闲农业及乡村旅游等农业重大项目建设，使该地农业逐步成为独具特色的生态田园观光农业，突出农业与旅游产业联动发展。

容县围绕打造广西特色农业基地，大力推进一产"接二连三"，延伸产业链条，通过龙头企业引导，加快农业科技创新，在培育新型经营主体、发展多种形式规模经营方面进行积极探索，尤其是在发展联户经营、家庭农场、土地流转等方面进行大胆创新、大胆试验，闯出了一条现代农业发展的新路子。目前，全县共有农业企业644家，农民专业合作社666家。同时，依托"中国长寿之乡"品牌优势，大力发展无公害、绿色、有机蔬菜、粮食加工及"富硒"有机农业，推进一批独具容县特色的健康食品种植，着力打造健康养生产业。大力引进和扶持国内外、县内外知名食品加工企业，推进肉类、中药材、林产等主导产业以及黑芝麻、铁皮石斛、沙田柚、野生红菇等健康养生食品深加工，扶持壮大锦康食品、健宝石斛、顺昌隆铁皮石斛深加工等一批名优农业品牌，带动特色产业转型升级，融合发展，进一步拓宽和夯实了群众增收致富路。

2. 迈好"工"字步，承接产业转移

容县充分利用林木矿产资源优势、中国—东盟地缘优势、东盟博览会和玉博会等机缘优势，发挥玉林在北部湾经济区东大门的区位优势，敞开大门招商，用灵活务实的政策加大力度招商引资，全力推进承接广西东部产业转移的新格局。容县经济开发区长期以来，坚持一流园区水准、一区多园模式、标准厂房方式、区城同建理念，进一步完善园区规划，在开发区规划控制的 10 平方千米范围内，规划建设了食品产业园、电子产业园、机械工业园、林产工业园、易兴工业园等多个"区中园"，开发区规模扩大到 20 平方千米，并借鉴房地产开发理念，以"工业房地产"建设为突破口，加快开发区建设步伐，提升园区产业招商引资的吸引力和竞争力。自 2006 年以来，容县签约引进的东部产业转移项目 297 个，计划总投资 147.1 亿元，提供就业岗位 6.5 万个，已形成电子信息、食品制药、林产化工、机械制造、陶瓷建材等优势产业，成为工业快速发展、产业迅速壮大的强大平台。

容县按照"创建广西东部产业转移示范县"的目标，以多种形式增强招商引资的动力，加大开发区基础设施建设资金的投入，超前推进水、电、路网等基础设施建设，加快标准厂房建设，积极推进开发区酒店餐饮、文化娱乐、信息服务等服务业发展，加强商业、卫生、教育等配套设施建设，努力把经济开发区建成一个功能齐备和具有良好的软硬件环境的新城区，使其成为工业快速发展、产业迅速壮大的强大平台。同时推进重点产业调整振兴，围绕初具规模的五大产业，举全县之力招商引资，有选择、有针对性地引导项目、企业向五大产业聚集，延伸产业链条，形成配套，扩大产业规模，继续打造一批产值亿元的龙头企业。

对于重大项目建设，容县有关部门做到"无缝对接"，全程跟踪，提高服务实效。透明优质的阳光服务和标准化的园区建设，使容县经济开发区成为东部产业转移的"洼地"。

3. 打好"旅"字牌，激活三产发展

容县自 2013 年以来创建了广西特色旅游名县，并出台了促进旅游产业跨越发展的一系列政策，对旅游企业实行资金扶持、税费减免和土地优惠等，财税、工商、供电、国土、住建、市政等部门在办证办照、用电用地等方面为企业提供优质服务。充分利用和挖掘丰富的旅游文化资源，以全面提升"吃、住、行、游、购、娱"的综合服务水平为目标，切实完善基础设施、提升软实力，着力培植好旅游产业。大力投资开发建设大容山森林公园、"三名"旅游景区（真武阁、贵妃园、都峤山）、黎村温泉、观音山景区、容县仿古特色街、沙田柚王国景区、抗日爱国将军故居等旅游项目；成功举办沙田柚花旅游文化节、东盟友好城市龙舟邀请赛和沙田柚旅游美食文化节等大型节庆活动，打响了"天下奇楼·千姿容州"旅游品牌；已建成国家级 A 级旅游景区 4 家（其中 4A 级 1 家、3A 级 3 家）；拥有星级旅游饭店 7 家（其中四星级 1 家、三星级 3 家）；旅行社 11 家（独立法人旅行社 5 家，分社 6 家）；星级农家乐 44 家（三星 7 家、四星 1 家）；旅游集散中心 1 个、旅游咨询服务中心 2 个，旅游住宿设施总床位数已达 1.8 万张。容县旅游项目的建设、旅游环境的改善、旅游品牌的形成，进一步提升了容县旅游的知名度和美誉度，旅游业逐步成为容县的支柱产业。2015 年全年，容县接待国内外游客 520.8 万人次，旅游收入突破 44 亿元[1]。

除大力发展旅游业外，容县还采取积极有效措施，加快发展现代金融、餐饮、物流、电子商务和保险等服务业，建立完善第三产业统筹协调发展联动机制，落实扩大消费政策，拓展城乡消费规模和层次，促进消费持续增长，容县金融、餐饮、物流、电子商务和保险等服务业健康持续发展。

---

[1]　人民网，广西容县 2015 年接待游客 520 万人次旅游总收入达 44.4 亿元，http://gx.people.com.cn/n2/2016/0108/c179430-27494786.html。

第五章　"中国梦" 背景下侨乡差异性发展模式

海外华侨华人是我国现代化建设的重要资源，时至今日，侨资仍然是我国引进外资的主体，港澳侨企业约占我国外资企业总数的 70%，投资约占我国实际利用外资总额的 60% 以上。华侨华人专业人士始终是我国引进高端人才的主体，我国 "千人计划" 引进的人才中，94% 以上是华侨华人。2013 年，习近平总书记提出 "中国梦" 的构想后，国务院侨办主任裘援平撰文提出 "华侨华人为开辟中华民族伟大复兴的光明前景作出重大贡献"①。在此大背景下，如何更好地贯彻 "中国梦" 的治国理念，如何更好地促进侨乡新的发展，是时代的新课题、新使命。

第一节　新形势下侨乡发展的机遇与挑战

一　新形势下侨乡发展的机遇

（一）"中国梦" 带来的新历史机遇

中国梦的提出，对于华侨华人发展和侨乡的发展建设提供了新的历史机遇。党的十八大和十八届三中全会提出新时期侨务工作要以凝聚侨心侨力、同圆共享中国梦为主题，以推动国家侨务事业科学发展观为主线，着力构建大侨务发展格局，着力健全大侨务工作体系，着力加强战略谋划、整理布局和统筹协调，努力培育好、保护好、调动好侨务资源，为实现中

---

① 裘援平：《华侨华人与中国梦》，《求是》2014 年第 1 期。

华民族伟大复兴做出应有贡献。要把华侨华人过上美好生活的个人愿望与实现中国梦更好地对接起来,努力促进海内外中华儿女大团结,必须加强和谐侨社建设,必须切实维护侨胞合法权益。

(二) 新时期"一带一路"倡议的提出

习近平在 2013 年 9 月和 10 月分别提出建设"新丝绸之路经济带"和"21 世纪海上丝绸之路"的倡议。"一带一路"的倡议提出,有着深刻的历史文化依据。"一带一路"有利于将政治互信、地缘毗邻、经济互补等优势转化为务实合作、持续增长优势。由于有众多华侨华人在"一带一路"沿线创业发展,因此在"一带一路"的建设过程中,沿线(路)众多华侨华人可以为宣传中华文化、提升中华文化软实力、沟通当地民众与政府等提供难得的服务平台。

(三) 新侨民对中华文化教育的关注与主动融入意识增强

2016 年,华人新移民已经达到 1000 万人,其人数随着留学生(包括低年龄段留学生)的大量出现而日益增加,新移民也逐渐成为海外华人社会中的一支重要力量,对于中国和居住国的发展起到了更为全面和积极的作用。一方面,新侨民对祖国文化更为关注,他们更容易、更愿意让其下一代在侨乡接受中华文化教育(小学到初中);另一方面,受过高等教育和具有专业知识和经验的群体构成了高技术或高层次移民的主体,他们较之前几代华侨更容易融入居住国。

二 新形势下侨乡发展的挑战

(一) 广大侨乡社会经济处于转型阶段,侨乡特色日趋淡化

20 世纪 80 年代侨乡闻名全国的"温州模式""晋江模式""东莞模式"在 21 世纪的经济发展大潮中纷纷陷入困境:一些侨资企业发展过多停留在传统制造业、加工业中,对服务业、信息业对接不足,常处于"用地难、用工难、融资难"的窘况;许多侨资企业深陷于短、平、快的"采煤""房地产"等暴利行业,受国家宏观调控的影响,损失惨重。

2014 年 7~8 月全国重点侨乡的调研发现,侨乡丰富的文化遗产(除了广东开平等地外)破坏严重,比如华侨村落与乡镇特色民俗已荡然无存。大多数传统侨乡,华侨华人不敢来投资,认为其人情味太浓,在管理、保护、制度等方面均存在问题。从某种程度上说，侨乡"侨"的特色已渐渐褪去。

（二）侨乡文化认同弱化

海外华侨华人社会发展已经历经几百年，各国不同的文化经济背景、不同的文化认同和社会融入，影响着各国华侨华人社会的发展与变迁。迄今，从华侨华人社会内部来说，华侨华人社会发展都在一定程度上面临一些延续与传承上的挑战。首先，祖籍国的心理情感流失趋势加强，华侨华人在海外历经数代，随着与居住国社区的融合深入，许多新生代华侨华人甚至不会讲中文，对于祖籍国的情感认同趋于淡漠。其次，以往充当维系作用的一些宗亲社团，随着历史发展渐渐被新生代华侨所替代，导致许多宗亲社团无法开展相应活动，日渐式微。目前侨乡的地缘优势仍然存在，但是制度创新成为侨乡发展成败的关键。

（三）新侨乡社会问题较为尖锐

新侨乡社会问题主要体现在以下方面。一是法律政策上未能及时跟进，侨务立法滞后。1990 年出台的《归侨侨眷权益保护法》缺乏指导性，也没有一项针对海外华侨华人的法律，这对海外侨胞和国内归侨权益的保护造成了负面影响。目前，浙江省出台了原则性的保护条款，却又因为界定过生硬而饱受非议。二是新侨民社会流动大，侨务部门无法集合力量掌握全部侨务资源，归侨身份与教育、社保、计生等单位发生关系，管理出现重叠，子女的户口、入学问题都得不到有效解决，出现侨乡留守儿童问题。三是海外归侨的利益屡屡受损，在我国不够健全的社会保障体系下，归侨无法享受养老金，也无法进入社区医疗保障体系。四是地方政府一味追求农场改制，占用华侨农场中华侨职工的房屋，海外归侨的房屋产权无法得到落实，导致部分华侨房屋被侵占被强拆。

（四）侨乡服务"引智""引资"力度不足

我国各级政府对于科技产业和知识人才的重视不够。一些地方政府仍停留在海外华侨引资的观念中，对符合时代需求的高科技产业、公益产业望而却步。另一些地方政府对侨资的引导不足，从课题组在浙江瑞安调研的结果来看，一些侨胞在当地政府招商引资政策吸引下，投资地方水电、旅游景区等，但项目进展到一定阶段却发现开发区域没有进行用地审批、环境评价，侨资投资的几千万元成为泡影。另外，政府一些利好的投资项目，如高铁、城市建设等没有引导侨资来经营，任由外资进入高风险的房地产行业，容易导致侨资面临严重的投资危机。

（五）侨乡社会经济差异大

我国幅员辽阔，侨乡发展受地方经济影响，也受海外华侨华人所在国经济的影响，侨乡社会经济的发展地区差异较大。一般而言，广东、福建、浙江等地的侨乡经济发展较快，但是云南、广西、海南侨乡经济发展较慢。以广东为例，2013 年广东共有侨企 5.8 万家，引进外资 2000 亿美元，其中 70% 是侨港澳资。1978 年到 2011 年侨捐达到 450 亿，至 2013 年更是达到 500 亿，每年都以十亿的速度增加，主要集中在教育、医疗、图书馆等公共服务事业。侨汇不仅用来消费，也用于侨乡地方的再投资，全面、深层次地推动了侨乡的发展。广东中山的"慈善万人行"在正月十五元宵节前后举行，成为"广东乃至全国红十字运动的一面旗帜"，主要参与者也是进行侨捐的华侨华人。可以说广东的社会经济发展和华侨华人的奉献有很大的关系。但是云南、广西等传统侨乡有不少仍是贫困地区，产业结构仍较处于低层次，以至于有"甜侨"与"苦侨"之分的说法。

第二节 传统侨乡新思路

一 破解侨乡发展困境，加快侨乡产业结构调整

近年来，传统侨乡到南非、阿根廷等国家的新华侨华人人数急速攀升，大部分人还处于原始资本积累阶段或者打工立足阶段，他们所拥有的相当比例的闲资没有被吸引回家乡进行实业投资，而是投向国内其他省份的煤矿、本地或外地的房地产以及餐饮娱乐等第三产业。资金不投向实业甚至从实体经济溢出，转而进行"投机"色彩浓厚的投资，追求高回报，就必然承受高风险，他们所拥有的资金安全性就无法保证，同时地方主义、家族式企业也因为无法容纳外来人才而逐渐落败，地方主义的狭隘性导致本地企业难以吸引和培养高素质管理人才和技术人才，使这些企业仍主要停留于加工业，难以实现产业升级，占据产业链高端环节。要转变传

统侨乡的发展，就要积极提升侨乡产业结构，积极引智，吸引高水平高科技人才回国建设家乡，改变过去多数企业只为跨国企业提供代工、加工、分工等生产环节业务，或生产低级工业产品和科技产品的状况。随着我国在全球市场日渐成为能源进口大国，环保标准日益提高，土地、劳动力不再成为廉价产品，传统的产业结构已经无法适应。全球华商总资产约5万亿美元，其中80%集中在亚洲，特别是东南亚地区。世界华商500强中约三分之一在东盟国家。在东南亚证券交易市场上市企业中，华人上市公司约占70%。

2010年，国务院发布了《关于加快培育和发展战略性新兴产业的决定》①。2014年3月，国侨办与天津市政府一起探讨如何发挥各自优势，在京津冀协同发展中谋篇布局，双方提出在天津共同打造一个"侨务工作示范基地"的想法。2014年7月，中国国务院侨办与天津市政府就合作事宜签署部市共建协议，开启侨务工作服务国家大局和地方经济社会发展的又一探索。通过吸引海外高素质高水平人才，推动经济转型和产业升级，实现外销和内销、侨资企业和本土企业的结合，传统侨乡要打破地方主义家族思想，将家族式管理模式，升级为现代企业管理模式，借助地理和区位资源优势，实现多种产业结合的协作发展，这样才能在变化中不被时代吞没。改变产业结构，引智引才，是传统侨乡发展的重要前提。

2015年9月15日，国务院关于支持汕头特区建设华侨经济文化合作试验区的批复，着力推动海外华侨华人与祖国经济深度融合发展。国家支持试验区搭建海外华侨华人文化交流平台，深化与有关国家（地区）的人文合作；拓展文化传播渠道，不断扩大中华文化的影响力。国家要求特区以合作、创新和服务为主题，构建面向海外华侨华人的聚集发展创新平台，推动跨境金融服务和国际采购商贸物流，建设旅游休闲中心和华侨文化交流与对外传播基地；通过试验区全面深化改革，构建开放型经济新体制；以全面深化改革为动力，推进体制机制创新，在华侨经济文化合作、营商环境、通关制度、社会管理、土地管理、海域使用和投融资等方面创

---

① 该决定明确提出："战略性新兴产业是以重大技术突破和重大发展需求为基础，对经济社会全局和长远发展具有重大引领带动作用，知识技术密集、物质资源消耗少、成长潜力大、综合效益好的产业。"

新体制机制。

二 维系侨乡文化传承与交流

海外的老一辈华侨以工业、地产和金融业等为主,其子女正在或者已经继承了他们的事业。这些新生代华侨华人尽管或多或少保留了中华文化的传统,相当比例的人却对发展中的中国缺乏全面、深入的了解与认识,与老华侨相比,他们的宗亲、乡土观念趋向淡化,对家乡的使命感和责任感不够强烈。传统侨乡,以广东、福建为例,大多是通过移民海外务工,然后通过艰苦创业、不断积累财富慢慢升级为华商,在经历了数十年的发展后,传统侨乡在海外往往拥有广大的人脉资源。中国随着竞争力的提升,通过海外侨胞的国际文化联系,吸收外来文化,加强国际文化交流和合作,吸纳世界各地先进文化元素,加快推进传统侨乡的现代化、国际化,提升文化先进性和文化国际竞争力;同时,通过文化的交流建设,将先进文化带给海外社会,让海外华侨华人社会传承中华传统文化,使根脉的维系与现代化得以实现,不断提升海外华侨华人在国际社会发展的能力。尤其是广东潮汕和福建泉州这两大传统的侨乡,在发展中必须借助海外侨胞的人脉通道和文化影响力,向世界展示闽南文化,展示岭南文化,提升其在海外的文化影响力和良好形象;加强与新生代的联系和沟通,规范与健全现有侨资企业的相关制度和政策,促进侨资与本地乃至全国民营企业嫁接,从"地缘亲缘"和"投资软环境"两方面去吸引新生代华侨华人继续甚至扩大投资与扎根发展,支持传统侨乡的发展转型升级和和谐社会建设。

三 保护侨乡文化遗产和风貌

传统建筑与文化风貌,是一个地方文化特色和历史符号记忆的最好体现,中国各地侨乡保存着大量的华侨华人文化遗产和非物质文化遗产。与非侨乡地区的遗产不同,侨乡文化遗产形成的条件、发展过程、现实状况等,都带有强烈浓郁的"侨"味,联系着数千万海外华侨华人的心。对侨乡文化遗产的保护也是保护和发扬侨胞爱国爱乡的热情,增进其认同感、归属感、向心力,最广泛地团结海外侨胞和归侨、侨眷的重要途径。

在一些老侨乡我们看到，破旧的侨房没有得到很好的保护，华侨想对原来老旧的侨房进行翻新改建受到重重阻碍，而这些侨房不仅是华侨华人延续血脉的居处，还是他们心目中"家"的象征。华侨华人对祖屋的情感非常强烈，即使在落地生根的今天，华侨华人心理上"落叶归根"的观念依然浓厚。因此在老侨乡，对侨房等华侨华人文化遗产的保护直接关系华侨华人对家乡的情感，对国家的认同。传统侨乡在经济发展和社会转型的过程中，要能够做到在保护传统建筑、尊重文化风貌的基础上进行建设，建设华侨博物馆，设立华侨文化街，保护侨乡传统地名文化，保留海外华侨华人的侨乡"乡愁"，这样可以彰显华侨华人与归侨侨眷爱国爱乡的故乡情结，弘扬民族精神，传承和传播中华传统文化，促进海内外文化的交流，还可以向海外侨胞、归侨侨眷和广大民众宣传党和国家的侨务方针和政策法规，激励侨众为侨乡的建设发展献策献力，这对今后进一步做好侨务工作能够提供充足的精神支持。

第三节　新侨乡新思路

一　加强新侨华文教育

中国的海外华侨华人约有 6000 万人，可通过海外华文教育对新华侨华人传播中华传统优秀文化，这对于中华文化在海外的传承具有重要意义。虽然近几十年来来华留学的华裔学生与日俱增，但海外华文院校仍是华文教育的重要载体，也是培养华裔青少年和践行留根工程的重要平台。

但目前，海外华校的生存与发展正遇到前所未有的挑战，如华校特征不鲜明，海外本土华文师资匮乏，华文教材和课程设置落后，华校的软硬件有待提高，华裔学生学习汉语的热情较低等。在调研过程中我们发现，侨乡教育资源供需不匹配，子女入托、入学难以享受和国内孩子同等的待遇，加之在境外出生的新侨子女存在"环境代沟"，他们的教育适应能力也面临诸多考验。新侨乡在对侨乡归侨和侨眷的利益问题上还需要借鉴老侨乡的发展思路，新侨群体是中华优秀文化在海外传承的重要主体，在当前文化需求多样化、多元化的发展形势下，有关部门应以"乡情+亲情+

友情"为纽带,以满足侨界群众精神文化需求为目标,进一步加强对海外华文教育工作的组织和领导,尽快制定出台国家层面的华文教育中长期发展规划,以"亲情中华"等文化主题活动为主线,以"侨"为桥,积极推动中外文化交流和友好交往,广泛参与世界文明对话,加快中华优秀文化"走出去"步伐,充分整合海外孔子学院的资源优势,在海外新侨群体中有计划、有重点地开展华文教育、华文师资教育和培训,鼓励和推动省级重点中小学华文教育基地建设,大力支持省级重点中小学开展华侨学生暑期夏令营、华校教师研修班等华文教育项目,加快在新侨群体相对集中的国家和地区建设华侨子弟国际学校,在若干个区域性侨乡兴建华侨大学,多渠道、多途径、多层次地推进文化留根工程建设,不断增加新侨对祖(籍)国的归属感、认同感和亲和力,增强新侨与祖籍地——侨乡之间的联系,从而整体提升文化软实力。

二　引导侨资投入

进入 21 世纪以后,虽然华侨华人在捐赠侨乡公益事业方面做出巨大贡献,但同时他们也开始追求一些自己的利益。华侨华人特别是新生代与侨乡的关系已不再是单向的"做贡献",而是逐渐朝着合作、互利、共赢的双向互动转变。新技术的应用和世界经济的多元发展,使得传统的制造业在我国已经逐渐失去发展优势,这种高投入高能耗的发展模式已经不再适用于我国,发展战略性新兴产业才是实现可持续发展的必行之路,因此新侨乡的建设,对于引导侨资投入这一方面,需要在观念上和政策上加以改变。如今政府支持企业投资,多对低风险且有可能产生较高效益的企业进行重点支持,对高科技等高风险新型产业存在观望态度。而新形势下对于高科技产业,尤其是新兴产业前期研发阶段的引导投资,已经成为高水平高科技人才回国的强有力的吸引点。在侨务工作上,要进行投资指引,针对不同国家制定投资和贸易政策,引导海外投资与当地华人合作,规避利益冲突。同时要多支持公益性投资,将侨资的经济性属性,转化为文化社会属性,增进认同,树立形象,创造融洽的投资环境。

三　发挥新侨外交作用

新一代的华侨华人越来越多地出现在海外政坛和商界，对于居住国的影响也渐渐增强，许多华人社团、华人组织的地位和作用也越来越突出。海外侨胞的新生代这一群体既是公共外交的主体又是受体。由于他们生长在国外，受当地教育状况影响，对中国语言文化缺乏了解。因此作为受体，他们首先要掌握中文，了解中国文化和资讯。只有在此基础上新生代才能发挥作用，海外华侨华人是中华文明和民族精神的重要继承者、传播者和展示者。随着中国综合国力和国际地位的提升，华侨华人与祖（籍）国联系更加紧密，民族认同和文化认同显著增强，对展示中华文化魅力愿望日趋强烈。

分布在世界各地的几千万海外华侨华人，其行为取向自然引起他人对中国形象的联想和对中国文化的认知。同时，海外华侨华人以开放、包容的态度对待多元文化的激荡，在保持自身文化特性的同时，汲取他国优秀文化的养分。华人的精英群体以责任、义务、法制、平等、公正为共同准则，在透明的市场机制下，展示出中华民族合作共赢的传统美德、和合共生的形象。

新形势下，新一代侨乡要积极支持海外华侨参商参政，开展人文交流，将中国固有的"唐人街""中餐馆"的形象进一步推广，积极向世界传递中国文化气息，在侨务工作上，要坚持联谊、服务和引导相结合，以共同的事业文化情感为纽带，促进海内外侨胞大团结大发展，促进各国的友好合作。在渠道方面，要依托骨干社团、华文媒体、孔子学院等，海内积极输送教育人才，海外积极拓展师资平台，培养出政治、经济、社会地位和专业方面都能够发挥积极作用的对华友好力量，促进中国和世界的友好合作，传播中华优秀文化。

四　重点做好侨乡重点项目的管理

国内首个华侨经济文化合作试验区落户华侨之乡汕头。2014年9月中央已批准汕头在海湾新区36平方千米的核心区范围内，打造一个华侨经济文化合作试验区，这个试验区将成为"面向国际、服务华侨、拉动全市"的重大战略平台,以及华侨华人文化深度融合的先行区、经济发展转型升级的引领区和华侨资产区域中心。2014年12月8日,华侨经济文化合作试验区管理机构在汕头市举行揭牌仪式,标志着华侨经济文化合作试验区正式开始运行。在体制机制创新方面,汕头正在华侨经济与文化发展、华侨华人资产管理、对台合作、金融创新、用地用海等领域,积极争取国家给予先行先试的政策支持,包括开办类似华侨大学的办学机构、举办华侨论坛,在医疗、养老养生、保险等领域对华侨华人开放等。

为顺应侨乡"引智"工作,实现华侨华人的"中国梦",国务院侨办于2015年推出了"侨梦苑"项目。"侨梦苑"是国侨办和有关省市合作建设的一个服务地方经济科技发展的重大侨务品牌平台,旨在引导海外高端人才回国发展,形成一个相对集中的高端人才、高端产业聚集区,搭建为高层次人才回国创业发展提供项目对接、签约落地、创业培训、政策支持、人才支援、市场开拓、融资保障的全链条服务的高端创业创新平台;打造加强侨智侨资投向引导和对接,提高侨智侨资相结合的综合效益的高端制造业基地。我国第一个"侨梦苑"落户于天津市武清区,截止到2017年12月20日全国已有17家"侨梦苑"挂牌成立,其中侨务大省广东拥有2个(见表5-1)。面对"侨梦苑"在我国重点侨乡的迅速发展,国务院侨办副主任王晓萍在2016年3月18日表示,各级政府要做好"服务体系建设",即重点引进海外创新人才(团队)、创业人才(团队),从管理、市场、人才等方面构建服务体系,为入驻园区企业提供融资平台,带动产业发展。

表5-1 我国侨乡主要"侨梦苑"

序号	"侨梦苑"落户地	区域	面积	产业特点	挂牌时间(年.月.日)
1	北京	首钢旧厂区,辐射中关村科技园石景山园	首钢8.69平方千米;石景山园1334平方千米	金融保险、科技创新,数字经济,设海外院士专家工作站	2016.6.3
2	天津	武清全域	1574平方千米	商贸休湖、文化创意、健康产业	2014.11.18

续表

序号	"侨梦苑"落户地	区域	面积	产业特点	挂牌时间（年.月.日）
3	河北	秦皇岛北戴河新区	425.8平方千米	国际健康城	2015.5.19
4	吉林	长春新区	499平方千米	新能源汽车、激光应用、智能机器人、生物疫苗	2016.9.6
5	上海	杨浦区	60.61平方千米	科技创新中心承载区	2017.4.19
6	江苏	南京麒麟科技创新园	83平方千米	信息与大数据、智能装备、集成电路、节能环保、文创与服务	2016.1.16
7	浙江	余姚产业园及宁波生态园和电商经济园区	浙江"千人计划"余姚产业园12.05平方千米；总面积62.05平方千米	新材料、新能源、新装备、电子信息、医疗器械与生物制药	2017.5.16
8	安徽	合肥高新技术产业开发区	128平方千米	智能制造、新能源、公共安全、生物医药	2016.10.18
9	福建	福州经济技术开发区	核心区23平方千米；总面积624.49平方千米	现代服务业、蓝色海洋经济	2015.7.9
10	江西	南昌红谷滩新区	175平方千米	虚拟现实	2015.11.17
11	山东	济南高新技术产业开发区及其配套功能区、槐荫科技产业园	济南高新区300平方千米；总面积366平方千米	生物医药、高端制造、高端信息技术	2015.5.4
12	湖北	东湖新技术开发区	518平方千米	光电子、生物医药、智能制造	2016.6.23
13	湖南	长沙高新区	80平方千米	先进装备制造产业、移动互联网、北斗导航、新材料、绿色建筑	2016.5.23
14	广东增城	增城经济技术开发	1616平方千米	科技创新中心、创业梦工厂、国际众创空间	2015.12.22

续表

序号	"侨梦苑"落户地	区域	面积	产业特点	挂牌时间（年. 月. 日）
15	广东汕头	汕头华侨经济文化合作试验区	480 平方千米	文化交流传播、跨境金融服务、国际采购商贸物流、旅游休闲	2017. 12. 14
16	广东江门	江门高新区（核心区）、大广海湾经济区。	3300 多平方千米	新能源、电子商务、企业孵化器	2015. 12. 22
17	四川	成都高新区及其配套功能区郫都区菁蓉小镇	高新区 130 平方千米，郫都区 437.5 平方千米	信息技术、生物工程、高端装备制造、节能环保、生产性服务	2016. 9. 13

资料来源：国务院侨办网站、中新网、百度百科等。

五　实施地域差异性的侨务政策

我国地域广大，沿海与内陆，山区与平原，东部与西部等侨乡自然、经济、文化差异很大，必须因地制宜实施侨务政策。省级行政区也是如此，以福建省为例，闽南是我国重点侨乡，但是各地侨务政策也要有所侧重，有所作为，比如，厦门市要继承与发扬嘉庚精神，立足于大局，着力涵养侨力资源与华侨利益；漳州市重点要发挥对台优势，解决归侨侨眷的实际困难，坚持以"请进来，走出去"的方法积极融入"海上丝绸之路"建设，重视海外人才的引进；侨务大市泉州则要加强全市与各县侨务工作的联系，用足侨力资源，服务侨资企业。

第六章 "中国梦" 背景下侨乡发展的保障措施

改革开放前期，侨乡呈现差异化发展趋势。一方面，东南沿海一些侨乡，地理区位条件优越，海外资源丰富，加上国家设立经济特区、沿海开放城市、沿海经济开放地带，在政策上给予支持，吸引了大量外来投资，特别是华侨资本，经济发展强劲，走在全国前列。另一方面，处于边疆或内陆地区的一些侨乡，因为交通不便，政策上也没有被列入开放地区，发展相对滞后。经过30多年改革开放，我国已形成了"全方位、多层次、宽领域"的对外开放格局。侨乡虽然没有了传统的政策优势，但国家正大力推进"一带一路"倡议，并积极与周边国家、国际组织推进经济一体化；我国的经济也呈现"新常态"。因此，在新的形势下，侨乡依然具有新的优势。特别是处于边疆和内陆地区的侨乡，在新形势下，其比较优势更为突出。为此，需要在"中国梦"背景下，完善侨乡各项保障措施，激活侨乡潜力，促进侨乡发展，使侨乡能够继续为国家经济、社会转型发挥引领作用。

第一节 侨乡发展的政治、法律保障

一 现有的政治、法律保障措施

（一）我国宪法规定了华侨的权力与义务

《中华人民共和国宪法》是中华人民共和国的根本大法，具有最高法律效力。现行宪法为 1982 年宪法，并历经 1988 年、1993 年、1999 年、

2004 年和 2018 年五次修订。宪法规定了人们的权利和义务。华侨属于尚未加入外籍的中国公民,包括已取得居住国永久居民身份者,华侨仍保留本国公民身份,仍然受到本国法律保护,属于中华人民共和国公民,享有与大陆人民同等的政治权利。

(二)对华侨华人国籍户籍的法律保障

国籍问题是确立一切保障的根本问题,我国唯一一部《国籍法》于 1980 年颁布实施,该法律不承认中国公民具有双重国籍。其中规定:父母双方或一方为中国公民,本人出生在中国,具有中国国籍;父母双方或一方为中国公民,本人出生在外国,具有中国国籍;但父母双方或一方为中国公民并定居在外国,本人出生时即具有外国国籍的,不具有中国国籍;父母无国籍或国籍不明,定居在中国,本人出生在中国,具有中国国籍。外国人或无国籍人,愿意遵守中国宪法和法律,并具有下列条件之一的,可以经申请批准加入中国国籍:1)中国人的近亲属;2)定居在中国的;3)有其他正当理由。申请加入中国国籍获得批准的,即取得中国国籍;被批准加入中国国籍的,不得再保留外国国籍。

(三)对归侨侨眷的法律保障

1991 年 1 月 1 日《中华人民共和国归侨侨眷权益保护法》颁布;1993 年,相应的《中华人民共和国归侨侨眷权益保护法实施办法》出台;2000 年 10 月 31 日《关于修改〈中华人民共和国归侨侨眷权益保护法〉的决定》通过;2004 年 7 月 1 日,《中华人民共和国归侨侨眷权益保护法实施办法》正式施行,并同时废除 1993 年由国务院颁布的《实施办法》。保障侨益,凝聚侨心,有利于归侨侨眷扎根侨乡,促进侨乡和谐稳定发展。

二 侨乡发展的政治、法律保障建议

(一)坚定不移地执行单一国籍政策

国籍是该国赋予其公民的法律资格,享有该国的法律保障,我国施行单一的国籍政策,既符合我国的国情,也符合我国的侨情。国籍的确认能够保障华侨华人在敏感问题上的权益,促进华侨华人的国家认同与民族认同;同时华侨与华人都应当尊重我国与驻在国的法律。

（二）适当保障华人权益，增强祖籍认同

根据当前侨情的新变化，特别是针对华人新生代因为入籍所在国、与祖籍地联系趋于松散、对祖籍地认同感下降的趋势，国家可以考虑制定相关法律法规，给予华人国民待遇，保障华人的合法权益，增强其对祖籍地的认同，对中国的认同。另一方面，华人新生代在所在国的社会地位不断提高，参政从政、事业有成者不断涌现，海外社会资源广泛，侨乡也需要用好华人社会资本，借助华人的力量，拓展民间外交渠道，扩大国际影响。

（三）保障华侨政治权利，加强侨乡社会主义民主政治建设

人民代表大会制度是我国的根本政治制度，是实现人民当家作主的根本政治保证，也是实现华侨参与故乡社会建设，实现"中国梦"的根本政治保证。为此，在侨乡的各级人民代表大会中，要确保一定的华侨及侨属侨眷代表比例，保障华侨华人通过人民代表大会制度实现当家作主的权利，完善代表与华侨联系制度，倾听华侨声音。各级政协组织也要有一定的华侨及侨属侨眷委员比例，深入进行专题协商、对口协商、界别协商、提案办理协商，在各项事务中广纳华侨意见，广集华侨智慧，增进共识，增强合力，积极开展民主协商。

（四）完善涉侨法律法规，切实保障归侨侨眷的合法权益

自1990年以来，实施多年并经多次修改的《中华人民共和国归侨侨眷权益保护法》及其实施办法，为维护侨界的合法权益提供了非常重要的保障性作用，这也表明我国对归侨侨眷的权益保护走上了法制化轨道。当前，我国的国情、侨情都发生了深刻的变化，华侨利益诉求日益多元，维权意识也在提高，原有的单项法律法规、政策条例已经难以适应新的形势发展。因此，需要及时总结一些侨乡在实践中探索出来的有关华侨参加社会保险、接受教育、投资、捐赠权益保护、计划生育，以及华侨在国内办理事务的身份证明等问题方面的成功经验，以宪法为根本依据进行专门立法，保护华侨权益。如2016年3月，海南省人力资源和社会保障厅下发了《关于台港澳居民等人群在琼申领社保卡有关问题的通知》，全省各社保经办机构正式受理在海南就业参保的台港澳居民、华侨和外国人社保卡申领工作，社会保障号码按照全国统一规则编制。凡在海南就业参保的

港澳台居民、华侨和外国人，可以通过采用自行申领和单位申领两种方式申领社保卡。

尽快完善华侨权益保护的法律法规，强化对《华侨权益保护条例》实施的检查监督，设立以涉侨高校为主整合全国资源的"一带一路"与华侨权益保护的法学研究机构，建立侨资企业认定和信息发布专门机制，发挥行政调解优势，强调多元化化解纠纷。

第二节　侨乡发展的经济保障

一　现有的经济保障措施

（一）国家对侨汇的保护政策

侨汇是海外华侨华人汇回国内赡养家眷等的款项，是侨乡侨眷生产生活的基本保障，对推动侨乡社会经济发展起着非常重要的作用。1950 年 1 月 15 日，福建省人民政府颁布《福建省侨汇暂行处理办法》，对海外侨汇的运营起到调节与促进作用；之后广东等地也先后出台了侨汇管理办法；《华南区侨批业管理暂行办法》《华南区外汇管理暂行办法》《华南区私营钱业管理暂行办法》等都明令禁止各种非法手段的侨汇外流；1951 年，国务院正式颁布《侨汇业管理暂行办法》，鼓励以多种方式收揽侨汇；1955 年 2 月 23 日，国务院签发了《关于贯彻保护侨汇政策的命令》，规定保护侨汇是国家的长远政策，这是新中国成立以来影响最大的一部侨汇政策，也是现今我国正在实施的侨汇政策。2004 年重新修订执行的《中华人民共和国归侨侨眷权益保护法实施办法》也再次申明侨汇是归侨、侨眷的合法收入，其所有权受法律保护。国家对侨汇一贯是坚决保护的，并实行了"便利侨汇、服务侨胞"的政策。为了照顾侨胞、侨眷的利益，国家规定了合理的外汇牌价。在解放初期为使侨眷不受物价波动的影响，国家制定了原币汇款及存款办法。在中国币制稳定、某些国家币制贬值后，国家又制定人民币汇款的办法，以保障侨胞、侨眷的利益。

（二）华商投资政策的实施

1990 年颁布《国务院关于鼓励华侨和香港澳门同胞投资的规定》，规定华侨在境内举办以下三类企业可享受相应的外商投资企业待遇，如企业所得税优惠等：华侨拥有全部资本的企业、合资经营企业、合作经营企业。其中，归侨、侨眷投资开发荒山、荒地、滩涂并从事农业、林业、牧业、渔业等生产，无论类型、规模、技术、水平都可获得我国的法律保护和政策支持。

自改革开放以来，中国一直是发展中国家中吸引外资最多的国家，中国国际贸易促进会原会长俞晓松谈到，世界上几乎所有的跨国公司都在中国投资兴业，华商更是其中的领头羊。华侨华人具有深厚的故土情节，除在东南沿海发达城市大力投资以外，还将目光锁定在了祖籍地——侨乡，国务院鼓励华商投资的法规，为华商在侨乡的投资兴业提供了政治和法律保障。此外，国家还发布侨资企业保护专利权的政策，这既为华商自身发展提供了机遇，也为侨乡发展提供了新途径，形成多方均赢效应。

（三）侨商产业集聚区——"侨梦苑"的设立

2014 年 11 月，国务院侨务办公室和地方政府合作重点建设的首家侨商产业集居区"侨梦苑"落户天津武清区。侨梦苑不是简单的侨企聚集，而是国家为华商投资创业搭建的新平台，其目的是吸引高端科技型的侨企以及具有知识产权的高新技术项目，旨在打造"为侨服务、惠侨便侨"的产业链，促进侨商及海外高层次人才回国投资创业。当前中国新一轮经济发展需要打造新的增长极、增长带乃至增长区域，国家需要保持持续的创新能力。国侨办围绕创新驱动发展战略，一方面继续通过与各省市自治区合作举办包括天津侨洽会在内的各种引资引智活动，为海外高层次人才创造条件，搭建平台；另一方面，通过推动建立侨梦苑，为侨商和海外高层次人才创新创业搭建新平台。

国侨办积极推动的侨梦苑将成为侨商产业聚集区和海归人才、海外高端人才聚集区。在国家重大发展战略的布局中选择精华地带建设侨梦苑的目的是调动和引导华侨华人，特别是侨商和专业人士，包括科技、文化、教育、卫生等各个领域的专业人士同圆共享中国梦，希望他们能够在祖（籍）国这片沃土和热土上能够找到创新创业的舞台，侨梦苑也正是取这个寓意命名的。截至 2017 年 12 月，我国已有 17 个"侨梦苑"举行了揭牌仪式正式开园。

（四）对华侨房产的持续关注

广东省和福建省是我国著名侨乡，华侨华人众多，侨情较其他侨乡复杂，两省根据我国土地管理实施条例拟定了符合本省的与华侨华人相关的土地政策，如 1995 年 3 月 1 日，《广东省城镇华侨房屋租赁规定》施行；同年 5 月 18 日，《广东省拆迁城镇华侨房屋规定》施行；1996 年 8 月 8 日，《厦门市城市房屋拆迁管理规定》实施；1997 年 10 月 1 日，《汕头经济特区华侨房地产权益保护办法》施行；2000 年 11 月 18 日，《福建省保护华侨房屋租赁权益的若干规定》实施。华侨房屋政策是华侨极为关心的问题，绝大多数华侨在国内购置房产都是为了能够安居乐业，让自己有个落叶归根之地，可以说，华侨房屋是华侨华人在祖国家乡的根基，因此各项有关华侨房屋地产规定的出台，保障了华侨华人的业权。

二 侨乡发展的经济保障建议

（一）合理利用侨捐

1. 将侨捐纳入《慈善法》

侨捐历来都是各项慈善捐款中重要的组成部分，华侨华人用实际行动证明，他们始终是中国慈善公益事业的重要主体和积极推动者，应当将侨捐纳入我国《慈善法》，保障捐赠侨胞的合法权益。据侨办不完全统计，2015 年度各级政府侨务部门受托或协助办理华侨华人、港澳同胞在国内的慈善捐赠项目 6251 个，捐赠财产价值 27.33 亿元。华侨华人、港澳同胞慈善捐赠投向领域主要集中在教育事业，捐赠额为 16.83 亿元。超过了全年捐赠总额的一半，所占比重为 61.58%。捐赠还投向社会事业 4.70 亿元，占比 17.20%；医疗卫生事业 2.32 亿元、占比 8.49%；基础设施建设 2.15 亿元，占比 7.86%；文化体育事业 1.24 亿元，占比 4.54%；救灾 0.09 亿元，占比 0.33%。初步分析 2015 年侨捐，具有以下三个特点：持续关注改善民生、对中西部地区慈善捐赠发展较快、对涉藏地区慈善捐赠明显增长等。

2. 鼓励华侨华人的公益事业

侨捐是海外华侨华人回馈家乡的最直接体现，其项目涉及社会事业的方方面面，是联结侨心的重要纽带，应引导侨捐增加在留守儿童教育投入及老人赡养费用方面的比重。各级人民政府对归侨、侨眷和海外侨胞兴办公益事业应提供支持，并在法律规定的范围内提供方便。有 14 个省市发布了有关华侨捐赠及受捐的管理办法，保护了华侨的爱国热情，为家乡的科教文卫事业发展提供了法律及资金保障。2015 年 7 月 1 日，《南京市华侨权益保护条例》正式施行，《广东省华侨权益保护条例》也已于同年 10 月 1 日起施行，其中都涉及华侨的捐赠权益，包括华侨捐赠的税收优惠和税费减免等。

3. 建立侨捐项目信息库

侨捐项目是调动海内外积极因素，服务侨乡经济社会建设的重要成果。随着时间推移，有的侨捐项目分散、遗漏、丢失，有的侨捐项目自然损毁，有的侨捐项目拆迁、改建或改变用途。开展侨捐项目信息资料库建设工作，有利于加强对侨捐项目的监管和保护，切实维护捐赠人的合法权益；有利于弘扬海外侨胞、港澳同胞热心公益事业的崇高善举，铭记侨捐历史；有利于激励和调动海外侨胞、港澳同胞关心支持家乡建设的积极性，进一步促进侨乡的社会事业发展。目前福建省侨办已经下发了《关于开展全省侨捐项目信息库建设工作的通知》，根据《中华人民共和国捐赠法》与《福建省华侨捐赠兴办公益事业管理条例》的有关规定，在全省范围内展开了侨捐项目信息库建设的工作。

（二）持续推进"侨梦苑"建设

1. 推动成立侨商银行

"侨梦苑"是侨商创新行动的高层次平台，具有标杆导向作用，选址于精华地带，既服务于国家创新驱动发展战略，也体现了国家对华侨华人的关心与扶助。这座新侨城集人流、物流、资金流和科技流于一体，是侨资企业和华侨华人高层次人才聚集的重镇，而侨商银行的成立能够为侨商企业和海归人士打造更完善的全链条事业发展和生活服务综合体系。

2. 依托高校，加强产学研结合

从已建成的"侨梦苑"选址来看，"侨梦苑"多坐落于精华地带，高校集中，人才济济，这能够扩大高校与"侨梦苑"的高校战略合作范围，提高"侨梦苑"侨商产业聚集区的创新驱动实力、城市影响力和可持续发展能力。2016 年 1 月 28 日，珠海市人民政府与暨南大学在广州签署共建广东省高水平大学战略合作协议，拟引入珠海"侨梦苑"。双方将通过推进和实施"双10+"计划，共建国际化、特色化、创新型的高水平大学，暨南大学将围绕珠海市重点发展的产业，形成南中国地区硅谷式"创新型产业集群"，培育孵化一批高技术企业。

3. 完善人才引进计划

海外华侨华人有丰富的境外资本、经商经验和人脉基础，特别是新生代华侨华人的学历更高、视野更宽广、思路更活跃，可成为新区发展的"投资人"和开拓者。

（1）做好项目引进

制定合理的人才引进计划需要在国家的支持下继续做好"千人计划""百人计划"等人才引进项目；各侨乡要要根据自身产业结构调整，有针对性地引进海外高层次人才，有条件的侨乡要依托技术开发区等推出特色项目吸引海外人才回国创业；国家也应当支持侨企等非公有制及民办非公有制企业单位自主开展高层次人才引进工作。同时为海外高层次人才及其家属提供平等的生活待遇，如户籍、医疗、生育、社保、子女入学等方面的待遇，并提供各项科研平台。如"十三五"期间，海南省琼海市坚持优化人才政策环境，提高对高层次人才的吸引力度，并将以特色产业园区为载体，建立一批海外高层次人才创新创业基地与琼属华侨华人人才库，吸引琼属华侨华人人才回琼海创业。

（2）适度放宽我国"绿卡"制度

随着中国国际地位的不断提升，越来越多的外籍人士希望获得在中国永久居留的资格，但众所周知，中国的绿卡非常难获得。为吸引外籍人士来华投资、工作、生活，中国绿卡政策已在一步步放宽，外国人居留制度也越来越完善。2004年8月，《外国人在中国永久居留审批管理办法》出台；2012年12月，《外国人在中国永久居留享有相关待遇的办法》和《关于为外籍高层次人才来华提供签证及居留便利有关问题的通知办法》下发；2013年7月，侨办制定了《中华人民共和国出境入境管理法》和《中华人民共和国外国人入境出境管理条例》；2014年9月，李克强总理指出中国政府将会按照市场规律和国际通行规则办事，让外国人在中国拿"绿卡"更容易；2015年6月，公安部根据《外国人在中国永久居留审批管理办法》有关规定决定扩大申请在华永久居留的外国人的工作单位范围。绿卡政策的放宽，不仅有利于国家高层次人才的引进，同时有利于侨乡人才的回笼，也有利于逐步解决海外侨胞在华居留、身份证使用、子女就学、就业参保等问题，增加华侨华人在华投资、生活、工作的信心。

4. 保护侨商知识产权

侨商的知识产权是侨商正当享有的智力劳动成果的财产权利，是侨商的无形精神财富，也是对其成果的认可。将侨商的知识产权保护纳入我国法律体系，为侨企提供尽可能完善的法律咨询服务，能够充分调动侨商生产、建设的积极性与创造性，为侨商与侨乡的经济交流提供法律准则。

（三）争取纳入自贸区战略

从地理区位看，侨乡多处于沿海地带和边疆地区，在当前国家大力倡导的"一带一路"格局中具有独特的优势。目前我国建立了广东自由贸易试验区、天津自由贸易试验区、福建自由贸易试验区、上海自由贸易试验，以及位于广西南宁的中国-东盟自由贸易试验区。其中，广东、福建、广西都是我国著名侨乡，侨企众多，民营经济发达，侨商投资氛围良好；天津又设立了"侨梦苑"侨商产业集聚区，能够利用区内税收、外汇使用等优惠政策，进一步吸引外资，引进国外先进技术与管理经验。这些举措有利于充分贯彻自由贸易的精神，促进自由贸易区之间的深度合作，充分挖掘各国自由贸易区的协同效应。因此，有条件的侨乡积极争取纳入自由贸易区战略，推动侨乡与周边国家互联互通，是促进侨乡发展的重要保障。

（四）调整产业结构，提高服务业比重

侨乡经济过分依赖外资，受外资影响大，稳定性差，面对侨乡的城镇化建设，侨乡经济转型迫在眉睫。在推进产业结构调整的过程中，要鼓励、引导华侨华人资本参与，分享新的发展红利；推进信息网络技术广泛运用；支持侨乡小微企业特别是科技型小微企业发展；增强侨乡中小城市和小城镇公共服务、吸纳就业、人口集聚功能；加快户籍制度改革，有序推进农业转移人口市民化，努力实现城镇基本公共服务常住人口全覆盖。侨乡文化资源中外合璧，富有特色，在当前国家"一带一路"倡议引导下，应把发展旅游业作为推动经济结构战略性调整的重要方向，以旅游业

促进侨乡与周边地区的交往合作,互联互通。这不仅能够展示"侨文化",吸引国内各地的游客来旅游观光,拉动产业链发展,改变过度依赖外资的状态,而且可以用乡情、生态来呼唤更多侨胞回归建设。

第三节 侨乡发展的文化保障

一 现有的文化保障措施

(一) 对侨乡独特文化资源的保护认定

1. 对"非遗"工作的支持

非物质文化遗产是历史的见证,具有相当高的艺术、研究价值,是祖先留下来的宝贵财富。南音、潮戏、中山咸水歌、广东汉乐、广东音乐、潮州音乐、龙舞、梨园戏、潮州木雕等都是侨乡艺术的杰出代表,与侨民生活密切相关,随着当地人远渡重洋,这些艺术形式在南洋众多国家及华裔聚居区得到广泛传播,成为维系海外侨胞和台湾同胞乡情的精神纽带,经国务院批准分批次列入国家级非物质文化遗产名录。2012 年 5 月 4 日,财政部、文化部共同制定了《国家非物质文化遗产专项资金管理办法》,用以规范和加强国家"非遗"保护专项资金的管理,提高资金使用效益。2008 年开始,中央财政开始对国家级代表性传承人开展传习活动予以补助,补助标准为每人每年 0.8 万元,2011 年补助标准提高至 1 万元,近年各地方政府对"非遗"文传承人的关注度加大,提高了补助金额并调整了发放方式,由文化部一次性直接发到传承人个人账户。2016 年年初,文化部副部长丁伟为澳门"国家级非物质文化遗产代表性传承人"木雕——澳门神像雕刻传承人曾德衡、澳门道教科仪音乐传承人吴炳志及南音说唱传承人吴咏梅颁发传习经费证明书,体现了国家的高度重视。

2. 对侨乡建筑风貌的认定

(1) 中国历史文化名街的评选

由《中国文化报》社联合《中国文物报》社举办,经文化部、国家文物局批准的"中国历史文化名街"评选推介活动已于 2009 ~ 2013 年连续举办五届,全国共有 50 条历史文化特色鲜明的街区入选。其中,海南省海口市骑楼街（区）、福建省漳州市历史文化街区（漳州古街）、福建省泉州市中山路、广东省潮州市太平街义兴甲巷、福建省厦门市中山路因其独特的侨乡特色分别入选。这项活动的举办使侨乡特色建筑再次进入大众视线，进一步推进了侨乡文化建设和文化遗产保护。

（2）中国历史文化街区认定工作的开展

《住房城乡建设部国家文物局关于开展中国历史文化街区认定工作的通知》（建规〔2014〕28号）于2015年04月21日公布。为了更好地保护我国优秀历史文化遗存，完善历史文化遗产保护体系，进一步做好历史文化街区保护工作，在各地推荐的基础上，经专家评审和主管部门审核，住房城乡建设部、国家文物局决定公布北京市皇城历史文化街区等30个街区为第一批中国历史文化街区。其中，福建省泉州市中山路历史文化街区、厦门市鼓浪屿历史文化街区、漳州市台湾路—香港路历史文化街区都被冠上了"国字号"，这三条街区都位于我国著名侨乡，地域特色显著，自此，侨乡历史文化街区的保护和利用有了法律依据，侨乡的城市地位得到提升、侨乡的知名度得以扩大，有利于改善基础设施和人居环境，激发街区活力，延续街区风貌，进一步推动了侨乡的旅游业发展。

（二）对侨乡文化教育事业的关注

1. 侨办直属大学的建设

1983年，中共中央颁布文件《关于进一步办好暨南大学和华侨大学的意见》，将暨南大学和华侨大学两所侨校列为"国家重点扶持大学"；1999年，根据《国务院关于进一步调整国务院部门（单位）所属学校管理体制和布局结构的决定》（国发〔1999〕26号），国务院侨办继续管理其所属2所高等学校暨南大学、华侨大学。自办学以来，海外侨胞、港澳同胞、友好人士和校友在财力、物力上对学校给予了大力支持。本着"面向海外，面向港澳台"的办学方针，这两所高校因材施教，为更多的华侨、归侨子女和台湾青年创造了升学机会，为华文教育的开展、新生华裔的文化认同做出了重大贡献，而在校学生也早已成为联结海外与侨乡的纽带。

2. 相关学术研究中心的成立

2006年11月17日，暨南大学正式成立华侨华人研究院（基地），为推动华侨华人研究的健康和快速发展，为新时期华侨华人学科建设做出了表率作用。2009 年 9 月，华侨大学华侨华人研究院成立，该院下设的侨乡社会研究中心与海外华人社会研究中心立足侨乡、面向海外分别开展侨乡社会文化变迁及海外华人社会文化变迁的专项研究；由校董杜祖贻出资兴建的"四端文物馆"，已成为扩大海内外联系、展示侨乡历史和学校文化传统的平台。2015 年 10 月 15 日，五邑大学成立"中国侨乡文化研究中心"，该中心是由中国华侨华人历史研究所与五邑大学合作兴建，作为全国性的侨乡文化研究机构，将立足江门，加强与各地研究机构和单位的交流合作，带动全国的侨乡文化研究。

（三）建立海内外侨乡文化交流品牌

为帮助广大海外华裔青少年学习中文、了解中国国情和中华文化、促进海内外华裔青少年的交流，国务院侨办于 1999 年正式推出了以"中国寻根之旅"为品牌的系列夏（冬）令营活动，这是侨办与中国海外交流协会在寒暑假期间举办的大型综合性活动，已成为开展华文教育的一个品牌活动，受到海外侨胞尤其是华裔青少年的热烈欢迎。该活动的主要内容有学习中国民族舞蹈和中华武术、学习汉语和中华文化常识、与中国青少年学生交流、参观历史文化名胜等，参与者借此机会感悟中华传统文化，增加对中华文化和中华民族的认同感。到目前为止，该活动已举办了 18 届。

二 侨乡发展的文化保障建议

（一）加大侨乡文化资源保护力度

1. 侨乡文化资源的挖掘与再利用

（1）将保护工程纳入政府规划和财政预算

政府是保护工作的主体，有权力有能力尽可能全面保护文化资源。政府应牵头并与侨办等职能部门合作，依托侨乡专业研究机构尽快制定侨乡文化资源保护规划，尽早实施保护工程；加大财政投入，借助现代技术手段抢先保护濒临消失的文化资源；将侨乡文化资源的开发与旅游相结合，发展侨乡文化旅游，多渠道争取资金支持保护工程。

（2）保护侨乡建筑风貌

我国的传统侨乡，每个地区都有特色鲜明的侨乡地域性建筑，极具

"侨"的历史意义，侨乡地域性建筑不仅仅指历史文化街区，还包括租界建筑（口岸、殖民建筑）、洋楼、骑楼、嘉庚建筑（博物馆、纪念馆、大学），类型丰富，它们见证了侨乡建设的历史，也是联系海外华侨华人的纽带；侨乡的历史文化街区大多是骑楼建筑，地域特色显著，是侨乡重要的标志性建筑，是侨乡历史的文化符号，如广东江门的历史文化街区、边境侨乡和顺古镇等。2016 年 3 月 14 日，北京举行"梁思成与中国建筑"座谈会，侨乡建筑的独特性再次引起关注。建议国务院侨办与国家住建部共同评选、发布"侨乡特色小镇"，加强侨乡联合申遗力度。

（3）尊重侨乡民俗文化

侨乡的生产、节庆、婚俗、祖先崇拜以及宗教信仰等习俗都是侨乡社会构建过程中经过长期实践所世代相传下来的，是华侨华人共同创造的，它传承于侨民、规范侨民并内化于侨民的日常生活当中，形成了极具地域性的侨乡民俗文化。乡民远渡重洋，正是因为有共同的习俗、共同的信仰才团结一致、胸怀桑梓情，为家乡发展建言献策、身体力行。所以，尊重、认可华侨华人的民俗习惯，妥善处理侨民祖上遗留下的房屋的产权、祖业，以及宗族祠堂等问题，能激发华侨华人参与侨乡建设的积极性、主动性。

2. 侨乡文化的传承

（1）培养侨乡文化遗产传承者

侨乡的语言、音乐、舞蹈、雕塑、戏曲、绘画、文学等都是侨乡文化的承载形式，地域特征明显，随着侨乡社区的更加开放与全球文化多样性的发展，传统的、体现侨乡乡土特色的非物质文化反而遭到了遗忘，这些非物质文化对新生侨民尤其不能引起情感共鸣，侨乡文化的传播频频受阻。因此，对文化遗产的传承迫在眉睫，但由于掌握一门技术需要大量的时间投入，加之缺少资金来源，很少有人愿意去承担这项工作。政府与民间艺术团体应主动承担起传承责任，重视侨乡文化，大力培养侨乡文化遗产的传承者，让这些可听、可看、可感的艺术遗产成为联结海外华侨华人与侨乡的精神纽带，增强侨民的文化自豪感。

（2）加强侨乡传统文化教育

文化伴随着人一生的发展，蕴含在人们的日常情态当中，无法速成，需要一个熏陶的过程，青少年时期的习得与接受，更有利于人们对文化的践行。因此，加强侨乡居民的传统文化教育，丰富侨乡人民的精神世界，增强侨乡人民的精神力量，营造勤劳、包容、开放的华侨社区氛围，从儿时就认可自己的传统文化、对自己的传统文化负责，自然而然将其内化，以文化增强侨乡的凝聚力，促进人民对国家、民族的认同才是传承侨乡文化的根本途径。

（二）拓宽侨乡文化交流途径

1. 搭建"寻根"平台

继续开展"中国寻根之旅"活动，让华裔青少年学习中国文化，做中国文化走向世界的推动者，发挥青少年桥梁作用，做中外文化交流的促进者。此外，泉州市侨联正式启动建设南洋华裔族群寻根谒祖平台，由泉州向全省、全国辐射，由东南亚向世界各地辐射，为全球华侨华人寻根谒祖等提供全方位服务，以达到弘扬中华文化、寻根留根、服务"一带一路"建设的目的，该平台预计 2018 年投入使用。

2. 利用"互联网+侨"宣传侨乡文化

历史上，侨刊乡讯等传播工具为华侨华人联系故土、互通有无发挥了重要作用。它们多是华侨华人自发组织出版，主要报道家乡讯息、宣传政策、联络侨胞、增进友谊。随着时代发展，互联网在凝聚华侨、华人、乡情等方面扮演着不容忽视的角色。其中，香港亚洲电视台以海外华侨和港澳同胞的视角制作节目《岭南寻根之旅》，通过拍摄广东 13 个地域特色鲜明的城镇乡村，探寻绚丽多姿的岭南历史文化、建筑文化、民俗文化、饮食文化、园林文化、商业文化及宗教文化，让海外华侨华人亲身感受侨乡的沧海桑田的巨大变迁，从而加深了解民族家世的过去与未来，吸引了更多海外华人和港澳特区青年回国回乡观光旅游，寻根问祖。

3. 发挥侨乡高校的正能量引导作用

侨乡高校是新生代海外华侨华人回国就学的首要选择，暨南大学与华侨大学的"一校两生"特色尤为明显。首先，侨乡高校是侨乡文化的集中展示窗口，新侨来自世界各地，同时又将侨乡文化带向世界不同角落，新侨对侨乡的感知口碑很大程度上会影响侨乡的海外形象，因此，需要高校营造良好的氛围来加强新侨的文化认同；其次，侨乡高校因其自身的政策、地缘优势具有较强师资力量，有能力搭建高水平高层次的交流平台，有能力提升"三侨一台"学生与境外生的受教育水平，有机会推动校地合作促进侨乡发展；随着各华侨华人研究院及侨乡文化研究院的建立，国家对"侨"的把握将进入更深层次领域，侨乡各高校将成为侨乡文化研究的主阵地。

4. 拓展民间交流渠道

侨团中的地缘性社团（同乡会等）、血缘性社团（宗亲会等）成员是与侨乡联系最紧密的群体，他们心系家乡、熟知乡情，具有强烈的使命感与责任感，是家乡文化的见证者，也是推动家乡文化发展的身体力行者。通过分析泉州市1979年至今的侨捐使用状况可知，67%的侨捐资金投入了文化教育领域。此外，加强文化性社团如艺术团、体育团、文学团等之间的相互交流，也是展示促进侨乡文化发展的必要途径。

参考文献

工具书、年鉴、调查报告

中国新闻社课题组:《2008 年世界华商发展报告》,2009,华侨华人网,http://www.chinaqw.com/news/200902/02/148819.shtml。

《福建省志·华侨志》,福建人民出版社,1992.12。

《2008 年世界华商发展报告》,中国侨网,2009。

《福建省侨务工作情况》,福建省人民政府侨务办公室,2014.8。

泉州市华侨华人志编委会:《泉州市华侨华人志》,中国社会出版社,1996。

《厦门市基本侨情》,厦门市人民政府侨务办公室。

《厦门市侨资企业简况》,厦门市人民政府侨务办公室。

《厦门特区侨务工作三十年回眸》,厦门市人民政府侨务办公室,2011。

《厦门华侨志》,鹭江出版社,1991.11。

《漳州华侨志》,厦门大学出版社,1994.8。

《2012 年龙海侨资企业情况表》,龙海市外事侨务办公室。

《永春志苑》,永春县地方志编纂委员会办公室。

《永春县华侨志》(部分),永春县外事侨务办公室。

《北硿华侨农场汇报提纲》,永春县外事侨务办公室。

《南安市侨情资料汇编》,南安市外事侨务办公室。

《惠安贫困归侨建房及发展生产情况汇报》,惠安县外事侨务办公室。

《惠安县重点侨情调查工作总结》,惠安县外事侨务办公室。

《惠安县华侨捐赠工作情况汇报》,惠安县外事侨务办公室。

《福清华侨史》，中共党史出版社，2011。

《安溪华侨志》，厦门大学出版社，1994。

《石狮市华侨志》，九州出版社，2013.9。

《晋江华侨志》，上海人民出版社，1994。

《石狮年鉴》，方志出版社，2011。

《广东统计年鉴》，中国统计出版社，2001。

《侨力资源新优势与广东转型发展——2011 广东海外侨务资源调研报告》，广东省人民政府侨务办公室，2011。

《广东省侨情与侨务文集》，广东省人民政府侨务办公室。

《汕头年鉴》，新华出版社，2010.11。

《梅州市华侨志》，梅州市华侨志编撰委员会，2001。

《广西侨情专题调研交流资料》，广东省人民政府侨务办公室。

《广西通志—侨务志》，广西人民出版社，1994。

《2010、2011 年南宁市华侨农场统计年报》，广西壮族自治区人民政府侨务办公室。

《2010-2013 南宁市统计公告》，南宁市人民政府侨务办公室。

《武鸣华侨农场改革发展情况汇报》，南宁市人民政府侨务办公室。

《容县志》，广西人民出版社，1993。

《容县关于华侨华人捐赠和管理情况汇报》，容县人民政府侨务办公室。

《岑溪市外事侨务工作情况汇报》，岑溪市人民政府侨务办公室。

《岑溪市侨资企业情况汇报》，岑溪市人民政府侨务办公室。

《玉林市侨务志》，玉林市人民政府外事侨务办公室。

《海南侨乡》，海南省人民政府侨务办公室，2003。

《文昌县志》，方志出版社，2000。

《文昌华侨文化》，文昌县人民政府外事侨务办公室，2010。

《琼海市华侨志》，琼海市人民政府外事侨务办公室，2007。

《春华秋实——纪念兴隆华侨农场成立 60 周年》，琼海市人民政府外事侨务办公室。

《云南省志侨务志》，云南人民出版社，1992。

《云南百科全书》，云南省人民政府外事办公室。

《2012、2013 年瑞丽市国民经济和社会发展统计公报》，云南省人民
政府外事办公室。

《瑞丽市志》，四川辞书出版社，1996.4。

《浙江省华侨志》，浙江古籍出版社，2010。

《青田华侨史》，青田县侨务办公室。

《温州华侨史》，今日中国出版社，1999。

《文成华侨志》，中国华侨出版社，2002。

《瑞安市华侨志》，中华书局，2011.3。

论文

James L. Watson. Emigration and Chinese Lineage：the Mans in Hong Kong
and London（Berkeley：University of California Press，1975）；Presidential
Address：Virtual Kinship，Real Estate，and Diaspora Formation；The Man
Lineage Revisited，*Journal of Asian Studies*，Vo. 163，No. 4（Nov.，2004），
p. 893-910.

Philip A. Kuhn."Why China Historians Should Study the Chinese Diaspo-
ra，and Vice-Versa"，*Journal of Chinese Overseas*（Nov. 2006），pp. 163-
172；Chinese Among Others：Emigration in Modern Times?（NUS Press，
2008）.

班国瑞、邓丽兰：《英国华侨社团的历史演变与当代华人社会的转
型》，《华侨华人历史研究》2005 年第 2 期。

蔡朝双：《华侨文化旅游开发探讨——以福建福清市为例》，《赤峰学
院学报》（自然科学版）2011 年第 5 期。

潮龙起：《"非典"时期华侨华人对中国捐赠之分析》，《东南亚研
究》2004 年第 5 期。

陈世柏：《海外乡亲慈善捐赠行为的动因探析》，《甘肃社会科学》
2010 年第 2 期。

陈昱昊、赵智杰：《关于发挥侨汇作用的思考》，《发展研究》2013
年第 11 期。

付绯凤：《论侨乡文化的德育价值及实现途径》，《五邑大学学报》

（社会科学版）2011 年第 1 期。

何海地：《中山市侨资企业信息需求及获取途径分析》，《情报探索》2008 年第 6 期。

何作庆、朱明：《云南红河县侨乡文化的历史与开发研究》，《红河学院学报》2006 年第 1 期。

黄静：《潮汕与中国传统侨乡：一个关于移民经验的类型学分析》，《华侨华人历史研究》2003 年第 1 期。

贾大明：《华侨农场管理体制调查报告》，《中国农垦经济》2004 年第 10 期。

兰强：《从武鸣华侨农场看归侨安置的实践和经验》，《八桂侨刊》1999 年第 2 期。

雷近芳：《打造粤东侨乡特色旅游带的思考》，《广东省社会主义学院学报》2007 年第 4 期。

李国仿：《以侨乡精神滋养青少年的心灵》，《学习月刊》2010 年第 2 期。

李国梁：《近年来华侨华人经济问题研究的进展和思考》，《暨南学报》（哲学社会科学版），2002。

李鸿阶：《新华侨企业面临四大困局》，《中国经济周刊》2006 年第 34 期。

李日星：《五邑侨乡的婚俗演变》，《五邑大学学报》（社会科学版）2008 年第 1 期。

李彦军：《产业长波、城市生命周期与城市转型》，《发展研究》2009 年第 11 期。

李祝舜：《福建侨乡旅游消费行为研究》，《消费经济》2002 年第 3 期。

廖荣榆：《华侨华人、台港澳同胞与侨乡建设——以安溪县为例》，硕士学位论文，福建师范大学专门史，2009。

廖少廉：《我国侨资企业面临的挑战与对策》，《创新》2009 年第 2 期。

林金枝：《侨汇对中国经济发展与侨乡建设的作用》，《南洋问题研究》1992 年第 2 期；

林金枝：《析华侨汇款及其作用》，《八桂侨民》1996 年第 3 期。

刘奇葆：《为实现中国梦提供有力理论支持》，《求是》2013 年第 11 期。

龙登高：《粤闽侨乡的经济变迁——来自海外社会资源的影响》，《华侨华人历史研究》1999 年第 9 期。

卢大海：《改革开放以来广东侨捐项目监管研究》，硕士学位论文，暨南大学专门史，2008。

罗海峰、黄家泉：《对海外侨胞捐助高等教育的思考》，《八桂侨刊》2004 年第 1 期。

马宁：《改革开放以来海外乡亲对广东教育事业捐赠活动研究》，硕士学位论文，暨南大学专门史，2007。

〔日〕山岸猛：《侨汇与侨乡的经济变化（上）》，《南洋资料译丛》2010 年第 2 期。

〔日〕山岸猛：《侨汇与侨乡的经济变化（下）》，《南洋资料译丛》2010 年第 4 期。

谭妙洁：《如何开发五邑侨乡习俗特色旅游》，《旅游纵览》2012 年第 6 期。

滕剑峰：《我国加入 WTO 之后侨资法规的调整》，硕士学位论文，外交学院国际法，2003。

王东霞：《外汇捐赠管理的现状、问题及建议》，《吉林金融研究》2009 年第 3 期。

王付兵：《改革开放以来的福建侨汇》，《八桂侨刊》2002 年第 3 期。

吴文智：《从双第华侨农场的发展看福建华侨农场的发展和未来前景》硕士学位论文，厦门大学南洋研究院 2001。

肖文燕：《华侨与侨乡社会变迁》，博士学位论文，上海师范大学人文与传播学院，2008。

徐东、马晓龙：《民国时期旅缅华侨社团对侨乡地方教育的影响——以云南腾冲和顺崇新会为例》，《保山学院学报》2012 年第 4 期。

徐文勇：《青田华侨华人与侨乡社会变迁研究》，博士学位论文，暨南大学专门史，2010。

　　徐晓燕：《侨办为侨资企业服务新举措》，《今日中国》（中文版）1999 年第 5 期。

　　曹红梅：《近代以来海外华人慈善活动析论》，《曲阜师范大学学报》2010 年第 6 期。

　　陈世柏：《新世纪华侨华人、港澳同胞慈善事业在中国大陆的前景展望》，《八桂侨刊》2011 年第 1 期。

　　欧阳瑜玉：《整合梅州市华侨文献信息的探讨》，《河北科技图苑》2005 年第 3 期。

　　郑一省：《华侨华人、港澳同胞与侨乡社会公益事业》，《八桂侨刊》2001 年第 4 期。

　　陈格：《改革开放以来泉州侨乡与华侨华人的互动》，《八桂侨刊》2009 年第 2 期。

　　吕冰：许金项：《改革开放以来华侨公益事业与社会发展》，硕士学位论文，华侨大学，2009。

　　李云、陈世柏：《发展华侨华人慈善事业的政策探讨》，《五邑大学学报》（社会科学版）2013 年第 4 期。

　　王元林：《海外华侨华人与侨乡关系演变的特点》，《暨南学报》（哲学社会科学版）2001 年第 4 期。

　　蒋楠：《从慈善事业看近代华侨精英与侨乡公共事务——以泉州花桥善举公所为例》，《华侨华人历史研究》2008 年第 1 期。

　　徐文勇：《青田华侨华人与侨乡研究综述》，《丽水学院学报》2011 年第 6 期。

　　张小绿：《华侨华人慈善捐赠和侨乡发展——对瑞安市桂峰乡华侨华人的调查和分析》，《温州大学学报》（社会科学版）2008 年第 4 期。

　　林心沁：《改革开放以来华侨华人在福清侨乡捐赠行为的文化解读》，《八桂侨刊》2013 年第 4 期。

　　王本尊：《海外华侨华人投资潮汕地区侨乡建设的过程与特点》，《华侨华人历史研究》1998 年第 4 期。

　　郑义绚：《华侨华人资本对华投资对中国经济发展的作用》，硕士学位论文，对外经贸大学，2006。

任建强：《华侨作用下的江门侨乡建设研究》，博士学位论文，华南理工大学，2011。

许梅：《二战前东南亚华侨与祖籍地的密切联系及其原因分析》，《东南亚研究》2006 年第 1 期。

颜丽金、王元林：《闽南侨乡寻根旅游之探讨》，《人文地理》2003 年第 6 期。

扬英、傅汉章等：《广东省国有华侨农场体制改革基本思路探索》，《中国农村经济》2003 年第 2 期。

杨一涛：《保山侨乡文化资源性问题研究》，《中外企业家》2013 年第 6 期。

叶泉鹏：《华侨华人与近现代闽南侨乡教育事业研究》，硕士学位论文，福建师范大学教育史，2007。

俞云平、王雅琼：《闽南侨乡民俗变迁点滴》，《八桂侨刊》2008 年第 4 期。

俞振常、邹建云：《海外华侨社团现状、变化及工作思路》，《河北省社会主义学院学报》2003 年第 2 期。

张德瑞：《论我国华侨在境内投资经商权益的法律保护》，《今日中国论坛》2008 年第 9 期。

张赛群：《中印两国吸引侨资政策及其绩效比较》，《河北大学学报》（哲学社会科学版）2013 年第 5 期。

张颖：《华人社团与华人华侨文化认同探析》，《江苏省社会主义学院学报》2012 年第 3 期。

张应龙：《输入与输出：广东侨乡文化特征散论——以五邑与潮汕侨乡建筑文化为中心》，《华侨华人历史研究》2006 年第 3 期。

赵和曼：《海外华人与广西侨乡经济建设》，《八桂侨刊》2002 年第 3 期。

林道周：《"晋江模式"发展战略初析》，《福建论坛》（经济社会版）1987 年第 7 期。

林锦明：《论"晋江模式"》，《福建论坛》（经济社会版）1987 年第

1 期。

王付兵：《清代侨汇之数额估计及社会影响》，《世界民族》2008 年第 3 期。

郑达：《论侨乡旅游发展中的侨务资源培育与开发》，《华侨大学学报》（哲学社会科学版）2007 年第 4 期。

郑少智：《国营华侨农场改革与资产营运模式探讨》，《暨南学报》（哲学社会科学）2003 年第 4 期。

郑一省：《多重网络的渗透与扩张——华侨华人与闽粤侨乡互动关系的理论分析》，《华侨华人历史研究》2003 年第 1 期。

郑一省：《华侨华人与当代间粤侨乡的民俗活动》，《东南亚研究》2003 年第 6 期。

郑一省：《华侨华人与闽粤侨乡互动关系的恢复和发展》，《东南亚研究》2004 年第 2 期。

郑振满：《国际化与地方化：近代闽南侨乡的社会文化变迁》，《近代史研究》2010 年第 2 期。

周大鸣：《乡村都市化进程中的侨乡变迁——凤凰村和唐家村为例》，周大鸣、柯群英编《侨乡移民与地方社会》2003，3-4。

朱丽娜、王华：《港澳同胞、华侨华人对中国图书馆事业的百年捐献综述》，《大学图书馆学报》2011 年第 3 期。

《"中国梦"蕴含丰富的政治智慧》，《领导决策信息》2013 年第 13 期。

专著

陈达：《南洋华侨与闽粤社会》，商务印书馆，1937。

方雄普：《中国侨乡的形成和发展》，庄国土编《中国侨乡研究》，厦门大学出版社，2005。

林家劲、罗汝材、陈树林等：《近代广东侨汇研究》，中山大学出版社，1999。

毛起雄、林晓东：《中国侨务概述》，中国华侨出版社，1993。

丘进：《华侨华人蓝皮书（2011）》，社会科学文献出版社，2011。

张赛群：《中国侨务政策研究》，知识产权出版社，2010。

庄国土：《华侨华人与中国侨乡的现代化》，中国华侨出版社，2003。

庄国土：《中国侨乡研究国际研讨会》论文集中文卷，厦门大学出版社，2000。

黄陵东：《中国县域发展：晋江经验》，社会科学文献出版社，2012。

后　记

　　步入华侨大学工作的第一天，生命中就烙上了"侨"的印记，逐渐与华侨华人这一群体相知相识，慢慢觉得自己生命中有了很多对"侨"的深刻认识；行走于福建等地的田野调查中，不时听到很多关于华侨华人的故事，看到华侨华人在家乡的贡献，慢慢意识到自己就生活在华侨华人魂牵梦绕的地方——侨乡，点点滴滴中感受到中华优秀传统文化还在多变的世界发展中传承着，中华民族的子女们心底最坚守的东西依然没有变！"中国梦"立足于中华民族的伟大复兴，关系全球中华儿女的福祉，"华侨华人与侨乡发展"这一选题让我们课题组有一种神圣的使命感和强烈的责任感。课题组分两期多批次调研了广东、福建、浙江、广西、云南、海南等全国重要的侨乡，在各相关省市县侨办、侨联的大力支持下，深入侨乡基层，直面华侨华人，现场调研，收集资料；感受了真实的侨乡，体验了感人的侨情。我们深切感受到，梳理挖掘华侨华人与侨乡发展的精神脉络，探讨和研究华侨华人与侨乡发展的共生关系，意义深远，责任重大，期望研究成果对侨乡发展和华侨华人的服务工作有一定参考。

　　本书写作中的具体分工如下：第一章由侯志强撰稿，第二章由侯志强、陈金华、方旭红撰稿，第三章由叶新才撰稿，第四章由叶新才、陈金华、方旭红、施亚岚、林明珠撰稿，第五章由陈金华、林明珠撰稿，第六章由侯志强、方旭红撰稿，全书最后的调整和梳理工作由侯志强、叶新才完成。调研和资料整理工作有朱翠兰、陈贤斐、王祥、朱赟、李姿、杨玉杰、聂芳、李秋璞、高伟雯和李能斌等研究生参与。

　　在研究过程中我们意识到，我们所做的工作仅是起步，在现场考察和资料分析过程中大量的问题还在不断涌现，由于我们学识和能力的局限，加上资料和空间跨度较大的影响，书中难免疏漏或者失误，望各方家予以指正。

图书在版编目（CIP）数据

华侨华人与侨乡发展 / 侯志强等著. -- 北京：社
会科学文献出版社，2018.9
（华侨华人与中国梦研究）
ISBN 978-7-5201-2840-7

Ⅰ.①华… Ⅱ.①侯… Ⅲ.①侨乡-社会发展-研究
-中国 Ⅳ.①D634.1

中国版本图书馆 CIP 数据核字（2018）第 119414 号

· 华侨华人与中国梦研究 ·

华侨华人与侨乡发展

著　　者 / 侯志强　叶新才　陈金华　方旭红 等

出 版 人 / 谢寿光
项目统筹 / 王　绯
责任编辑 / 张建中

出　　版 / 社会科学文献出版社 · 社会政法分社（010）59367156
　　　　　　地址：北京市北三环中路甲 29 号院华龙大厦　邮编：100029
　　　　　　网址：www.ssap.com.cn
发　　行 / 市场营销中心（010）59367081　59367018
印　　装 / 三河市龙林印务有限公司

规　　格 / 开 本：787mm×1092mm　1/16
　　　　　　印 张：15.25　字 数：239 千字
版　　次 / 2018 年 9 月第 1 版　2018 年 9 月第 1 次印刷
书　　号 / ISBN 978-7-5201-2840-7
定　　价 / 68.00 元